거룩한 그루터기

SUBVERSIVE SPIRITUALITY

Copyright © 1997 by Eugene H. Peterson
Published in association with the literary agencies of rMaeng2, of Seoul, Republic of Korea, and Alive Communications, Inc., of Colorado Springs, CO, U.S.A.
All rights reserved.

This Korean Edition Copyright © 2013 by Poiema, a division of Gimm-Young Publishers, Inc., Seoul, Republic of Korea.

거룩한 그루터기

SUBVERSIVE SPIRITUALITY

유진 피터슨
홍병룡 옮김

포이에마
POIEMA

거룩한 그루터기

저자 유진 피터슨 | **역자** 홍병룡

1판 1쇄 발행 2013. 1. 5. | **1판 2쇄 발행** 2016. 1. 27. | **발행처** 포이에마 | **발행인** 김강유 | **등록번호** 제300-2006-190호 | **등록일자** 2006. 10. 16 | 서울특별시 종로구 북촌로 63-3 우편번호 03052 | 마케팅부 02)3668-3260, 편집부 02)730-8648, 팩시밀리 02)745-4827

이 한국어판의 저작권은 알맹2 에이전시와 Alive Communications를 통하여 저자와 독점 계약한 포이에마에 있습니다. 신 저작권법에 의하여 한국 내에서 보호받는 저작물이므로 무단 전재와 무단 복제를 금합니다.

값은 뒤표지에 있습니다. ISBN 978-89-97760-20-6 03230 | **독자의견 전화** 02)730-8648 | **이메일** masterpiece@poiema.co.kr | 좋은 독자가 좋은 책을 만듭니다. | 포이에마는 독자 여러분의 의견에 항상 귀를 기울이고 있습니다.

쿠바 마리 다이어를 위하여

차례

들어가는 말 8

거룩한 행운

가난한 자의 행운 13
슬퍼하는 자의 행운 14
온유한 자의 행운 15
굶주린 자의 행운 16
자비로운 자의 행운 17
깨끗한 자의 행운 18
평화를 이루는 자의 행운 19
박해받은 자의 행운 20

영성

마가복음: 기독교 영성을 위한 기본 텍스트 24
하나님께서 말씀하셨다 47
영적 탐구 73
작가와 천사: 초월세계의 증인들 88
신학교: 영성이 형성되는 장소 108

SUBVERSIVE SPIRITUALITY

성경 연구

거룩한 그루터기 120
수덕신학자 예레미야 148
요한계시록에서 배우는 예배 153
묵시: 매체가 곧 메시지다 165
부활의 사중주 181

목회

밧모 섬에서 온 시: 목사, 시인, 신학자로서의 사도 요한 194
상상력의 대가들 210
늑대의 옷을 입은 양 216
커피 잔 사이의 키텔 226
행사를 주관하는 법 235
돌보는 법과 돌보지 않는 법을 가르치소서 247
뜻밖의 동맹 271
소설가, 목회자 그리고 시인 276
목사와 소설 299

대화

유진 피터슨과의 대화 314
목회사역에 관하여 349
전복의 영성에 관하여 383
오순절과, 시인, 교수에 관하여 397
열정과 기도와 시에 관하여 417

들어가는 말

어떤 의미에서 그리스도인에게 인생이란 타락으로 잃어버린 것들을 회복해가는 과정과 같다. 살아가면서 우리는 성경에 나오는 사물과 생각, 사람과 사건을 그대로 만나고, 깨닫고 직접적으로 체험한다. 그리 새삼스러운 일이 아니다. 다만, 자아와 죄로 너무 교만해져 시력이 크게 떨어진 나머지 인식하지 못했을 뿐이다. 안타깝게도 때로는 아주 긴 세월을 그렇게 살기도 한다.

그러다 돌연 그 사실을 깨닫게 된다. 그날로부터 인생이 제대로 보이고, 하나님을 알게 되고, 성경 말씀을 듣는다. 그리고 친구의 소매를 끌어당기며 새로운 것이나 되는 양 이야기를 늘어놓는다. 하지만 모든 것을 익히 보고 들어온 친구는 난데없이 쏟아져 나오는 우리의 열정을 침착하고 겸손하게 받아준다.

지난 25년 동안 써왔던 글들을 추려 묶은 이 책을 읽으면서 딱 그런 느낌이 왔다. 아마 독자들은 정중한 태도를 갖춘 그 친구처럼 이 글들을 만나줄 거란 생각이 들었던 것이다. 영국의 철학자 오스틴 파러Austin Farrer가 최초라고 주장하는 태도를 맹비난했던 말이 떠오른다. "어떤 주제에 대해 새로운 말은 없다. 단지 말하는 형식이 달라진 것이다. 고대부터 있었던 주장이 참신한 문장들로 포장되었을 뿐이다."

여기에 모아놓은 기사와 에세이, 시와 대화 등은 내가 목사와 저자로, 최근에는 교수로 일하면서 그리스도인의 삶을 영위하는 과정에서 깨달은 것을 쌓아놓은 조개무지라고 할 수 있다. 아무렇게나 뽑은 것처럼 보이는 주제, 반복되는 내용, 결론을 내지 못한 이야기들은 좀 더 손질이 필요하다는 걸 알지만 그냥 그대로 남겨두었다. 그것 또한 지금의 나를 보여주는 일면이기 때문이다. 영성은 그렇게 반들반들한 것이 아니다. 하지만 언젠가는 이 글들도 '참신한 문장' 축에 끼기를 바라는 마음이 간절하다. 일부는 나중에 자기만의 호흡을 가지고 책으로 진화된 글들도 있다.

이 글들을 부지런히 수집하고 배열하고 편집해준 내 친구들(리젠트 칼리지의 짐 리스터Jim Lyster, 존 샤론John Sharon, 피터 상투치Peter Santucci)에게 감사드린다.

벼랑 끝에 서 있는 너희는 복이 있다.
너희가 작아질수록 하나님과 그분의 다스림은 커진다.

거룩한 행운

SUBVERSIVE　SPIRITUALITY

* *Theology Today*(April 1987)에 실렸던 글.
'행운'이라는 말을 '요행' 쯤으로 생각해서 달가워하지 않는 이들이 더러 있다. 그러나 여기에 대한 유진 피터슨의 언급은 주목할 만하다. "옛 위클리프 성경은 신실한 사람들에 대해 '거룩한 행운'을 가진 이들이라고 말한다. 거룩한 행운은 하나님이 주신 축복에 대한 우리의 반응을 반영하는 것이어야 한다." 행운이라는 단어를 도박꾼들이 전용으로 쓰기 전까지는 그랬다.

가난한 자의 행운

"마음이 가난한 자는 복이 있다."

하얀, 겨울 속 너도밤나무
하얀 속살 드러내고
푸른 하늘 휘도는 구름 배경 삼아
텅 빔 속에 성숙함을 채우네.
신호만 오면 생기 솟아나
잎눈 터트려 새잎을 피우네.
가느다란 나이테
싱싱하게 실현된 약속을 기억하지.
다시 버릴 줄 아는 가난함으로
저 먼 하늘 향한 나뭇가지들
조금만 더 조금만 더 뻗어가려 하네.
나무는 언제나 조금씩
단단한 땅속으로 뿌리를 내리니
잎 없는 것이 행운이라.
덧없다 그냥 두라고 하네.

슬퍼하는 자의 행운

"슬퍼하는 자는 복이 있다."

억수같이 터진, 눈물의 홍수
가파른 협곡을 깎아내리며
그렇게 오랜 세월
차곡차곡 쌓아온
삶의 단층들을 드러낸다.
아름다운 불모지
협곡과 대지에
날마다 눈부신 색을 입히는 그 태양
슬픔의 굳은 상처 다 보여주네.
울음은 상처를 씻어주지만
언제나 한 해 혹은 두 해를 넘겨야 치유되지.
지난날의 고통은 결코 추하지 않다.
자비 아래 있는 상처는 모두 하나의 화석
거대한 생성의 사슬에 묶인 고리.
자주 기도를 건져 올리고
죽음의 골짜기에서 기도를 발굴하라.

온유한 자의 행운

"온유한 자는 복이 있다."

분노하고 두려워했던 모세도
하얀 소나기구름 아래에서는 온유하다.
영광스럽고 불투명한 구름기둥
구름은 바람에 시달려도 온유하다.
모습은 변해도 자신을 잃지 않지.
액체도 아니고 고체도 아닌
나 같은 중간적인 존재.
돌풍 같은 영에 굴복하여
섬기는 천사가 명하는 대로
신호, 약속, 징조가 되는 존재.
강렬한 모습과 색
아, 태양에 물든 대지의 색깔들
해 질 무렵 찬송을 일으키는 아름다운 빛
동틀 무렵 폭풍을 모아 비를 뿌리고
날씨 따라 다른 가지런한 그림자로
햇빛을 걸러낸다. 햇빛의 파편들.

굶주린 자의 행운

"의에 주리고 목마른 자는 복이 있다."

깃털 하나 없는 불신
층층이 쌓인 따뜻한 기류를 뚫고
돌같이 떨어지네.
허공을 부유하며 미끄러지는 붉은 꼬리 매
배고파도 서두르지 않지.
썩은 고기, 쉬운 먹이에 콧방귀 뀌며
솜씨 좋게 눈을 피해 준비된 먹이를 기다린다.
보이지 않는 풍성함 위에
보이는 텅 빔.
태양은 일본 공작비둘기를 채색하고
드넓은 하늘에 그려진 선명한 깃털은
내 눈을 즐겁게 한다.
눈 밝은 새
한 줄기 광선처럼 방울뱀을 향해
태초에 정해진 죽음을 선물한다.

자비로운 자의 행운

"자비로운 자는 복이 있다."

수십 억 년 동안이나 밀려온 파도,
상전벽해를 이룬 바다와 요나의 폭풍이
베풀지 않고 용서치 않는 화강암을
진통하는 해변으로 바꾸네.
너울 같은 자비로운 리듬에 씻긴 해안,
콘크리트 도시에서 온 자비로운 구조.
정죄받지 않은 맨발인 나
애서티그Assateague 모래사장 깊이 발목을 묻고
베개 같은 모래언덕에 새겨진
풍성한 연민의 무늬에 눈을 뜨네.
도요새와 갈매기 수면 위로 날고
정확한 편대 이뤄 경건한 몸짓으로
나의 소금과 거룩한 고독을 시중드네.
움직이며 먹이를 먹고 나르는
부정확한 썰물과 역조逆潮
배려와 죽음을 갈라놓는 경계선.

깨끗한 자의 행운

"마음이 깨끗한 자는 복이 있다."

난폭한 봄의 눈사태에 문질러진
이 가혹한 마을.
애추 사면과 암석 이암泥巖은 초원을 만들고
고지대 베어그래스beargrass는 이끼와 바위,
얼음 호수는 빛을 모은다.
변화무쌍한 태양의 치명적 광선
회색 곰에게 먹이를, 벌에게 음료를 주지.
마음 깨끗한 피조물들
눈부신 하나님의 얼굴 아래
축복을 누리며 살지.
하지만 타락한 우리처럼
그들 역시 얼굴을 보고는 살 수 없는 존재들.
만발한 꽃도 예외 없이
눈 먼 이와 갓난아이를 위해
마지막 광경을 끌어안는 가슴.
우린 모두 이 찬란한 길을 따라 영광에 이른다.

평화를 이루는 자의 행운

"평화를 이루는 자는 복이 있다."

거대한 구름 주먹들
푸른 하늘 벌거벗은 몸을 친다.
창공은 두 배로 고통받는다.
번개가 찢고 천둥은 외치고
어머니 자연의 자녀들은 싸운다.
그렇게, 갑자기 시작해 갑자기 끝난다.
노아의 후예들, 맑아진 눈으로
편안히 향기로운 공기를 맡으며
무장 해제된 세상을 둘러본다. 잔잔한 물.
무슨 기압의 변화가
이 광포한 것들을 평화롭게 숨 쉬는 무지개로
배열했을까? 원수가 다른 뺨을 돌려대고,
나는 경계를 푼다.
거울호수는 걸러진 색채를 반사하고,
바람에 흔들린 소나무 고요히 노래한다.

박해받은 자의 행운

"박해를 받은 자는 복이 있다."

심술궂던 물이 대견한 일을 한다.
온갖 저주들, 폭포에 던져진 돌들
거친 곳 부드럽게 만든다.
신성모독 증오심을 품고
하얗게 부서지는 맹렬한 급류
태양에 붙잡혀
야커게이니Youghiogeny 강에 무지개 다리를 놓는다.
야만적인 강의 공격을 받으면
땅은 기반까지 내려앉지.
수동적이 되는 지혜를 배우는 것이다.
고요히 거친 물결을 잠재우고
푸른 솔송나무 아래
조용히 바위에 둘러싸인 물웅덩이.
새들이 목욕하고 사슴이 물 마시는 평화로운 곳
박해가 가져다준 선물.
힘겹게 얻은 축복.

내가 너희에게 맡기는 일은 위험한 일이다.
너희는 이리 떼 속을 달려가는 양과 같으니, 너희에게 시선이 쏠리지 않게 하여라.
뱀처럼 영리하고 비둘기처럼 순수하여라.

− 마 10:16, 메시지 −

영성은 최신 유행이 아니라 가장 오래된 진리다.
누군가 당신에게 새로운 책을 건네주면 오히려 오래된 책에 손을 뻗으라.

영성

SUBVERSIVE ✝ SPIRITUALITY

마가복음:
기독교 영성을 위한 기본 텍스트

머리말

지난 25년 동안 밴쿠버에는 상당히 놀라운 현상이 이어지고 있다. '영성신학'이란 이름을 입에 담고 그것을 인정하고 높이 평가하며 추구하는 현상이다. 사실 영성신학은 오래전부터 기독교회에서 소중하게 여겼던 관심사다. 그런데 지난 200년간 합리주의가 지배적인 영향력을 행사한 데다가 낭만주의의 잡다한 반응이 동반되면서 영성신학은 사실상 무대에서 사라져버렸다. 합리주의와 낭만주의는 인류의 마음을 얻기 위해 싸웠고, 부수적인 효과를 차지하는

---

* *Crux* 29, no. 4 (December 1993)에 실렸던 글.
1993년 10월 17일, 유진 피터슨이 리젠트 칼리지의 제임스 휴스턴 영성신학 교수로 취임하면서 했던 강연을 정리한 글이다.

데 혈안이 되었다. 변두리로 밀려난 영성신학은 전 세계 도서관의 어두컴컴한 한구석에서 학문적으로나마 살아남은 신세로 전락했다. 이렇게 교회와 세상에서 무시되고 천시받아온 영성신학은 별난 소수 열성팬들의 전유물이 되었다.

그런데 밴쿠버에서는 지금까지와는 다른 움직임이 감지되기 시작했다. 강의실에서 충분히 생각하며 공부하고, 가정과 일터에서 기도하며 실천하고, 교회에서 믿고 세상에 나가 선포하는 등 모든 기독교 활동의 기본을 이루는 학문 분야이자 관심 영역으로 영성신학이 회복된 것이다. 영성신학의 필요성과 매력은 우리 가운데 충분히 알려지고 증명되었다. 교회와 세상을 향해 주어진 엄청난 선물로 입증된 것이다. 그것도 아주 시의적절한 선물인 이유는, 합리주의와 낭만주의에 중독된 우리 문화가 위험한 상태인 데다가 상황이 갈수록 악화되었기 때문이다. 세상의 구원을 위해 기도하는 우리는 영성신학이 제공하는 풍성한 지혜와 통찰, 기도와 성숙함 없이는 구원과 관련된 일을 해낼 수 없다.

이 같은 회복과 증명 작업과 가장 밀접한 연관성을 가진 인물이 제임스 휴스턴James M. Houston이다. 제임스 휴스턴처럼 역사적이고 문화적인 위업을 달성한 인물은 없다. 물론 그에게는 과거에나 현재에 크고 작은 방식으로 영성신학에 참여했거나 참여하고 있는 동료와 친구, 가족이 있다. 하지만 그의 이름―그가 가진 뚜렷한 목표, 희생적인 신실함, 사고의 명료성, 기도의 열정―은 우리가 3천년대를 향해 나아가는 중대한 시점에 그 어떤 이름보다 영성신학의 회복과 동일시된다.

밴쿠버에서 지난 25년간 일어나고 있는 현상으로 인해 영성신학은 더 이상 중세 연구가들의 학문적 연구로만 국한되지 않는다. 영성신학은 이제 종교적 신경증세로 의심받는 대신 탄탄하고 성숙한 영적 건강을 함축하는 명칭이 되었다.

그리고 제임스 휴스턴이란 이름은 이 같은 현상과 밀접하게 얽혀 있기 때문에, 이 자리는 영성신학의 제임스 휴스턴 석좌 교수직이라고 부르는 것이 합당할 것이다.

마가복음: 대표적인 기본 텍스트

마가복음은 기독교 영성을 위한 대표적인 기본 텍스트the basic text다. 나는 일부러 정관사the를 사용했다. 성경 전체는 매우 광범위한 텍스트로서, 우리가 성령을 통해 우리 주 예수 그리스도의 하나님에 의해 창조되고 구원받고 축복받은 인간임을 알려주고 확정하는 계시다. 마가복음은 첫 번째 복음서로서 우선적인 지위를 갖는다.

양식 마가가 복음서를 기록하기 전에는 아무도 기독교 복음서를 쓴 적이 없다. 그는 새로운 장르를 창조했다. 이 복음서는 교회와 그리스도인의 삶에 기초를 제공하는 동시에, 그 같은 삶을 빚어내는 글쓰기 양식이다. 성령이 성경 내용에 영감을 불어넣었다고 믿는 데 익숙한 것처럼(딤후 3:16), 우리가 복음서라고 부르는 새로운 문학 양식 역시 영감을 받아 이루어졌다. 모세와 사무엘의 책들을 우리에게 선물해준 히브리 이야기꾼들 같은 좋은 선생들이 마가에게도 있었을 것이다. 그러나 당시에 복음서 같은 양식은 전혀 존재하지 않았다.

성경 전체는 우리에게 내러티브 양식으로 다가온다. 확장된 내러티브 안에서 마가는 자신의 복음서를 기록한다. "우리는 주로 양식과 패턴에 따라 살아간다. 만일 양식이 나쁘면 우리도 나쁘게 산다."[1] 우리 시대 가장 탁월한 이야기꾼인 월러스 스테그너의 말이다. 복음서는 본받아 따라 살 만한 진실하고 훌륭한 양식을 갖고 있다. 이야기하기storytelling는 우리가 들어갈 수 있는 다양한 전제와 가정과 관계로 구성된 세계를 창조한다. 이야기는 우리 자신이 아닌 다른 세계로 우리를 초대한다. 진실하고 훌륭한 이야기는 더 큰 세계로 초대한다. 성경의 이야기들은 진실하고 훌륭하며, 하나님의 창조와 구원과 축복이 깃든 세계로 우리를 초대한다.

광범위한 성경 이야기의 맥락에서 우리는 정확하게 생각하고 도덕적으로 행동하고 열정적으로 설파하고 기쁨으로 노래하고 솔직하게 기도하고 신실하게 순종하는 법을 배운다. 그런데 전체든 일부든 그 이야기를 감히 버리지 않는 것은, 이야기를 버리는 순간 생

---

[1] Wallace Stegner, *When the Bluebird Sings to the Lemonade Springs* (New York: Random House, 1992), p. 181.

생한 실재는 우리의 생각과 느낌과 경험의 차원으로 축소되기 때문이다. 이야기 자체에 빠져들지 못한 채 교리를 정립하고 도덕률을 제정하고 사역의 삶에 자신을 내던지는 순간, 우리는 하나님의 임재와 활동 밖으로 걸어 나와 자신만의 세계를 구축하게 된다.

'복음서' 양식의 특징은 수십 세기에 걸친 '히브리식으로 이야기하기'다. 즉 하나님께서 그분의 백성을 통해 창조와 구원의 이야기를 들려주는 것을 예수의 이야기, 즉 모든 이야기들의 완결편으로 이끌되, 계시(하나님의 자기 노출)의 성격을 지닌 방식과 우리의 참여를 권하고 주장하는 방식으로 이야기한다.

고대는 신화를 좋아했다. 그래서 초자연적 세계를 보며 우리는 철저하게 구경꾼으로 전락했다. 현대는 도덕철학을 선호했다. 그래서 우리 스스로 자신을 구원할 수 있다고 생각하게 만들었다. 하지만 '복음서 이야기'는 성육신 이야기에서도 알 수 있는 것처럼 신성과 인성을 동시에 가진 생생한 실재를 설명하는 화법 양식을 취하고 있다. 이야기는 우리 힘으로 관찰하거나 실험하거나 추측해서는 도무지 만들어낼 수 없는 것들이다. 동시에 이야기는 우리를 이야기 안으로 끌어들인다. 이야기를 받아들이거나 참여하게 만듦으로써 우리를 행동하게 만든다. 그러나 그 이야기가 옳은 것임을 입증해야 할 책임으로 내몰지는 않는다.

이야기 양식은 영성에서 중요한 의미를 내포하고 있다. 흔히 빠지기 쉬운 두 가지 문제, 즉 경솔한 구경꾼이 되거나 아니면 상심한 도덕주의자가 되는 것으로부터 우리를 보호해주기 때문이다. 경솔한 구경꾼은 천국에서 벗어나 새롭고 이색적인 재미만 추구하고, 상심한 도덕주의자는 세상 짐을 혼자 지고 어쩔 줄 몰라 한다. 복음서의 텍스트 양식은 그 자체로 우리가 단순한 구경꾼이나 도덕주의자로 전락하는 것을 막아준다. 이와 같은 양식 덕분에 우리는 텍스트를 우리 마음대로 할 수 없으며, 도리어 텍스트에 의해 우리가 지배를 받게 된다.

이야기를 들려주거나 혹은 이야기에 귀 기울일 때, 절대로 우리 자신이 이야기에 능통한 전문가라는 생각을 품지 않는 것은 매우 중요하다. 우리가 알지 못하는 사실이 정말 많고, 또 다른 가능성 역시 아주 많으며, 우리의 인식을 초월하는 신비로움과 영광 역시 매우 많기 때문이다. 심지어 정교하고 세밀한 이야기들조차 우리 안에서 어린아이 같은 순수함을 끌어내는 특성이 있다. 기대감, 경이감, 놀라움, 기쁨과 같은 감정 말이다. 바로 그런 이유 때문에 아이들은 언어 양식 중에 이야기를 가장 좋아하고, 성령의 계시도 이야기라는 양식을 이용하는 경우가 많다. 인생에서 전문가 행세하기를 좋아하는 어른들이 설명이나 정보를 좋아하는 것도 다 이런 이유 때문이다.

내용 마가복음 텍스트를 읽기 시작하면 우리는 곧 이것이 예수 그리스도에 관한 이야기임을 알게 되고, 다 읽기도 전에 예수 그리스도 안에 계시된 하나님에 관한 이야기임을 알게 된다. 너무도 뻔한 말처럼 들리겠지만 이 이야기를 좀 더 하고 싶다.

나는 마가복음을 영성을 위한 대표적인 기본 텍스트라고 말했다. 영성이란 우리의 영혼, 우리 정체성의 핵심인 보이지 않는 내면, 우리의 독특성과 영광을 구성하는 '하나님의 형상'을 지닌 영혼에 주의를 기울이는 일이다. 영성은 모든 보이는 것에 내재하는 보이지 않는 면, 모든 외적인 것에 내용을 불어넣는 내적인 것에 대한 관심이다. 그래서 내면성과 침묵과 홀로 있음이란 주제들을 많이 다룰 수밖에 없다. 영성은 영혼과 관련된 모든 문제를 매우 진지하게 여기기 때문이다.

이렇게 말하면 영성은 아주 멋진 것처럼 보인다. "하나님의 백성이 이토록 열정적이었단 말인가!" 하고 탄성을 내지를 가능성이 많다. 그러나 지난 20세기에 걸쳐 겪은 영성의 경험 때문에 우리의 열정은 아주 식어버렸다. 실제로는 그리 멋지지 않기 때문이다. 역사를 찾아보면 영성은 의심의 눈초리를 받기 십상이었고 노골적인 적대감을 불러일으킨 적도 많았다. 이는 놀랄 일이 아니다. 영성이 신경증세로 진전되고, 이기심으로 전락하고, 자만심으로 변질되고, 폭력적으로 돌변하는 경우가 잦았기 때문이다. 왜 이렇게 되었을까? 간단히 답변하자면 복음서 이야기에서 벗어나 우리 자신을 영성을 위한 기본적이고 권위 있는 텍스트로 삼아서 벌어진 일이다. 즉 우리 자신을 신성한 텍스트로 삼아 해석하고 의미 부여를 한 것이다. 일반적으로 복음서를 눈에 보이지 않는 곳으로 치워버리는 사람은 없다. 책장에 두고 가끔 필수적인 참고도서로 활용만 하면 귀하게 여기는 것이라 생각할 뿐이다.

영적 안내자들은 이렇게 조언한다. "여러분은 멋지고 영광스러운 존재들이자 귀한 사람들입니다. 거룩함과 선함과 진리를 열망하는 여러분의 마음은 참으로 훌륭합니다. 그러나 당신들은 영성의 내용이 아닙니다. 하나님이 예수 안에서 계시한 것은 바로 이것입니다. 여러분은 읽고 공부하고 배울 텍스트가 필요합니다. 여기에 여러분을 위한 텍스트가 있습니다. 바로 예수 그리스도의 복음입니다. 여러분의 기본 텍스트인 마가복음과 함께 시작하십시오."

우리는 텍스트를 열어 예수의 이야기를 읽는다. 무언가 이상한 이야기다. 이야기에 기대하는 흥미진진한 부분은 별로 보이지 않는다. 예수에 관해 정작 알고 싶은 내용은 사실상 전무하다. 예수의 외모에 대한 설명이 없다. 그의 가계의 뿌리, 친구들, 교육, 가족에 관한 대목도 없다. 이 인물을 어떻게 평가하고 이해해야 할까? 또한 예수가 자신의 생각과 느낌, 감정, 내면의 몸부림 등에 관해 언급하는 부분도 거의 없다.

그러다 어느 지점에 이르면 이것이 하나님에 관한 이야기, 그리고 우리에 관한 이야기라는 것을 알게 된다. 이야기에서 예수가 가장 많이 언급되고 있기는 하지만 예수에 관한 묘사를 무척 삼가고 있다는 점이 눈에 띈다. 예수는 하나님의 계시다. 그래서 우리가 하나님 안에서 대면하는 것들을 가지고 언제나 예수님 안에서도 대면하는 것이다. 하나님의 대부분을 우리는 얻지도, 보지도, 이해하지도 못한다. 예수에 대해서도 마찬가지다. 우리는 우리의 용어들로 예수를 설명하지도, 찾아내지도, 얻지도 못한다. 이 사실은 자연스럽게 우리가 가진 말로는 하나님을 얻을 수 없는 것으로 이어진다. 이야기로 치자면, 이것은 대단히 만족스럽지 못한 이야기다.

그때서야 비로소 우리의 관심이 자신에게서 예수에게로, 예수 안에 계시된 하나님께로 전환되었다는 것을 알게 된다. 진정한 영성, 기독교적 영성은 시선의 초점을 자신으로부터 다른 인물, 곧 예수에게로 돌리게 한다.

물론 이야기 속엔 다른 인물들도 많이 등장한다. 아픈 자와 병자와 굶주린 자, 희생된 자와 소외된 자, 친구와 적敵과 같은 인물들이다. 그러나 주인공은 언제나 예수다. 예수와 관계없는 사건과 사람은 아예 등장하지 않는다. 예수가 각 사람의 인생에 상황과 내용을 만든다. 영성, 우리의 영혼에 대한 관심은 실제로는 (마가복음이 우리의 행습을 빚어내도록 허용할 때) 예수 안에 계시된 하나님께 기울이는 관심으로 드러난다. 텍스트는 그렇게 인식하고 연습하라고 우리를 훈련시킨다. 줄이 바뀔 때마다 페이지를 넘길 때마다 예수, 예수, 예수가 지면을 장식한다. 우리 중 누구도 자신의 영성을 위한 내용을 제공할 수 없다. 그것은 예수가 우리에게 주는 것이다. 텍스트는 예외를 허용하지 않는다.

강조점 전체 이야기는 예수의 생애 마지막 주에 일어난 사건, 즉 그의 수난과 죽음과 부활에 관한 이야기로 집중되고 있음을 알 수 있다.

수난, 죽음, 부활이란 3가지 항목 중에 죽음이 가장 상세히 기술

되어 있다. 마가복음이 무엇으로 구성되어 있는지 최대한 간략하게 말해보라고 한다면 우리는 '예수의 죽음'이라고 답해야 할 것이다.

그렇다면 조짐이 썩 좋아보이지는 않는다. 특히 인생의 지침이 되고 영혼을 살찌울 텍스트를 찾고 있다면 무척 실망스러울 수 있다. 이야기는 16장으로 구성되어 있다. 전반부 여덟 장은 예수가 갈릴리의 여러 동네를 유유히 돌아다니며 사람들에게 생명을 주는 광경을 그리고 있다. 그들을 악으로부터 구원하는 일, 불구자와 병든 자를 치유하는 일, 굶주린 자를 먹이는 일, 폭풍과 바다를 다스리는 그의 통치권을 밝히 보여주는 일, 놀라운 이야기를 들려주는 일, 제자들을 모으고 훈련하는 일, 그들에게 새로운 시대가 임하고 있다는 소식, 바로 이 순간 하나님나라가 이 땅을 침노하고 있다는 소식을 선포하는 일 등이다.

이후 예수가 모든 사람의 시선을 한 몸에 받게 되었을 때, 생명과 더 풍성한 생명을 향한 가속도가 최고조에 달했을 때, 그는 죽음에 관해 말하기 시작한다. 복음서의 후반부 여덟 장은 죽음에 관한 이야기로 채색되어 있다.

죽음의 예고는 또한 속도의 변경을 알리는 신호다. 전반부 여덟 장에 나오는 이야기에는 유유자적하고 정처 없는 예수의 모습이 묻어 있다. 예수는 특정한 곳으로 향하고 있는 듯이 보이지 않는다. 대체로 이 마을에서 저 마을로 떠돌아다니고, 홀로 기도하려고 언덕으로 몸을 숨기고, 회당에서 예배를 드리고, 자신을 초대하는 누구와도 식사할 시간이 있어 보일 정도로 한가하고, 호수에서 친구들과 배를 타는 등 무척 여유로운 행보를 보인다. 그럼에도 언제나 에너지와 열정이 넘치는 모습이라 우리는 이런 느긋한 행보를 목적이 없거나 나태한 모습으로 해석하지 않는다. 하지만 갈릴리에 머물렀던 기간은 예수가 이 세상의 시간을 모두 가진 듯이 보이는 일상의 연속이다. 물론 예수는 그 모든 시간을 가지신 분이다.

그러나 죽음의 예고와 함께 변화가 일어난다. 그는 바로 예루살렘을 향해 발걸음을 내딛는다. 이후로 진행되는 이야기에는 긴급성과 중대성과 목적의식이 절절하게 묻어 있다. 방향이 바뀌고 속도가 변하고 분위기도 달라진다. 세 번씩이나 예수가 명백히 밝히고 있는 내용은 자신이 고난을 받고 죽임을 당하고 다시 살아날 것이란 예고이다(막 8:31; 9:31; 10:33).

그리고 나서 실제로 사건이 일어난다. 예수의 죽음에 대해 신중하고 자세하게 이야기한다. 그의 생애에서 이렇게 상세하게 기술된 사건은 없다. 그래서 마가의 의도는 의문의 여지가 전혀 없다. 그는 이야기의 구성과 강조점과 예수의 뜻은 바로 죽음에 있다고 말한다.

그렇다고 해서 죽음에 대한 강조가 마가의 특이한 성격에서 비롯된 것은 아니다. 다시 말해 기본적인 이야기를 왜곡시킨 그의 병적인 강박에서 비롯되지 않았다는 뜻이다. 이 같은 순서와 비중은 마가를 잇는 마태와 누가의 복음 이야기에서도 그대로 보존되고 있기 때문이다. 그들은 마가의 기본 텍스트를 다양한 방식으로 다듬고 있지만 그 비중만은 그대로 지킨다. 이와 전혀 다른 각도에서 바라본 요한은 빛과 생명의 이미지로 우리를 압도하면서도 고난주간에 절반의 지면을 할애하는 등 예수의 죽음을 한층 더 강조한다. 네 명의 복음서 저자들은 본질적으로 똑같은 일을 한다. 우리에게 예수의 죽음에 관한 이야기를 들려주되, 그들 나름대로 서문을 쓴다. 그리고 원기 왕성하고 열정적이고 과장법을 즐겨 쓰는 바울은 이런 이야기를 완전히 건너뛰고 곧바로 "그리스도께서 우리를 위하여 죽으셨다"로(롬 5:8) 결론짓는다. "내가 너희 중에서 예수 그리스도와 그의 십자가에 못 박히신 것 외에는 아무것도 알지 아니하기로 작정하였음이라"(고전 2:2).

그런데 이처럼 죽음을 가장 강조하고 있기는 하지만 여기에는 단순한 죽음의 사실 이상의 것이 있다. 이는 신중하게 규정된 죽음이다. 자발적인 것으로 규정된 죽음인 것이다. 예수는 예루살렘에 반드시 가야 했던 것은 아니다. 그는 자유의지로 그곳에 갔다. 그는 죽음을 승인했던 것이다. 우발적인 죽음이 아니었다. 즉 피할 수 있는 죽음이었다는 말이다.

이 죽음은 희생적인 것으로 규정되어 있다. 그는 다른 사람들이 생명을 얻게 하려고, "자기 목숨을 많은 사람의 대속물로 주려"고 (막 10:45) 죽음을 용인했다. 성찬식을 제정할 때 예수는 자신의 생명을 희생적인 것으로, 다른 사람들에게 생명을 주는 수단으로 규정했다. "예수께서 떡을 가지사… 받으라, 이것은 내 몸이니라. … 또 잔을 가지사… 이것은 많은 사람을 위하여 흘리는 나의 피 곧 언약의 피니라"(막 14:22-24).

그리고 이 죽음은 부활을 수반하는 가운데 규정되었다. 세 번에 걸친 명백한 죽음의 예고는 하나같이 부활의 진술로 끝난다. 이 복음서의 이야기는 부활에 대한 증언과 함께 끝나고 있다. 그렇다고 죽지 않았다는 뜻이 아니다. 우리에게 익숙한 죽음과는 사뭇 달리 규정된 죽음이다.

최대한 지연시켜야 할 비극. 우리 시대가 생각하는 죽음을 설명할 때 자주 사용하는 말이다.

죽음을 비극으로 보는 견해는 그리스인의 유산이다. 그리스인들은 비극적인 죽음을 우아한 문체로 묘사했다. 그들은 비인격적인 거대 세력들의 틈바구니에 갇힌 인생들, 고귀한 목적을 추구하며 사는 인생들, 그러나 그것을 모두 소멸시키는 상황들, 인간의 영웅심이나 희망엔 무관심해지게 되는 상황들, 그 상황에 빠지는 인생들을 수없이 그려냈다.

그러나 예수의 죽음은 비극적이지 않다.

현대 의술은 죽음을 최대한 지연시킨다. 심장박동과 뇌파로 생명의 의미가 축소된 오늘의 문화는 죽음을 그 자체로 받아들이지 않는다. 생물학이 설명할 수 있는 차원을 넘어서는 의미도, 영성도, 영원도 생명에는 없다고 생각하기 때문에, 생명을 연장시키고 죽음을 거부하는 시도를 치열하게 벌인다.

예수의 죽음은 지연되지 않았다.

마가의 이야기를 통해 죽음을 이해함으로써 오늘의 문화에 직면하는 것은 반드시 필요한 일이다. 나아가 마침내 예수의 이야기가 더 풍성하게 확장된 관계성 안에서 우리 자신의 죽음을 이해해야 한다.

영성신학 앞에서 '복음서 이야기'의 뚜렷한 특징 중 하나는 우리를 참여케 하는 것이라고 말한 바 있다. 마가복음의 전반부는 바로 그런 역할을 한다. 다양한 사람들이 예수의 삶에 이끌려 그분이 주는 긍휼과 치유와 구원과 소명과 평안을 경험한다. 우리 역시 은연중에 거기에 포함되어 있음을 발견한다. 마가복음서의 후반부에서는 이런 개인적 참여의 경험이 더욱 뚜렷해진다.

마가복음의 중심부에 내가 앞으로 그 텍스트의 '영성'이라고 부를 단락이 있다. 이 시점에 나는 영성이란 용어를 사용함으로써 영혼과 삶에 대한 우리의 관심과 예수의 관심이 수렴되는 지점을 알려주고 싶다. 여기서 내가 말하는 영성은 마가가 복음서의 메시지를 진정 경험하도록 돕기 위해 쓴 특정한 방식을 의미한다. 그가 1세기 예수의 활동에 관한 보고서를 날마다 기록하는 저널리스트가 아니었음은 굳이 말할 필요 없을 것이다. 또 역사적 목적을 지닌 대의에 우리를 동원시키려고 하는 선전가도 아니었다. 이것은 행동하는 영성신학이요, 우리를 그 텍스트에 참여하도록 이끄는 글쓰기 양식이다.

문제의 단락은 마가복음 8장 27절부터 9장 9절까지로, 이 복음서의 중심에 놓여 있는 본문이다. 마가복음의 절반쯤 되는 부분에서, 한쪽에는 갈릴리에서 행한 여러 생명의 사역들이 있고, 또다른 한쪽에는 일편단심 예루살렘으로 가는 여정과 죽음이 대칭적으로 배치되어 있다.

이 단락은 두 가지 이야기로 구성된다. 첫 번째 이야기는 예수와 그의 제자들이 예루살렘으로 가는 여정을 시작하는 시점에서 모든 것을 포기하라는 예수의 요구로, 영성의 금욕적 차원을 말하고 있다. 두 번째 이야기는 예수가 변화산에서 변형되신 광경으로, 영성의 심미적 차원을 제공한다.

두 이야기의 양쪽 끝은 예수의 진정한 정체성에 대한 고백, 우리 가운데 계신 하나님이란 고백으로 장식되어 있다. 첫 번째는 "주는 그리스도시요 살아 계신 하나님의 아들이시니이다"(마 16:16)라는 베드로의 고백이고, 두 번째는 "이는 내 사랑하는 아들이니 너희는 그의 말을 들으라"(막 9:7)는 하늘로부터 온 음성이다. 한쪽은 인간의 증언이고, 다른 쪽은 신의 인증이다.

두 이야기를 숙고하기 전에 양자를 같은 맥락에서 상호관계를 유지하며 읽어야 한다고 강조하고 싶다. 이 이야기들은 그 맥락에서 떼어놓으면 절대 안 된다. 맥락은 바로 하나님을 계시하는 예수의 삶과 죽음이다. 마가복음은 예수를 주인공으로 삼는다. 이 맥락에서 벗어나면 이야기들은 오해될 소지가 있다. 두 이야기는 따로 개별적으로는 의미가 없다. 세상에 나가 우리의 말들로 쓸 만한 영성신학이 없기 때문이다.

게다가 이야기들은 유기적으로 연결되어 있다. 두 이야기를 나눠 놓으면 안 된다. 양자는 하나의 영성신학에 속한 두 박자 리듬일 뿐, 영성신학의 두 가지 다른 방식이 아니다. 두 이야기는 금욕적이며 미학적인 움직임들이 한데 어우러져, 영성신학의 중심부에서 부정과 긍정이 함께 역할을 하도록 한다.

첫째, 금욕적인 움직임이 있다. 이것은 예수 안에 있는 하나님의 '부정No'이다. 예수의 말은 아주 명쾌하다. "누구든지 나를 따라오려거든 자기를 부인하고 자기 십자가를 지고 나를 따를 것이니라"(막 8:34). 금욕적인 삶은 확정되지 않은 삶을 다루고 있다.

예수의 말에서 튀어나와 우리에게 와락 달려드는 동사가 있다. 바로 '부인하라'와 '십자가를 지라'이다. 자기 부인과 죽음. 이 단어에 대해 공격받는 듯한 느낌이 들어 우리는 움찔하며 뒷걸음친다.

그러나 두 가지 부정적인 동사는 긍정의 뜻을 담은 동사인 '따르다'에 종속되어 있음을 알 수 있다. 첫 번째 동사는 부정형이고, 두 번째 동사는 명령형이다. 이 문장은 "누구든지 나를 따라오려거든 *akolouthein*"으로 시작해서 "나를 따를 것이니라 *akoloutheito*"로 끝난다. 예수는 어딘가를 향해 가는 중이다. 그러면서 우리에게 자신을 따라오라고 손짓한다. 거기에 적대감이 들어설 여지는 전혀 없다. 오히려 그것은 영광스러운 초청의 음성으로 들린다. 그래서 '따르라'라는 동사는 자기 부인과 죽음을 말하는 부정적인 동사에 영광스러움을 덧씌울 정도다.

진정한 영성신학에는 언제나 강한 금욕적 요소가 있다. 예수를 따른다는 것은 자신의 충동과 욕구와 변덕과 꿈을 따르지 않는다는 것을 뜻한다. 이 모든 것은 죄로 손상되어 우리를 좋은 곳으로 이끌어줄 미더운 안내자가 아니기 때문이다. 예수를 따른다는 것은 죽음을 부인하고 지연시키는 문화 풍조를 따르지 않는다는 것을 뜻한다. 이런 문화는 우상과 이데올로기의 보호를 받으며 강박적으로 삶을 추구한 나머지 너무나 위축되어, 삶이라고 말하기에는 안쓰러운 결말을 맞게 된다.

문법적으로 보면 부정어, 곧 "아니No"라고 말할 수 있는 능력은 인간의 언어에서 가장 인상적인 특징이다. 부정은 자유에 접근하는 방법이다. 오직 인간만이 "아니"라고 말할 수 있다. 동물은 "아니"라고 말할 수 없다. 동물은 본능이 시키는 대로 한다. "아니"라는 말은 자유의 언어다. 나는 내 몸속 호르몬이나 문화가 시키는 대로 움직이지 않아도 된다. 시의적절하고 현명한 부정어는 우리를 막다른 골목과 우회로에서 구해주고, 엉뚱한 길과 유혹에서 자유롭게 해준다. "아니"라고 말할 수 있는 기술은 우리로 하여금 자유롭게 예수를 따를 수 있게 해준다.

마가의 텍스트를 신중하게 지킨다면 삶을 부인하는 것과 금욕적인 면을 연관시키지는 않을 것이다. 금욕의 훈련은 스스로 신神인 양 자만해진 자아를 깨끗이 청소하고, 성부와 성자와 성령을 위한 공간을 넉넉하게 만들어준다. 금욕의 훈련은 우리 문화는 인식하지도 못하는 죽음을 포용하고 준비하게 도와준다. 그래서 부활이 춤출 수 있는 여지를 마련해준다. 이렇게 잘 훈련된 사람이 옆에 있으면 경쾌한 발걸음과 민첩한 영과 재빠른 웃음을 포착하는 것이 어렵지 않다. 모울은 이와 같은 신앙적 부정들에 대해 이렇게 표현했다. "그것은 마음과 인생에 깊은 자국을 새겨 넣을 것이다.

그렇다고 해서 끝이 원재료가 가진 고유한 순수함을 훼손시킬 수는 없다."2

둘째는 심미적인 움직임이다. 마가의 금욕적인 면과 나란히 존재하는 것은 심미적인 면이다. 이는 예수 안에 있는 하나님의 '긍정 Yes'이다. 베드로와 야고보와 요한은 산 위에 올라가 예수가 그들 앞에서 변형되어 모세와 엘리야와 더불어 밝은 구름 속에 있는 광경을 보고 "이는 내 사랑하는 아들이니 너희는 그의 말을 들으라"(막 9:7)라는 하나님의 축복을 듣는다. 심미적인 이야기는 산 위에서의 삶을 다루고 있다.

이야기에 '아름다움'이란 단어가 나오지는 않지만 제자들이 경험한 것은 아름다움이고, 그것은 우리가 경험하는 것이기도 하다. 변형된 예수의 아름다움, 율법과 선지자, 예수의 아름다움과 하나가 된 모세와 엘리야, "내 사랑하는…"과 같은 아름다운 축복 등 모든 것이 잘 들어맞는 장면이다. 예수의 밝은 내면이 흘러넘쳐 산과 역사를 비추는 모습, 한 인격으로 아름답게 구현되어 깊은 조화를 이루는 신앙, 사랑의 선언 등이 그러하다.

진정한 영성신학에는 언제나 강한 심미적 요소가 있다. 예수와 함께 산에 오른다는 것은 상상 이상의 아름다움을 접한다는 뜻이다. 예수와 함께 머문다는 것은 그분의 영광을 묵상하고, 예수 주변에 일어나는 율법과 선지자와 복음으로 이뤄진 세대 간의 폭넓은

---

2 H. C. G. Moule, *Veni Creator* (London: Hodder & Stoughton, 1890), p. 104.

대화를 경청하고, 하나님이 예수 안에 드러낸 계시를 확증하는 소리를 듣는 것을 의미한다. 하나님의 영이 그 모습을 만들 때는 우리에게 아름다운 모습으로 나타난다.

이제 변화되신 예수에 관해 생각해보자. 예수는 계시의 대표적인 형상이고, "그 빛은 이 형상에 위로부터나 바깥으로부터 임하는 것이 아니라 그 형상의 내면으로부터 쏟아져 나온다."[3] 빛에 대해 보일 수 있는 유일하게 적절한 반응은 우리 눈을 활짝 뜨고 비치는 것을 주목하는 것이다. 이것이 경배다.

영성신학에서의 심미적 성향은 예수 안에 계시된 것을 인식하는 훈련, 그 맛을 알아가는 과정과 관계가 있다. 하지만 우리는 여기에 너무나 서툴다. 감각은 죄에 물들어 무디어진 지 오래다. 감성만이 최고라고 떠들어대는 세상은 완전히 감각을 상실했다. 세상의 추악하고 시끄러운 것들에 밀려 느낌은 죽어버렸고, 쓸모 있는 기능성과 효율성만 따지는 바람에 사람과 사물에 담긴 아름다움은 자취를 감추었다. 박물관이나 정원에 모실 수 있는 것들 빼고는 심미적인 것과는 거리가 멀다고 비난을 받기 일쑤다. 그러므로 우리의 감각은 치유받고 회복되어야 한다. 그때야 비로소 성령의 초대와 임재를 받아들이고 반응할 만한 상태가 될 수 있다. 장 설리반도 그렇게 지적했다. "감각이 살아 있는 사람만이 보이지 않는 존재에 대해 말할 수 있다. 성경에 대한 근본적인 통찰은 그들에 의

---

[3] Hans Urs von Balthasar, *The Glory of the Lord* (San Francisco: Ignatius Press, 1984), vol. 1, p. 151.

해 이루어진다."⁴

우리 몸의 오감은 믿음의 삶을 방해하는 장애물이 아니다. 우리의 감성은 영성의 길에 걸림돌이 아니라 영성에 이르는 유일한 방법이다. 토마스 아퀴나스는 무감성asensuality이야말로 감각을 배척하는 것으로, 그것은 신성모독의 악과 같다고 확신했다.⁵ 초기 그리스도인들에게 자신의 영적 체험의 진정성을 확인시켜주려 했을 때, 사도 요한은 자신의 시각과 청각과 촉각을 증인으로 불러냈다. "태초부터 있는 생명의 말씀에 관하여는 우리가 들은 바요 눈으로 본 바요 … 손으로 만진 바라"(요일 1:1). 그는 첫 문장에서 그의 감각을 일곱 번이나 증인으로 불러낸다.

마가는 영광스러운 긍정의 이야기를 단호한 부정의 이야기와 나란히 배열한다. 보고, 듣고, 만지고, 냄새 맡고, 음식을 맛보는 모든 탁월한 감각 기능을 가진 우리 몸은 예수님과 함께 산을 오른다. 산을 오른다는 것은 격렬한 신체적 행동과 같다. 그곳에서 우리는 놀라운 경배에 이른다. 산에서 우리는 우리에게 하나님을 드러내신 말씀을 들을 수 있고, 빛을 볼 수 있도록 훈련받는다.

이것은 무척 간단해 보인다. 사실이 그렇다. 마가는 그 이야기를 분명하게 묘사한다. 하지만 간단하고 분명한 것이 오해의 소지도 있다는 것을 마가도 잘 알고 있다. 금욕적인 도상道上의 이야기와

---

4 Jean Sulivan, *Morning Light* (New York: Paulist Press, 1988), p. 18.
5 Quoted by Beldon Lane, *Landscapes of the Sacred* (New York: Paulist Press, 1988), p. 81.

심미적인 산상山上의 이야기에서 베드로가 보인 첫 반응은 잘못된 것이었다.

베드로는 길 위에서 십자가를 피하려 했고, 산 위에서는 영광을 차지하려 했다. 베드로는 예수에게 더 나은 계획, 곧 아무에게도 폐를 끼치지 않는 구원의 길을 제안함으로써 금욕적인 길을 거부했다. 예수는 사복음서에 기록된 책망 중 가장 단호한 어조로 그를 사탄이라 불렀다. 산 위에서 베드로는 기념할 만한 건축물을 짓자고 말했다. 즉 예배의 한 방편으로 삼을 만한 손으로 만질 수 있는 무언가를 제안하며 심미적인 길을 외면했다. 이번에 예수는 베드로를 무시했다.

상황을 잘못 파악한 베드로의 성향을 보면서 우리는 긴장해야 할 것이다. 지난 세기 동안 그리스도인들은 베드로처럼 수많은 방식으로 오해를 거듭해왔다. 때로는 금욕적인 면을, 때로는 심미적인 면을 오해했다. 역사책들은 우리가 밟아온 금욕적인 탈선과 심미적인 이탈의 이야기들로 가득 차 있다. 마가복음서의 본문을 읽다가 부주의해서 예수의 손을 놓치게 된다면 우리 역시 잘못된 길로 갈 수밖에 없다.

결론

한 가지 더 말해둘 것이 있다. 두 이야기가 마가복음의 중심부에 있다고 해서 복음의 핵심이라고 할 수는 없다. 마가의 이야기는 우리가 아닌 예수에 관한 이야기임을 기억하라. 사실 마가복음에서 이 부분을 지워버린다 해도 이야기는 변함이 없을 것이다. 길과 산과 관련된 내러티브가 예수의 이야기, 그가 살다가 십자가 위에서 죽고 다시 살아난 이야기를 이해하는 데 반드시 필요한 요소는 아니다. 길과 산에 관련된 이야기들이 없어도, 우리는 마가가 예수에 관해 들려주기로 한 모든 것, 즉 하나님의 계시로서의 예수, 예수의 구원사역에 관한 모든 이야기를 알 수 있을 것이다.

여기서 우리는 예수의 이야기에 초대되어 완전히 참여하는 자가 되는 법을 배운다. 우리는 예수가 하나님의 아들이라는 이야기만 듣는 것이 아니다. 우리는 그분이 베푸신 속죄의 수혜자가 될 뿐 아니라 참여자의 자유와 존엄성을 지닌 채 그분의 죽음을 죽고 그분의 삶을 살도록 초대받는다. 그리고 놀라운 일이 있다. 우리가 이야기의 중심이 되지 않고도 그 이야기의 중심에 들어간다는 것이다.

영성은 언제나 자기몰입에 빠질 위험이 있다. 즉, 영혼의 문제에 너무나 매료된 나머지 하나님을 내 경험의 부속품으로 취급할 위험이 있다는 말이다. 그러므로 깨어 있어야 한다. 영성신학은 다른 무엇보다도 깨어 있는 연습이다. 영성신학은 예수의 이야기에 온전히 참여하되, 그 이야기를 장악하지 않도록 훈련하는 학문이자 기술이다.

이러한 훈련을 위해 마가는 기본 텍스트를 제공해준다. 중심부에 있는 (길과 산에서 일어난) 두 이야기는 예수의 십자가 죽음과 부활을 미리 내다보고 있다. 양자는 금욕적 부정과 심미적 긍정을 훈련시키지만 거기에만 머물게 하지는 않는다. 우리에게 믿음과 순종의 발걸음을 내딛도록 하여 예수의 죽음과 부활이라는 결정적인 부정과 영광스러운 긍정 안에서 온전케 되는 삶을 살게 만든다.

하나님께서
말씀하셨다

 몇 년 전, 난생처음 할아버지가 된 지 몇 달 지나지 않았을 때, 아들 내외가 손자 앤드루를 데리고 집에 놀러와 며칠 머물렀다. 갓난아이를 겪게 된 건 25년 만의 일이다. 25년 전, 나는 날마다 아기 얼굴을 맞대며 아기의 세세한 행동거지를 낱낱이 경험했다. 그러나 처음 겪는 일이라 워낙 경황이 없어서인지 기억나는 일이 거의 없었다. 그래서 이번만은 그러지 않으리라 굳게 다짐했다.

 거실에 나, 며느리 린, 그리고 손자 녀석 앤드루만 함께 있던 어느 날이었다. 린은 책을 읽고 있었다. 앤드루는 몇 주째 엉금엉금 기는 연습을 하고 있었고, 그것도 얼추 완벽해지고 있었다. 나는 거실 바닥에 앉아 자그마한 몸통으로 숙련된 고도의 근육운동을 보여

---

* *Crux* (Vancouver: Regent College) 31, no. 1 (March 1995): 2-10에 실렸던 글.

주는 손자 녀석을 지켜보았다. 녀석의 눈과 팔과 다리가 기민하게 협력하는 모습은 경이로울 정도였다.

앤드루는 테니스공을 멀리 던져놓고 그것을 좇아 박박 기어갔다. 공은 벽과 가구에 부딪치며 이리저리 튀었고, 손자 녀석은 그동안 연마해둔 기술을 총동원해 공을 집으러 기어갔다. 그 모습은 녀석의 발달을 보여주는 것으로는 최적이었다. 야구장이나 하키 링크에서 수많은 기술을 봐왔지만, 감동과 흥미 면에서 볼 때 그날 녀석이 보여준 훌륭한 기술은 단연 압권이었다.

10여 분 정도 앤드루의 던진 공 찾아내기 놀이는 계속되었다. 그러다 갑자기 공이 싱크대 아래로 들어가버렸다. 공이 보이지 않자 기저귀를 찬 이 녀석은 놀이를 멈추고 그 자리에 주저앉더니 주변을 두리번거렸다. 마치 지금까지 던진 공 찾아내기 놀이를 한 적이 없다는 듯한 눈빛으로 말이다. 나는 며느리에게 한마디했다. "얘야, 앤드루에게 무슨 문제가 있는 거 아니니?" 지금까지 감동으로 가득 찼던 내 마음은 돌연 걱정에 휩싸였다. 녀석은 왜 던진 공 찾아내기 놀이를 갑자기 그만둔 걸까? 혹 유전자 이상은 아닐까? 주의력 결핍 과잉행동 장애 초기 증상을 보이는 걸까? 그런데 린은 눈 하나 깜짝하지 않고 쿨하게, 그러면서도 대수롭지 않은 일이라는 듯 대답했다. "앤드루는 아직 대상 영속성(object permanence, 물체가 어떤 것에 가려져서 보이지 않더라도 그것이 사라지지 않고 지속적으로 존재한다는 것을 아는 능력-옮긴이)을 습득하지 못했어요."

"그게 무슨 말이지?"

"앤드루의 시야에서 물건이 사라지면 그것은 곧 그 아이에게는 존재하지 않는 거나 마찬가지란 뜻이에요."

몇 초 지나서야 나는 그 말을 이해했다. 그리고 이렇게 중얼거렸다. "나도 그런 성도들 꽤 많이 알지."

*

나는 그전에 '대상 영속성'이란 말을 들어본 적이 없다. 나와 린은 이 이야기를 나눴다. 처음 몇 달 동안 앤드루는 엄마 린에게 항상 즉각적인 만족을 요구했다. 당장 허기를 해결해주고 달래주고 기저귀를 채워달라고 했다. 기다리는 일은 없었다. 앤드루에게는 눈으로 보고 맛보고 냄새 맡고 느끼고 들을 수 있는 것 외에는 아무것도 존재하지 않았다. 그리고 앤드루가 눈으로 보고 맛보고 냄새 맡고 느끼고 들었던 것의 대부분은 그의 엄마였다. 좋은 엄마가 되기 위해서는 밤낮으로 24시간 내내 아이와 함께 있어야 한다고 린은 말했다. 이어서 린은 그런 식으로 좋은 엄마가 된다고 해도 일정한 시간이 지나면 나쁜 엄마가 될 수밖에 없었을 것이라고도 했다.

"린, 어떻게 네가 나쁜 엄마가 될 수 있겠니? 너는 절대로 나쁜 엄마가 될 수 없단다."

앤드루가 잘 기는 만큼이나 린은 엄마 역할을 훌륭히 해냈다. 설령 나쁜 엄마가 되려고 노력한다 해도 그렇게 될 수 없는 사람이었다.

나는 린의 설명을 들으며 앤드루가 대상 영속성을 계속 배우지 못한다면, 그녀의 좋은 엄마 역할은 나쁜 엄마 역할이 될 수밖에 없다는 것을 알게 되었다. 아이가 엄마의 존재를 인식하는 법을 배운 것과 똑같은 방식으로 엄마의 부재를 인식하는 법을 배우지 못한다면 그렇게 된다는 말이었다. 아이의 감각으로는 세상의 대부분은 물론이고 엄마에 대해서도 이해할 수 없는 것들이 많기 때문이다. 만약 엄마가 아이에게 필수불가결한 존재가 되기를 고집한다면, 엄마는 아이의 삶을 눈으로 볼 수 있는 것으로만 제한하게 될 것이다.

생물학이 제공하는 또 다른 영성의 근거를 접할 때마다 나는 적잖이 놀란다. 이번에도 그런 것을 경험했다. 그것도 예기치 않게 '대상 영속성'이란 심리학의 추상적인 개념을 통해서 말이다. 그날의 대화로 나는 아동 발달 과정상의 중요한 항목을 알게 되었다. 그리고 인간 고유의 모험을 시작하는 부분에 대해, 그것이 그리스도인의 삶에서도 분명히 나타난다는 것을 새로 알게 되었다. 그 출발점을 나는 원점Square One이라고 부른다. 그곳에서 우리는 대상 영속성을 습득하기 시작했다. 그곳에서 우리는 인간 특유의 여정을 시작하는 것이다.

우리 생애의 처음 몇 달은 여정을 시작하기 위해 기본적인 필수품을 챙기는 기간이다. 많은 이들이 깊은 산속으로 등산을 떠나기에 앞서 여러 가지를 준비했던 경험이 있을 것이다. 며칠 동안 적당한 옷을 빨아 널어놓고, 적정량의 양식을 챙기고, 방수용 텐트를 준비하고, 구급약을 필수품에 넣는 경험 말이다. 그러고 나서 산행의 출발선에 선다. 이 시점까지는 거의 모든 것이 당신의 통제 아래 있을 것이다. 하지만 그 후로는 당신의 통제 아래 있는 것은 거의 없을 것이다. 이제부터 당신이 다루는 문제는 눈에 보이지 않고 불확실하고 예측할 수 없는 것이 대부분이다. 기후 변화, 야생 동물의 출현과 반응, 당신의 신체적인 인내력, 산행 동료들의 기분 등이 모두 그렇다. 이제 당신은 '원점'에 선 것이다.

원점에 이르기까지 당신은 눈에 보이는 것에 의거해 살아간다. 하지만 원점 이후에는 믿음에 의거해 살아간다. 기초 생물학이 기본적인 영성에 길을 양보한다. 우리는 더 이상 감각과 느낌과 즉각성에 제한받지 않는다. 그 대신 기억과 예상, 기다림과 신뢰, 믿음과 희생, 사랑과 충성 그리고 신실함으로 이루어진 방대한 세계를 탐험하고 참여한다. 하지만 그 어느 것도 당신이 눈으로 보고 손으로 다룰 수 있는 것으로 환원되지 않는다. 우리 안에 인간 특유의 성품을 빚어내는 것들을 우리는 결코 소유할 수 없다. 단지 그 속으로 들어갈 수 있을 뿐이다. 존재하는 것은 대부분 우리 손으로 만질 수 있는 곳, 입에 넣을 수 있는 곳, 따뜻한 품으로 감쌀 수 있는 곳에 있지 않다. 원점은 우리가 이제까지 존재Presence와 함께 편하게 살아온 것처럼, 부재Absence와 함께 편하게 사는 법을 배우기 시작하는 기점이다. 그리고 이를 설명하는 일반적인 단어는 믿음Faith이다. 히브리서는 믿음을 "바라는 것들의 실상이요 보이지 않는 것들의 증거"(히 11:1)라고 정의하는데, 아직까지 이보다 나은 정의를 나는 보지 못했다.

하지만 이 시점에서 우리의 오감이 예전보다 덜 중요해진 것은 아니라는 점을 유념할 필요가 있다. 오감이 제한하는 역할을 하지 않기 때문에 오히려 더 중요해지는 것일지도 모른다. 우리의 영적인 삶은 생물학적인 삶 못지않게 신체적이고 감각적이고 즉각적이지만, 신체적인 차원에 국한되지는 않는다. 몸은 우리 자신을 감금시켜두는 감옥이 아니다. 우리 몸은 "눈이 보지 못하고 귀가 듣지 못했던" 것을 찾아 여행을 떠나게 만드는 열린 대로와 같다. 프로이트의 말에 솔깃했을 수도 있으나, 생물학은 불가항력의 주어진 운명이 아니다. 대신 시편 기자가 노래한 것처럼 하나님의 선하심을 눈으로 확인하고 맛보는 자유이용권과 같다. 원점에 이르렀을 때 우리는 생물학을 잊게 되는 것이 아니라, 대상 영속성을 배우게 된다. 존재한다는 것을 알기 위해 그걸 꼭 눈으로 확인할 필요는 없다.

앤드루는 대상 영속성을 배웠다. 손자는 이제 여섯 살이고, 그의 세계는 대체로 보이지 않는 것과 언어로 구성되어 있다. 뒷마당에서 칼을 휘두르고 저주를 퍼부으며 민들레의 윗부분을 단칼에 내리치는 손자를 보았다. 무엇을 하고 있느냐고 물었더니 앤드루는 거인과 싸우고 있다고 대답했다. 아이의 목소리는 5년 전, 며느리가 대상 영속성에 대해 가르쳐줄 때의 목소리와 비슷했다.

|

원점의 특징적 요소는 바로 '하나님이 말씀하셨다'는 것이다. 이

밖에도 물론 많은 것이 있다. 원점 속으로 들어가면 하늘과 땅의 시계視界는 활짝 열린다. 우리는 단번에 그 모든 것을 다룰 만한 능력이 없다. 그래서 조금씩 단편적으로 이해하는 것이 최선이다. 여기에서 이야기 하나, 저기에서 기도 한 편, 노래 한 곡, 꿈 한 가지 등으로 말이다. 그런데 세계의 대부분은 우리가 보지도 못하고 만지지도 못하며, 우리보다 훨씬 더 크고 더 복잡하고 더 생생한, 팽창이 계속되고 있는 신비로운 존재다. 언어는 이 세계에서 우리의 처지를 파악하는 데 필요한 일차적인 도구다.

우리는 '공'이란 단어를 배우고, 이 단어를 도구로 삼아 테니스공의 실재를 경험할 수 있는 능력을 (싱크대 밑으로 굴러들어가서 더 이상 볼 수 없게 된다 해도) 습득한다. 어휘력에 새로운 단어가 더해지면서 우리는 점점 더 많은 실재와 관계를 맺는다.

원점에서 우리가 배우는, 필수불가결한 단어는 '하나님'이다. '하나님'이라는 단어를 배움으로써, 우리는 진실하고 인격적이라는 점에서 언제나 우리보다 우월한 존재가 있다는 것을 느끼게 된다. 물론 즉각적으로, 갑자기, 절대적으로 배우게 되지는 않는다. 오해와 미신도 있고, 상상 속의 우여곡절도 있고, 전진과 후퇴도 있기 마련이다. 그런데도 우리는 배운다. "이는 하나님을 알 만한 것이 그들 속에 보임이라. 하나님께서 이를 그들에게 보이셨느니라. 창세로부터 그의 보이지 아니하는 것들 곧 그의 영원하신 능력과 신성이 그가 만드신 만물에 분명히 보여 알려졌나니"(롬 1:19-20). 알려지지 않은 것이 알려진 것에 우선한다. 눈으로 볼 수 없는 것이

볼 수 있는 것을 설명해준다. 그리고 이처럼 눈에 보이지 않는 미지의 신비는 목적과 인격을 갖춘 하나님이다.

목적을 갖추심 내가 인생을 경험하기 이전에 통일성과 설계와 계획이 있기 때문이다.

인격을 갖추심 나를 나보다 더한 존재와 연결시켜주는 그 무엇이 있기 때문이다. 하나님은 나보다 덜한 존재가 아니라 더한 존재다. 더 강력하거나 더 지혜로울 뿐 아니라, 생각하고 믿고 사랑하고 바라고 신뢰할 수 있는 내 능력보다 더 많은 능력을 지닌, 더 큰 인격이다. 내가 원점에서 인식하게 되는 것은, 눈에 보이지 않는 위대한 본성이다.

하나님 이 단어만큼 인간에게 흔하면서 필수불가결한 단어는 존재하지 않는다. '하나님'이라는 단어가 나오지 않는 언어는 없다. 삶에서 우리 자신과 주변 세상을 설명하는 방식에 - 부인하든지 바꾸든지 신성모독을 하든지 경배하든지 - 이런저런 형태로 이 단어가 나타나지 않는 순간은 거의 없다. 하나님.

과학 이론과 철학에서는 "단순성의 기준은 매우 중요하다."[1] 리

---

[1] Richard Swinburne, "The Vocation of a Natural Theologian," in *Philosophers Who Believe*, ed. Kelly James Clark (Downers Grove, IL: InterVarsity, 1993), p. 184.

처드 스윈번은 옥스퍼드 대학교의 기독교 담당 교수로서 오늘날 기독교 변증가 중 최고로 손꼽히는 사람이다. 그는 이러한 단순성의 기준을 저술의 핵심 취지로 삼는다.

과학이나 종교 또는 어느 방향으로 접근하든지 간에 많은 설명이 필요할 정도로 세계는 굉장히 다양하다. 현재 진행되고 있는 모든 양상을 가장 정교한 정신적 기계로 설명하는 루브 골드버그Rube Goldberg 이론 같은 것을 누구든지 생각해낼 수 있다. 사실 철학적인 많은 작업들이 이 같은 지적인 괴물들이나 다름없다. 그러나 가장 설득력 있고 유용한 것은 단순 이론이다. 가장 단순한 어휘와 가장 적은 변수를 사용해 다양한 현상을 설명해주는 이론인 것이다. 리처드 스윈번은 단순성의 기준을 '하나님'이란 단어에 적용한 3부작을 저술했다.[2] 그는 과학 및 철학 연구가 생각해낸 모든 재료를 설명하되 '하나님'이라는 단순하면서도 심오한 단어에 그것을 적용한 것이다. 그는 우리를 최초의 통찰과 대상 영속성의 기본 경험으로 되돌아가게 했다.

리처드 스윈번 교수와 나의 손자 앤드루는 나에게 똑같은 것을 말하고 있다. 사실은 동일한 어휘로 우리를 원점으로 되돌아가게 만든 것이다.

---

[2] 3부작을 순서대로 열거하면 다음과 같다. *The Coherence of Theism, The Existence of God, Faith and Reason.*

II

 나는 여기서 '데려가다'라는 동사가 아니라 '되돌아가다'라는 동사를 사용하고 있다. 한때 거기에 있었으나 우리는 이제 더 이상 그곳에 있을 기회는 없다.

 원점은 우리가 아직 보지 못한 거대한 세계, 도무지 설명할 수 없는 놀라운 창조세계, 경험으로 규정하거나 통제할 수 없는 복잡한 실재가 있다는 것을 인식하는 곳이다. 거기에는 더 많은 것이 있다. 아니, 훨씬 더 많은 것들이 있다. 아무리 진정성 있는 경험을 하더라도 그것이 모든 것을 포괄하지는 못한다. 아는 것보다 알지 못하는 것이 훨씬 더 많다. 전통에 나오는 고전적인 문구를 사용하자면 우리는 '무지의 구름the cloud of unknowing'에 싸여 있다.

 여기에는 공간과 시간, 신비와 아름다움에 대한 감각 등 무언가 신 나는 면이 있다. 우리는 거기서 탐험가, 모험가, 돈키호테 같은 인물이 된다.

 반면에 심각하게 실망스러운 면도 있다. 우리가 우주의 중심에 있지 않다는 깨달음이다. 신체적인 나이가 어떠하건 유아기에는 우리가 모든 것의 중심이라고 생각한다. 우리의 욕구가 모든 것에, 확실히 모든 것에 우선한다. 우리의 욕구, 우리의 행복, 우리의 편안함이 모든 것의 중심이다. 우리는 마치 신이나 여신처럼 숭배를 받고 예배를 받으며 섬김을 받는다.

그런 후에 우리는 출발선에 도달해 각자의 차례를 기다려야 한다는 소리를 듣는다. 혹은 장난감을 형제들과 함께 사용해야 한다는 말도 듣는다. 너와 나의 차원을 넘어서는 일들이 많이 생긴다. 우리는 유한성을 경험하게 된다.

그리고 우리는 이 같은 것들을 좋아하지 않는다. 최고의 여왕으로, 전능한 왕으로 영광을 맛보았던 사람이 버릇 나쁜 개구쟁이로 취급받는 것은 상당한 좌천이기 때문이다. 생각나는 것이면 무엇이든 요구하고 지불할 만한 능력이 있는 사람이 재물에서 손을 떼고 집도 직업도 없는 순회 전도자와 걷기 시작하라는 소리를 듣는 것은 충격적일 수밖에 없다(막 10:17-31). 오랜 공부를 통해 중요한 지식을 섭렵한 사람이 어쩌다가 길거리 폭행을 당한 희생자를 돌보는 일을 맡는 것은 당치 않은 모욕이다(눅 10:25-37).

우리가 처음으로 원점에 도착할 때는 한없이 뻗어가는, 무한의 찬란한 빛 앞에서 숨도 쉴 수 없을 정도다. 분명 멋진 일이다. 그리고 나서 우리는 당연한 결론을 깨닫기 시작한다. 만일 무한이란 것이 있다면 나는 그것이 아닌 게 분명하다. 만일 하나님이 계시다면 내가 신이 될 여지는 없다.

이런 깨달음에 대한 반응은 거의 예외 없이 나르시시즘이나 프로메테우스주의의 형태를 띤다. 나르시시즘은 원점에서 물러나서 자신의 영적인 주권으로 돌아가려는 시도이다. 무한을 잊어버려. 신비도 잊어버려. 멋진 나를 만들어봐. 작은 세계일지는 몰라도 어디까지나 내 세계라고. 완전히 내 것이란 말이야.

프로메테우스주의는 원점을 우회하여 무한의 영성에 도달하려는 시도이다. 무한을 통제하고, 조정해서 무언가를 이뤄보려는 시도인 것이다. 한가롭게 빈둥대며 모든 영성을 조정하고 있다. 프로메테우스주의는 실제적이다. 기업가적 성향을 지닌다. 야심만만하고 정력적이다. 프로메테우스주의는 모든 힘과 아름다움을 유용한 일에 사용하고 싶어 한다.

우리는 일종의 나르시시즘이나 프로메테우스주의를 실천하며 산다. 그러므로 대다수의 영성은 나르시시즘과 프로메테우스주의의 조합이고, 이것이 우리의 개인적 기질과 환경에 딱 맞는 안성맞춤형이라는 것은 말할 필요도 없다.

그렇기 때문에 나는 '되돌아가다'라는 단어를 사용했다. 원점으로, 경이로운 장소로, 무한에 대한 인식으로, 하나님을 예배하는 곳으로 돌아가는 것이다.

나르시시즘과 프로메테우스주의로 기우는 완고한 성향에 대응하려면 무엇보다 겸손을 키우는 게 필요하다. 우리다운 존재가 되는 법을 배우는 일, 늘 땅을 가까이하는 일, 인간적인 면모를 지키려고 연습하는 일, 우리를 빚어내는 데 사용된 양질의 토양인 부식토에 손가락을 대는 일이 필요하다.

그다음에는 귀를 기울이라.

III

원점으로 되돌아가는 일은 하나님을 인식하는 것일 뿐 아니라 하나님의 말씀을 경청하는 것이기도 하다. 하나님이 말씀하셨다. 당신은 경청했는가? 당신은 경청하는가?

경청은 어휘상으로(akouo와 bupakouo)만 아니라 영적으로도 순종과 반응으로 이어진다. "인간의 들음은 말씀the Word의 계시에 대한 일치를 의미한다. 성경적 신앙에서 들음이란 이와 같은 하나님의 계시를 드러내기 위한 필수적 반응이다."[3]

언어는 '대상 영속성'을 배울 때 사용하는 일차적인 도구다. 싱크대 밑으로 굴러간 둥근 녹색 대상물을 언급하는 '공'이란 단어가 있음을 발견하는 일은 '눈에 보이지 않는 것들'의 실재를 다룰 수 있게 해주는 열쇠가 된다. 단어는 감각적 경험의 영역 바깥에 있는 사람과 사물, 그리고 사건의 실재와 차별성을 증명해준다. 어휘력이 늘어나면 동시에 자신의 세계는 팽창한다. 오래지 않아 먼 옛날에 살기도 하고, 먼 대륙을 다니기도 하며, 공동묘지에 묻힌 남녀들과 대화를 나눌 수도 있다.

그러므로 '우리의 간구나 생각을 훨씬 초월하는' 하나님이 언어를 도구로 우리를 다루신다는 것은 놀랄 일이 아니다. 하나님은 말씀하신다. 그리스도인의 경우, 기본적인 영성은 '하나님'이란 명사

---

[3] G. Kittel, ed., *Theological Dictionary of the New Testament* (Grand Rapids: Eerdmans, 1964), vol. 1, p. 216.

일 뿐 아니라 '말씀하셨다(혹은 말씀하신다)'라는 동사이기도 하다.

여기서 그 문제를 논증할 생각은 없다. 이미 최고의 기독교 지성들이 노련하게 논증해왔으며, 리젠트 칼리지의 내 동료들 또한 그 작업에 동참해왔다. 다만, 나는 독자들에게 분명한 것, 그들이 인정한 것, 기본적인 것에 주목하라고 요청하고 싶을 뿐이다. 원점으로 돌아가면 우리는 경청하게 된다. 하나님이 말씀하시기 때문에.

그리고 기억해둬야 할 일이 있다. 하나님의 인격과 능력에 초점을 맞춘 영적 세계에 대한 깨달음은 종종 하나님이 되려 하거나 그분을 이용하려는 온갖 영성들을 확산시킨다. 그렇기 때문에 반응을 일으키고 영적 세계에 참여케 하는 언어 습득은 하나님을 피해 가는 영적 담론을 낳을 수 있다.

기독교회 안팎에서 진행되는 영적 담론 대부분이 그렇다. 그런 담론들은 하나님께 귀 기울이지 않는다. 하나님께 응답하는 일도, 하나님의 말씀을 믿는 일도 아니다. 한낱 수다일 뿐이다.

때로는 아주 흥미로운 수다이다. 매력적인 수다인 경우도 종종 있다. 그러나 그것은 우리의 영적 경험에 대한 논평이지, 하나님이 우리에게 주는 말씀 선포가 아니다. 우리는 끊임없이 증언한다고 하지만, 그것은 하나님이 아닌 우리 자신에 대한 이야기인 경우가 많다. 하나님에 대한 말은 선포라는 기본 형식을 취하는데, 우리가 하는 이야기들은 선포가 아니다. 잡담일 따름이다.

*

욥기는 그런 영적 담론의 허상을 적나라하게 보여주는 고전에 속한다. 욥은 원점으로-하나님이 말씀하셨다-돌아왔다. 그러나 욥기에서 '하나님'이라는 명사와 '말씀하셨다'라는 동사는 하나님과 전혀 관계없는 많은 영적 담론에 의해 분리되어 있다. 욥은 자기가 하나님과 관계하고 있다는 것을 전혀 의심하지 않는다. 그는 신비를 앞에 두고 있다. 그래서 기존의 방식으로 인생에 대해 설명하는 것은 불가능하다. 그는 미지의 존재와 대면하고 있다. 그는 오직 하나님이 말씀하실 때에만 만족할 수 있을 것이다. 하나님만이 이치를 설명할 수 있는 분이고 감춰진 것을 계시하는 분이기 때문이다. 마침내 하나님이 "폭풍우 가운데에서" 말씀하시자 욥은 만족한다. 하나님은 욥이 제기한 문제에 답변하거나 신비를 설명하지는 않지만 분명히 말씀하신다. 그것으로 완전히, 그리고 언제나 충분하다.

그러나 욥기의 내용 대부분은 욥에게 신앙적인 조언을 해주고 있는 엘리바스, 빌닷, 소발, 엘리후의 영점 담론으로 채워져 있다. 그들이 하는 말은 거의 옳은 것처럼 보인다. 그러나 동시에 그들의 말은 거의 옳지 않다. 그들은 하나님을 경청하고 응답하는 일에 전혀 참여하지 않고 있기 때문이다. 그중 엘리바스의 발언은 가장 인상적이다. 엘리바스는 욥이 범죄한 것이 틀림없다고 말한다. 그렇지 않다면 이런 고통을 당할 리 만무하다는 것이다. 그의 발언으로 판단한다면 우리가 살고 있는 이 우주는 논리적인 우주이며, 인과관계로 움직이는 영적인 우주다. 거기에는 아무런 신비도 없으며, 모든 것에 대한 해답이 있어야 한다. 그러나 엘리바스가 항상 논리에 따른 것은 아니었다. 자신의 초자연적인 경험을 증언함으로써 거기에 권위를 부여하려고 애쓰고 있기 때문이다.

은밀하게 한 말씀이 내게 임했는데,
속삭이듯 가느다란 소리였지만 내 귀에 분명히 들렸다.
깊고 깊은 잠에 빠진 뒤에 내 잠을 방해한
꿈속에서 임한 말씀이었다.
두려움과 공포가 나를 엄습했고,
나는 무서워 죽을 지경이었고 머리끝에서 발끝까지 떨렸다.
한 영이 내 앞을 지나가니,
내 머리털이 곤두섰다.
그 영이 거기에 서 있었지만 나는 무엇인지를 말할 수 없었고,
어렴풋한 형체… 그때 숨죽인 소리를 들었다(욥 4:12-16, 나의 번역).

이와 같은 체험 뒤에는 꼭 전해야 하는 심오한 계시가 나올 것이라고 기대할지 모르겠다. 그러나 그런 것은 전혀 나오지 않는다. 이전과 별반 차이가 없다. 엘리바스의 말에는 바벨론의 사당이나 이집트의 신전 같은 곳에서 얼마든지 찾아낼 수 있는 진부한 지혜밖에 없다.

한갓 인간들이 하나님보다 더 의로울 수 있을까?

사람들이 그들의 창조주보다 더 깨끗할 수 있을까?
아니, 하나님은 자기 종들까지도 믿지 않으시고
자기 천사들조차 칭찬하지 아니하시는데,
하물며 진흙으로 만든, 나방처럼 망가지기 쉬운
이 몸들은 그들보다 얼마나 못한가?
우리의 몸은 순식간에 파괴될 수 있고
흔적 없이 사라져 아무도 눈치 채지 못하리라.
누군가 생명줄을 끊으면 그것으로 끝이니,
우리는 죽고 그래도 모르기는 마찬가지다(욥 4:17-21, 나의 번역).

나중에 엘리바스는 "내가 본 것"(욥 15:17)을 다시 언급하면서 진부하기 짝이 없는 자신의 말에 영적 권위를 부여하려 애쓴다.

욥은 엘리바스의 발언에 전혀 감동하지 않는다. 그가 초자연적인 것 따위에 감동할 리 없다. 욥이 원하는 것은 하나님이기 때문이다. 그는 말씀하시는 하나님을 원할 뿐이다. 욥은 엘리바스가 체험한 영에 대한 담론을 듣고 싶었던 것이 아니다. 한밤중에 들린 무시무시한 속삭임과 어렴풋한 형체에 관한 엘리바스의 이야기에 그는 아무 관심이 없다. 단지 하나님이 말씀하시는 것을 듣고 싶을 뿐이다. 하나님의 말씀 말이다.

하나님은 선지자들을 통해 말씀하실 때 아주 분명히 말씀하신다. 만일 하나님이 분명하게 말씀하시지 않았다면, 이사야는 아무것도 아닌 존재가 된다. "내가 또 주의 목소리를 들으니 주께서 이르시되 내가 누구를 보내며 … 가서 이 백성에게 이르기를…"(사 6:8-9). 분명하지 않으면 예레미야 역시 아무것도 아니다. "여호와의 말씀이 내게 임하니라. 이르시되 내가 너를 모태에 짓기 전에 너를 알았고 … 보라, 내가 오늘 너를 여러 나라와 여러 왕국 위에 세워 네가 그것들을 뽑고 파괴하며 파멸하고 넘어뜨리며 건설하고 심게 하였느니라"(렘 1:4-10). 분명하지 않으면 에스겔도 아무것도 아니다. "그가 내게 이르시되 인자야 네 발로 일어서라. 내가 네게 말하리라 하시며 그가 내게 말씀하실 때에 그 영이 내게 임하사 나를 일으켜 내 발로 세우시기로 내가 그 말씀하시는 자의 소리를 들으니 내게 이르시되 인자야 내가 너를 이스라엘 자손, 곧 패역한 백성, 나를 배반하는 자에게 보내노라"(겔 2:1-3). "선지자들은 애매함이 전혀 섞이지 않은 명확한 용어로 표현된 말씀을 경험했다. 그리고 그것은 공적으로 선포될 하나님이 맡기신 말씀으로 직접 그들의 입 위에 놓였다."[4]

반면에 엘리바스에게서는 모호함을 빼면 아무것도 남지 않는다. "…속삭이듯 가느다란 소리… 한 영이 내 앞에 지나가니… 어렴풋한 형체… 숨죽인 목소리"(욥 4:12-16, 메시지). "엘리바스에게 그 말씀은 은밀하고 희미하고 가냘프게 뒷문을 통해 슬그머니 들어온다. 말씀의 기원과 저자는 미지의 것이다. 그것은 단지 한 말씀으로, 지나가는 소리로, 밤중의 소음으로 포착되고 있을 뿐이다."[5]

---

[4] Norman C. Habel, *The Book of Job* (Philadelphia: Westminster Press, 1985), p. 126.
[5] Habel, *The Book of Job*, p. 127.

이것은 어느 시대, 어느 곳에나 있었던 영성의 전염병이나 다름없다. 그것들은 한결같이 괴상하거나, 수수께끼 같거나, 화려하고 이색적인 것들이었다. 여기에 엘리바스가 사기꾼이라는 암시는 없다. 그 체험이 진짜가 아니라는 암시도 없다. 그러나 우리 앞에 놓인 방식을 보면 그것은 별로 중요하지 않음을 알 수 있다. 이처럼 초자연적인 것을 경험했다는 간증들, 신비로운 상태, 한껏 고양된 의식에 대한 묘사들은 별로 중요하지 않다. 어떤 음성에 주파수를 맞추고, 어떤 진동을 느끼고, 조화로운 소리를 들을 수 있게 해준다는 테크닉은 별로 중요하지 않다.

나는 지금 이 모든 것이 순전히 사기이며 환상에 불과하다고 말하는 것이 아니다. 얼마든지 정말로 그런 경험을 했을 가능성이 있다. 욥기에서 엘리바스를 사기꾼이라고 암시하는 대목은 전혀 없다. 그는 소름끼칠 정도로 초자연적인 체험을 했을 가능성이 많다.

내가 말하려는 핵심은 그것이 중요하지 않다는 점이다. 엘리바스는 고대 에돔 판 셜리 맥클레인(Shirley McLaine, 미국의 여배우이자 작가이며, 뉴에이지 신자로 알려져 있다-옮긴이)이다.

기독교 영성은 초자연적인 것에 감동하지 않는다. 원점에 서서 자기의 위치를 똑바로 알고, 인간의 유한성을 받아들여야 한다. 하나님의 무한성을 간과한다면 우리에게 초자연적인 것은 어디에도 없다. 물론 영적인 세계에 몸담고 있는 우리에게 영적인 체험이 없을 수는 없다. 하지만 그런 체험이 우리의 조언이나 성품에 권위를 부여해주지는 않는다. 원점으로의 복귀는 하나님께 돌아가는 것이

자, '하나님이 말씀하셨다'로 돌아가는 것이다. 거기에는 하나님이 계실 뿐만 아니라 하나님의 말씀도 있기 때문이다.

기독교 영성은 경험을 이야기하는 우리로부터 시작되는 것이 아니다. 우리를 부르시고 치유하시고 용서하시는 하나님을 경청하는 것으로 시작된다.

우리로서는 너무나 이해하기 어려운 일이다. 우리는 습관적으로 자신에 대해 이야기하기 때문이다. 우리는 경청하지 않는다. 설령 경청할 일이 있다면 그것은 이용할 목적으로 무언가를 얻기 위해서다. 우리의 경청은 차례를 기다렸다가 자신에 관해 얘기하려는, 예의바른 행동일 뿐이다. 그러나 하나님과의 관계에서는 이런 습관을 깨고 그분이 우리에게 말씀하시도록 해야 한다. 하나님은 존재할 뿐 아니라 말씀하시는 분이기 때문이다.

기독교 영성은 주목하는 영성일 뿐만 아니라 들음의 영성이다.

*

언어는 이 세상에서 우리의 상황을 표현하는 데 필요한 일차적인 도구다. 세계의 대부분은 우리가 보지도 못하고 결코 만지지도 못하지만 우리보다 훨씬 더 크고 복잡하고 생생하며 팽창을 계속하고 있는 신비로운 존재이다.

'공'이란 단어를 배웠을 때 앤드루는 비로소 눈으로 볼 수 없는 대상을 다루는 도구를 가졌다. 나는 '하나님'이란 단어를 배울 때 눈으로 볼 수 없는 한 존재와 관계를 맺었다. 하나님은 우리에게 대상 영속성을 가르칠 때 언어를 사용하신다.

이제 나는 '대상 영속성'으로부터 '주체 영속성'으로 어구를 바꾸고 싶다. 하나님은 내가 다루는 대상이 아니라 나에게 말씀하시는 주체이기 때문이다. 나는 하나님의 말씀을 경청하는 법을 배움으로써 기본적인 영성에 익숙해지고 거기에 참여한다.

여기에 내가 상세히 설명하고 싶은 흥미로운 사실이 있다. 우리가 원점에 이르면 생물학을 떠나 영성을 포용하는 것이 아니라고 앞서 말한 바 있다. 신체적 감각들이 덜 중요해지는 게 아니라 우리가 그것들에 의해 제한되지 않기 때문에 감각은 더 중요해진다는 말이다. 하나님이 그 자신을 언어로 계시한다는 사실을 발견하게 되면 다시금 감각의 영역으로 되돌아간다. 언어라는 것은 입, 입술, 혀, 목구멍으로 표출되는 것이기 때문이다. 말은 귀로 듣고 문자는 눈으로 본다. 그러나 일단 말을 하고 듣게 될 때나 글을 쓰고 읽게 될 때는, 감각기관을 초월하는 방식으로 말은 우리 속에 들어온다. 언어는 한 내면이 다른 내면에 나타나는 하나의 계시이다(혹은 계시일 수 있다). 언어를 통해 내 속에 있는 것이 당신 속으로 들어갈 수 있다. 언어가 그런 역할을 한다. 그렇기 때문에 언어는 기초 생물학에서 기본 영성에 이르는 중요한 다리다.

그렇기 때문에 기독교 영성은 경청하라고 주장한다.

하나님의 은혜로 하나님의 말씀은 글로 기록되었다. 그래서 성경은 곧 기독교 영성을 위한 텍스트다. 성경은 하나님의 말씀을 경청하는 청음초다.

IV

원점, 곧 경배와 경청의 장소로 되돌아갈 때 놀라운 일이 일어난다. 우리 속에 있는 에너지가 발동하고, 영혼의 아드레날린이 분출해 우리의 태도는 순종으로 변한다. 하나님이 발하시는 말씀이 어떤 일을 일어나게 하기 때문이다. 하나님은 우리에게 재정 계획을 짜는 법을 알려줄 목적에서 경제 관련 정보를 주기 위해 말씀하시는 것이 아니다. 우리의 장래를 들여다보고 애정생활의 전망이나 경륜 베팅에 관한 호기심을 충족시켜주는 점쟁이로서 말씀하시는 것이 아니다. 하나님이 말씀하시는 것은 부모나 책이나 점占에서 해답을 찾지 못한 모든 문제를 설명해주기 위해서가 아니다. 즉, 하나님의 말씀은 정보나 잡담이나 설명이 아니라는 뜻이다. 하나님의 말씀은 어떤 일이 벌어지게 하신다. 그분은 우리에게 무슨 일이 일어나게 하신다. 성경에서 으뜸가는 동사 형태는 바로 명령이다. "빛이 있으라" "가라" "오라" "회개하라" "믿으라" "잠잠하라" "나아라" "일어서라" "구하라" "사랑하라" "기도하라…."

이 명령어들이 요구하는 결과는 바로 순종이다. 나는 시편에 나오는 "주께서 내 마음을 넓히시면 내가 주의 계명들의 길로 달려가리이다"(시 119:32)라는 말씀을 좋아한다. 그렇다, 달려가는 것이다. 주의 집중과 경청하는 태도를 가지고 되돌아갈 원점은 우리가 깨달음을 얻는 장소다. 우리가 누구인지, 어디에 있는지, 하나님이 누구인지, 그분이 어디에 있는지를 알게 되는 장소다. 그 장소와 상태에서 에너지가 집중되고 내공이 쌓이면 하나님의 명령이 신호처럼 보이기만 해도 우리의 태도는 즉시 순종으로 이어진다. 하나님의 계명의 길로 달려가는 것이다. 성경이 순종을 이야기하는 어느 대목에도 불평, 비굴함, 망설임 한 점이 없다.

마가는 여리고에 살던 바디매오의 치유에 관한 이야기를 통해 하나님 말씀의 이와 같은 측면을 선명하게 묘사한다. 여리고 성은 당시로부터 1,000년 전에 예수와 이름이 같은 여호수아(그리스어로 'Jesus')가 구원의 행동을 취하는 신호를 보내 행동으로 옮긴 끝에 하나님의 약속대로 그 땅을 소유한 곳이다. 예수는 그의 마지막 캠페인을 벌이기 위해 여리고로 되돌아간다. 흑암의 세력에 대항하기 위해 예루살렘으로 올라가서 십자가 죽음과 부활을 통해 구원의 나라를 점령하기 위해서였다. 여리고는 원점과 같은 장소인 셈이다.

이야기를 자세히 살펴보자. 예수가 여리고에서 나갈 때 바디매오는 길거리에 앉아 구걸을 하고 있었다. 그는 예수란 말을 듣고는 불쌍히 여겨달라고 끈질기게 외친다. 예수는 그 소리를 듣고 멈춰 서서 그를 불러달라고 하신다. 바디매오는 부름을 받자 망설이지 않고 바로 뛰어 일어나 예수에게 나아간다(막 10:50). 여기에서 '뛰어 일어나다 *anapedesas*'라는 동사가(신약성경에서 여기서만 한 번 나오는 단어다) 주목을 끈다. 바디매오는 깡충 뛰어오른다. 마치 출발신호용 총소리를 들은 달리기 선수처럼 자리에서 튀어 올라 뛰는 것이다. 그렇다, "주께서 내 마음을 넓히시면 내가 주의 계명들의 길로 달려가리이다." 바디매오는 원점에서 준비 자세를 갖추고 있다가 예수가 초대의 말을(다름 아닌 하나님의 말씀이다) 발하는 순간 발사된 로켓처럼 튀어 올랐다.

원점은 가만히 둘러앉아 다음에 할 일을 의논하는 곳이 아니다. 열심히 순례 길을 걷다가 쉬어가는 오아시스가 아니다. 너무 많은 활동을 하다가 무위로 돌아가는 장소가 아니다. 원점은 하나님을 향한 주도적인 믿음을 갖고, 그리스도가 정한 제자도를 갖추고, 성령의 감동을 받아 순종하기 위해 되돌아가는 장소다.

유진 로젠스톡 후시는 언어와 삶의 영성을 가르치는 이 시대의 훌륭한 선생이자 내가 존경하는 인물이다. 그는 "비록 내가 변할지라도 나는 반응한다"[6]를 자신의 인생 모토로 잡았다. 원점으로 되돌아가서 하나님의 말씀을 들을 때, 그에 따른 순종이 삶을 바꿀 것이기 때문이다. 회개와 헌신, 믿음과 신실함 등 원점에서 시작되는 모든 에너지 충만한 행위들은 우리의 완고한 습관을 따르지 않고 변화를 도모한다. 그런 행위는 우리를 예수와 함께 예루살렘과 십자가와 부활로 데려간다.

그리스도인의 삶이란 우리가 가진 능력이나 지식, 미덕이나 에너지가 커진다고 해서 진보하지 않는다. 우리가 전문적인 기술을 터득한다고 해서 신앙생활이 향상되지 않는다. 날마다 그리고 하루에도 몇 번씩, 우리는 원점으로 – 하나님이 말씀하셨다 – 되돌아가야 한다.

우리는 끊임없이 "출발점으로 되돌아가서 언제나 새롭게 시작"

---

6 *Judaism Despite Christianity*, ed. Eugen Rosenstock-Huessy (University, AL: University of Alabama Press, 1969), p. 4.

해야 한다.[7] 우리는 만년 초보와 같다. 우리는 언제나 다시 시작한다. 우리는 다음과 같은 예수의 음성을 듣는다. "너희가 돌이켜 어린아이들과 같이 되지 아니하면 결단코 천국에 들어가지 못하리라"(마 18:3). 그래서 우리는 어린아이들처럼 되어야 한다. 주체 영속성을 배운 상태로, "하나님이 말씀하셨다"로 되돌아가야 한다. 원점으로 되돌아가 경배하고 또 경청해야 한다.

*

당신의 삶을 단순하게 만들고 싶다. 다른 이들이 당신에게 더 많이 읽으라고 말할 때, 나는 더 적게 읽으라고 말하고 싶다. 다른 이들이 당신에게 더 많은 일을 하라고 말할 때, 나는 더 적게 하라고 말하고 싶다. 세상은 당신이 필요한 게 아니라 하나님이 더 필요하다. 당신의 친구들은 당신이 더 필요한 게 아니라 하나님이 더 필요하다.

그리스도인의 삶의 특징은 우리가 하나님을 위해 하는 일이 아니라 하나님이 우리를 위해 하시는 일에 있다. 그리스도인의 삶의 특징은 우리가 하나님에 관해 하는 말이 아니라 하나님이 우리에게 하시는 말씀에 있다. 그런데 행동하고 말할 때마다 원점으로 되돌아가서 하나님과 그분의 말씀으로부터 시작하지 않으면, 우리가 하는 훈련은 하나님과 무관한 영성임을 깨닫게 될 것이다.

---

[7] Karl Barth, *Church Dogmatics*, I/1 (Edinburgh: T. and T. Clark, 1936), p. 15.

그러므로 참으로 그리스도인다운 삶을 살고 싶다면, 다시 말해 하나님을 예배하지도 그분의 말씀을 듣지도 않은 채 나르시시즘과 프로메테우스주의로 채색된 우리의 영성을 눈가림하기 위해 그리스도인이란 단어를 사용하는 태도를 버리려면, 원점으로 되돌아가서 하나님을 경배하고 그분을 경청하는 일이 필요하다.

기억이 죄로 손상되어 저널리즘이 소개하는 온갖 최신 영성에 쉽게 흔들린다면, 날마다 예수 안에 계시되고 성경이 증언하는 진리로 다시 방향을 잡아야 할 것이다. 그리고 우리가 만나는 신적 계시를 세상 살아가는 데 이용하고 결국은 하나님 없이도 살 수 있다고 주장하는 도덕적, 영적 테크놀로지로 쉽게 회귀하고 마는 오래된 습관을 감안한다면, 잘 모르는 상태, 아무것도 성취한 것이 없는 상태로 날마다 되돌아가는 일이 필요하다. 이런 면에서 우리 자신은 믿음직스러운 존재가 아니라는 사실을 스스로 오랜 시간 동안 되풀이해서 보여주었기 때문이다. 아침이든 저녁이든 때를 막론하고 가능하면 자주 원점으로 되돌아가 새롭게 출발해야 할 이유가 거기에 있다.

영적 탐구

친구들이 자신의 소화 상태에 관해 서로 증상을 비교하고 자문을 구하고 치료책을 교환하는 여러 이야기를 나눈다면 당신은 그것이 바람직한 현상이 아니라는 생각이 들 것이다. 오늘날 영성에 대해 일고 있는 폭넓은 관심을 볼 때, 나 역시 이 땅의 영혼이 건강한 상태에 있다는 생각은 들지 않는다.

소화에 문제가 없는 사람은 거기에 대한 이야기를 하지 않는다. 건강한 영혼을 가진 사람 역시 마찬가지다. 우리 몸과 영혼이 잘 작동하고 있다면 우리는 그것을 대체로 의식하지 않는다. 요즈음 영성이란 단어가 자주 나타나는 현상은 건강의 증거라기보다 질병의 증거일 가능성이 높다.

∗ *Christianty Today* 8, (November 1993)에 실린 글.

이런 입장을 취한다고 해서 영성에 대한 요즘의 관심을 병적인 현상으로 치부하는 것은 아니다. 관심 자체는 병적인 것이 아니지만 질병은 그런 관심을 불러일으킨다. 이런 현상을 어떻게 다루어야 하는지에 관해서는 상당한 혼란이 있지만 진단명은 하나로 일치한다. 우리 문화가 세속주의 병을 앓고 있다는 것이다.

하지만 질병보다 더 강력한 것은 치료책이다. 원초적인 혼돈 위를 운행했던 하나님의 영(창 1:2)이 오늘도 살인과 혼돈으로 얼룩진 도시 위를 운행하고 있다. 비둘기처럼 예수 위에 내렸던 영(마 3:16)이 예수를 따르는 사람들 위에 내려온다. 오순절 날, 오전 9시 예루살렘에서 사람들을 하나님으로 충만케 했던 성령(행 2:1-4)이 오늘날에는 1년 365일 24시간 내내, 시카고와 캘커타, 모스크바와 몬트리올에서 여전히 사람들을 충만케 한다.

뿐만 아니라 삶의 모든 영역은 근본적으로 영적이라는 인식이 문화 전역에 퍼지고 있다. 눈에 보이는 모든 것이 눈으로 볼 수 없는 것에 의해 형성되고 유지된다는 인식이다. 영적인 대공황기에 자란 우리는 교만한 합리주의와 거만한 테크놀로지의 그늘에서 불확실한 삶에 익숙해진 나머지 눈과 귀를 믿을 수 없게 되었다. 우리 주변의 모든 사람들, 이웃과 이방인들, 부자와 가난한 자, 공산주의자와 자본주의자는 하나님에 관해 알고 싶어한다. 그들은 의미와 목적, 옳고 그름, 천국과 지옥에 대해 계속 질문을 내놓고 있다.

몇 년 전, 내가 살던 곳에서 멀지 않은 한 주립 대학교에서 신약성경 과목을 가르친 적이 있다. 40년 전에 철학 및 종교학과의 과장으로 일했던 한 그리스도인 교수가 교과 과정에 포함시킨 과목이었다. 대학생들에게 신약성경을 배우게 하려는 숨은 동기를 갖고 추진한 일이었다. 그가 직접 소수의 학생들을 가르쳤는데, 수강생이 아주 많진 않았다. 그가 세상을 떠난 후, 당시에는 해당 학과의 모든 교수들이 무신론자이거나 마르크스주의자였으므로 신약성경 과목을 가르칠 사람이 없어 그냥 방치된 상태였다.

무신론자들의 무관심 덕분에 과목은 계속 학과 요강에는 포함되어 있었다. 일부 학생이 이 과목을 다시 개설해달라고 요청했다. 교수들은 동료들 외에 주변에서 강사를 물색했고 내 친구에게 강의를 맡겼다. 그런데 친구가 멀리 이사를 가는 바람에 그들은 과목을 없애려고 했다. 하지만 그 과목은 그즈음 학과에서 최고 인기 과목으로 자리매김된 상태였다. 학생 운동이 한창인 시대였으므로 해당 과목을 가르칠 그리스도인을 찾지 않으면 안 되었고, 그 와중에 나를 발견한 것이었다.

요즈음에는 이런 일이 많이 생긴다. 영적인 관심이 지하에서 힘을 결집했다가 세속적인 무대에서 분출되는 현상 말이다. 하룻밤 사이에 형세가 역전된 것만 같다. 우리가 사람들을 향해 하나님께 관심을 갖도록 일을 꾸미는 대신 그들이 우리를 불러내 "우리는 예수가 보고 싶다"고 부탁하는 형국이다. 물론 그들이 항상(아니, 자주) 예수를 입에 담지는 않는다. 그러나 그들은 그들 나름대로 인생과 세상을 살며 예수를 알고 있었다. 게다가 재화와 서비스가 좋아졌다고 해서 그것이 별 도움이 안 된다는 것 정도는 파악하고 있었다.

오늘의 문화는 그동안 오래 붙어다니면서 속임수를 써왔던 세상, 육신, 마귀를 불신의 눈으로 바라보고 있다. 그래서 지금 우리는 역사상 가장 경이로운 세상에 살고 있는 셈이다. 덕분에 부유하던 먼지가 걷히고 공기가 깨끗해지면서 아버지와 아들과 성령에 반응할 준비된 모습을 곳곳에서 볼 수 있기 때문이다.

나는 '영성'이란 단어를 '성령 하나님의 임재와 활동'으로 정의한다. 이런 정의가 항상 환영받는 것은 아니지만 사람들에게 영성의 중요성에 대한 의식과 영적 갈증이 있는 것은 사실이다.

자유에 싫증 난 시대

이 같은 현상에 적절하게 반응하기 위해서는 하나님에 대한 갈증을 불러일으킨 오늘의 실패한 문화에 대해 돌아볼 필요가 있다.

한마디로 말하자면 우리 문화는 세속화된 문화 때문에 실패했다. 세속화된 문화는 모든 것을 사물과 기능으로 압축한 문화다. 늘 그렇듯이 처음에 사람들은 그런 문화 속에 살고 있는 자신들을 보며 흡족해 했다. 본질이나 목적에 대한 고민 없이 이 모든 것들을 누릴 수 있다는 것을 놀라워했다. 관계나 의미 때문에 골치 아프지도 않고 그렇게 많은 것들을 할 수 있는 이런 자유가 있다는 것이 믿어지지가 않았다. 하지만 몇 년 지나지 않아서 이런 즐거움은 줄어들었다. 사물 사이에서 느끼는 외로움, 자유가 주는 지겨움을 체감하기 시작했던 것이다.

여기에 대해 우리가 보인 첫 번째 반응은 애초에 즐거움을 선사해 주었던 것들을 더 많이 갖는 것이었다. 즉 더 많은 것들을 소유하고 차지하고 더 많이 활동하는 것이다. 더 많이 얻기 위해 더 많이 활동하며 몇 년을 보낸 뒤에는 왜 나아진 것이 없는지 어리둥절해 한다.

북미 사람들은 100년이 넘는 시간을 그렇게 살았다. 그들은 물건과 기능을 최고로 치는 문화를 만들어내고 그것을 그대로 이어받았다. 그리고 세속주의가 만들어낸 엄청난 성과 – 어마어마하게 많은 물건들과 활동을 보라 – 라는 것이 전염성 강한 외로움과 지루함이라는 데 경악을 금치 못했다. 그들은 BMW 최고급 승용차를 가지고도 너무나 외롭고, 최고 전문인으로 승진을 해도 죽을 만큼 지루하다는 사실에 스스로 놀랐다.

이후 더 소유하고 더 활동하는 것이 질병을 악화시키기만 할 뿐이라는 사실을 깨닫는 사람이 조금씩 생기기 시작한다. 그리고 지금보다 훨씬 더 악화되면 문화는 결국 죽게 될 것이고, 결국 철저히 세속화된 문화는 시체에 불과하다는 점을 깨닫는다.

사람들은 세속주의가 풍성한 삶을 이루는 두 가지 필수 요건을 무시하다가 결국엔 그것을 없애버린다는 사실을 알기 시작한다. 그것은 바로 친밀함과 초월성이다. 친밀성이란 인간의 사랑과 신뢰와 기쁨을 경험하고 싶어 하는 것을 말한다. 초월성이란 신의 사랑과 신뢰와 기쁨을 경험하고 싶어 하는 것을 가리킨다. 우리는 제힘으로 나다운 존재가 될 수 없다. BMW 자동차를 가지거나 또 다른 학위를 취득해 더 나은 직업을 얻고 더 많은 일을 하고 더 좋은 물건을 손에 넣는다고 해서 더욱 인간적이 되고 나다운 존재가 되는 것은 아니다. 우리는 인간적인 손길을 가진, 우리의 이름을 아는 누군가를 갈망한다. 신적인 의미, 곧 우리를 축복해줄 누군가에 대해 갈증을 느낀다.

그리하여 사람들은 하룻밤 사이에 친밀함과 초월성이 융합된 영성을 열망한다. 그렇지만 친밀함과 초월성을 제대로 훈련받지 못한 사람들이 그것을 잘하지 못하는 것은 놀랄 일이 아니다. 섹스나 마약 등 친밀감을 주는 것이면 대부분 친밀함의 대용물이 된다. 그리고 만트라 주문에서 래프팅에 이르기까지 신비감을 일으키는 색다른 것이면 초월성의 대용물이 된다.

북미에 거주하는 사람들이 물건과 활동에 싫증이 나서 연 1회 밸런타인데이 카드 이상의 무언가로 마음을 존귀하게 만들고자 하는 것은 칭찬할 만한 현상이다. 이 나라가 친밀함을 포용하고 초월성에 반응하려는 욕망을 회복하는 것은 기쁜 일이다. 그러나 가장 인간적이고 본질적인 욕망이 제대로 충족되지 못하는 것은 유감스럽다.

한편으로는 철저히 세속화된 문화가 스스로 치료책을 내놓을 거라고 기대할 수는 없다. 대체로 사람들은 영성이라고는 전혀 찾아볼 수 없을 정도로 세속화되어 있다. 그들은 온전한 것을 찾으려고 이국적인 문화와 비교秘敎적인 집단들을 샅샅이 뒤지지만 경험 없는 초보자들이라 참과 거짓을 구별하지 못한다. 그래서 거짓이 유행을 주도한다. 인간 본성에 무지한 지도자들은 사이비 친밀함을 선전함으로써 우리를 더욱 비인간적으로 만든다. 인기 스타들은 스스로 사이비 초월적인 존재인 척함으로써 우리를 시시하게 만들어 버린다.

세상의 방식을 내면화해온 복음주의자들

역사적으로 복음주의 그리스도인들은 다양한 방식으로 교회를 섬겨왔다. 그들은 믿음과 행위의 문제 앞에서 예리함과 열정을 보태고, 개인적인 참여를 주장하며, 에너지와 정열을 쏟아부었다. 그리고 날마다 성경을 읽으며 거기서 명령과 지침을 얻고, 헌신적인 공동체를 만들었다. 하지만 오늘날 영성 문제에 대해서는 그와 비슷한 부분을 찾아볼 수가 없다. 생각보다 세속 문화에 상당한 영향을 받고 있기 때문이다. 복음주의자들은 문제를 의식하지도 못할 정도로 비판없이 세상적인 방식을 내면화하여 교회 안에 들여왔다. 눈에 보이는 활동만이 전부인 것처럼 열중하고 기술에 푹 빠져 있는 세상의 방식은 그대로 교회에서 내면화되었다.

복음주의 그리스도인들은 하나님 앞에 나와("오라, 우리가 엎드려 경배하자") 예배를 통해 초월성의 거룩한 신비를 맛보는 대신, 이것을 하고 저기에 참석해보라는 소리를 끊임없이 듣고 있다. 그리고 교회에서 주목받는 역할과 직분을 맡아 기능적으로 쓸모 있는 존재임을 증명하려 애쓴다.

이렇게 몇 년 혹은 몇십 년을 보내고 나면 교회(복음주의 교회) 내에 세상만큼이나 친밀함과 초월성이 없다는 것을 발견한다. 무력감을 느낄 뿐만 아니라 마치 속았다는 기분이 든다. 우리는 가장 열망하는 것의 증거를 찾기 위해 주변을 둘러본다. 증거는 바로 성경 안에 있다. 그리고 다른 사람들 속에서 그것을 포착한다. 교회의 다른 부분과 다른 세기, 때로는 다른 나라와 교단에서 증거를 보게 된다. 우리는 스스로 그 증거가 되고 싶어 한다. 무엇이 잘못되었다는 말인가? 우리가 올바른 것들을 믿고 있는데. 올바른 것들을 행하고 있는데.

바로 그것이 문제다. 우리가 올바른 것이라 믿고 행하는 것들! 우리는 영성을 탐내고 있다. 다시 말해 공동체에 들어가 타인들과 함께 사랑과 신뢰와 기쁨을 경험하기를 갈망한다. 그러나 이제는 우리가 얼마나 기여할 수 있고 해낼 수 있는지에 따라 평가받는 것이 지겹다. 자아의 만족, 자기 자신의 발전 너머에 있는 어떤 것, 곧 하나님과의 교제를 갈망한다. 하나님에 관한 이야기를 듣는 데는 아주 진절머리가 났기 때문이다.

도움을 받으려고 교회 지도자들을 찾아가보면 그들은 우리 말을 못 알아듣는 것 같다. 그들은 우리를 스트레스 관리 프로그램에 등록시킨다. 또 성지 순례를 신청하라고 하거나 가족 역학을 다루는 강의에 등록할 것을 권한다. MBTI 성격 유형 검사를 해주면서 효율적으로 기능할 수 있는 자리를 찾아 거기에 끼워넣으려 한다. 관심을 보이지 않으면 그들은 큰소리로 재촉하며 말한다. 우리가 다른 곳에 표류하고 있으면 그들은 홍보 전문가를 고용해 사람들의 흥미를 끌 만한 캠페인을 고안한다. 광고에 끌려 모인 사람들은 대부분 굳이 불편하게 공동체에 속하지 않고 무언가를 하고 싶어 하는 사람들이다. 자신의 삶에 대한 최종적인 권한을 포기하지 않으면서 하나님과 사이좋게 지내는 법을 알고 싶은 사람들이다. 그러나 우리는 그들에게 관심이 없다. 처음부터 원하는 것이 달랐기 때문이다. 우리는 친밀함과 초월성, 개인적인 친구들과 인격적인 하나님, 사랑과 예배 같은 것을 갈망했다.

초점, 정확성, 뿌리

오늘날 평신도들 사이에서는 영성에 대한 관심이 부쩍 늘고 있다. 그들은 아주 평범한 성도들이다. 가게를 운영하고, 자녀를 키우고, 트럭을 운전하고, 음식을 만들고, 자동차를 팔고, 빗속에서 펑크 난 타이어를 교체하고, 시험공부를 하고, 원수 된 이들을 위해 기도하는 사람들이다. 그런데 정작 종교 전문가라고 하는 사람들은 완전히 다르게 움직이고 있다.

오늘날의 영성은 초점과 정확성과 뿌리가 절실히 필요하다. 그리스도에 초점을 맞추고 성경을 정확히 알고 건전한 전통에 뿌리를 두어야 한다. 모든 것이 표류하며 수박 겉핥기 식이 팽배한 시대에 복음주의 그리스도인은 이 같은 초점과 정확성과 뿌리를 다시 한

번 상기하며 교회를 섬겨야 한다. 그렇기 때문에 교회를 섬길 사람이 주로 평신도라는 점은 전혀 문제가 되지 않는다. 교단의 분열을 초월하고, 기존의 구조를 뒤집어엎고, 뒤에서 일하고, 밑바닥에서 시작하는 등 복음주의의 강점과 영향력은 주로 평신도 계층이 가지고 있었다.

  이제 친밀함과 초월성을 갈망하는 모든 사람을 위해 영성과 관련한 다섯 가지 항목을 제시하려 한다. 각 항목은 복음주의적인 초점과 정확성과 뿌리를 제공하고 있다. 이를 잘 정리하면 다른 이들에게 리더십을 발휘할 수 있을 것이다. 오늘날 복음주의적 리더십은 확실히 부족하기 때문에 이것은 절실한 문제임에 틀림없다.

  성경이 영성에 관해 말하는 내용을 발견하고 그에 몰두하라 이는 몇 가지 텍스트를 선택하는 문제가 아니라 성경적 상상력을 확보하는 문제다. 즉 방대한 성경의 세계 속으로 들어가 성경이 다루는 범주에 대한 감각, 현실에 대한 직관을 갖는 게 필요하다. 성경의 계시는 하나님에 대한 믿음의 내용과 상호 간의 행동방식에 권위를 가질 뿐 아니라, 하나님께 반응하여 인격 자체를 빚어내고 성숙시키는 일에도 권위를 지닌다. 성경은 우리 사고와 행동뿐 아니라 인격 문제에도 정확한 지침을 제공한다. 기도하는 마음과 성경 계시에 지속적으로 몰두하지 않는 영성은 독선으로 굳어지거나 심리학 속으로 흡수되기 마련이다.

헌신을 요구하지 않는 영성은 피하라 예수 안에 인격적으로 계시된 하나님에 대한 개인적 헌신은 영성의 핵심이다. 교회 안팎에서 유행을 좇는 영성들은 헌신을 무시하거나 부인한다. 복음주의적 권고는 주님의 명령, '믿으라' '따르라' '인내하라'를 모든 영성의 중심에 둔다. 예수 그리스도 안에 계시된 하나님에 대한 평생의 신앙적 헌신은 참된 영성에서 필수 요소다.

"절정은 한순간이다. 오히려 절정 때문에 일정하게 지속되어야 할 흐름이 끊어진다"라고 포스터E. M. Foster는 지적했다. 일편단심으로 모든 것을 견디는 신실함이야말로 진정한 영성의 특징이다. 우리가 선망하는 믿음의 조상들인 아우구스티누스, 장 칼뱅, 에이미 카마이클, 존 버니언, 아빌라의 테레사가 가볍게 돌아다니지 않은 것은 이를 위한 좋은 예다. 그들은 머물러 있었다.

헌신이 없는 영성은 헌신이 없는 성性에 비유할 수 있다. 즉흥적, 우발적, 피상적, 비인격적, 이기적이고 무정한 것은 처음의 약속을 풍자적으로 모방한 패러디일 뿐이다. 헌신을 빼앗긴 성은 중독이나 폭력이나 권태로 전락한다. 헌신을 빼앗긴 영성은 아무리 현명하고 유망할지라도 유통기한이 짧다.

믿음 안에서 그 어떤 친구도 포용하라 이것은 도시 저편에 있는 다른 교회의 친구, 다른 대륙에 사는 친구 혹은 책을 통해 만난 다른 세기의 친구를 의미할 수 있다. 영성은 믿음의 전통 안으로 깊이 우물을 파는 것과 같다. 어느 지점에 이르면 우리는 그 우물이 대수층帶水

層, 지하수를 함유한 지층)과 연결되어 있음을 깨닫게 된다.

나는 가톨릭을 혹독하게 반대하는 분위기에서 자랐다. 그때 분위기라면 로마 가톨릭 신자는 바티칸의 신호만 받으면 우리를 싹 쓸어버릴 준비가 된 적그리스도의 군사들이기 때문에 구원받지 못한 사람보다 훨씬 못한 자들이었다. 그런데 어느 날, 우리 오순절파 목회자의 어머니 한 분이 자신이 인도한 피정에서 돌아와서는 여러 수녀들을 만난 뒤에 감사를 전하는 말을 듣고 나는 깜짝 놀랐다. 그분이 '나의' 수녀들이라고 언급했던 것이다. 수녀들Sisters은 그녀의 자매들Sisters이 되었다.

오늘날처럼 영성이 회복된 시대에는 흔한 경험이다. 우리는 퀘이커교도와 정교도, 카르멜 수도원의 수녀와 메노나이트 평화주의자 등과 더불어 기도하는 자신을 발견한다. 침례교인이 장로교인과 함께 엎드리고 성공회교도가 감리교도와 더불어 기도한다.

그러나 이제는 집으로 돌아와서 당신의 전통을 탐구하라 보다 깊은 영성을 향한 갈증을 품고 일상적 상황과 개인적인 관계에서 하나님을 확신하는 그리스도인의 삶에는 언제나 박탈감이 따라붙는다. 교회나 목회자나 가족으로부터 신앙적 유산을 물려받지 못했다는 생각, 아주 거룩한 길로 인도받고 양육되지 못했다는 생각이 드는 것이다. 박탈감은 종종 분노로 바뀐다. "어째서 당신은 내게 이것을 말해주지 않았지요? 왜 당신은 하나님을 향한 나의 갈증을 이용해 당신의 종교 프로젝트에 나를 동원한 건가요? 왜 당신은 하나님을 향한 나의 갈망을 무미건조하게 희석시켜 제자리걸음만 하게 만들었나요?"

 영적으로 가난한 상태에 대해 분노가 일어나면 더 좋아 보이는 교회나 운동을 주목하게 된다. 우리는 하나님 안에서 사랑으로 위험을 감수하는 장소들과 사람들을 바라보고, 그들 가운데 살 수만 있다면 멋진 인생을 보낼 수 있다고 생각한다. 그들은 이미 놀라운 자극과 영양을 내놓지 않았던가. 우리는 배에서 내리는 것이 좋겠다고 생각한다.

 하지만 가장 지혜로운 상담사들은 우리에게 그대로 있으라고 일러준다. 모든 장소와 회중과 교단은 제각기 발굴하고 탐구해야 할 풍부한 영적 전통을 갖고 있기 때문이다.

 복음주의 역시 오랜 세월에 걸쳐 기도와 거룩한 삶, 증언과 지혜 등 많은 보배를 축적하며 우리를 양육해온 전통이다. 멀리 가지 말고 깊이 파고듦으로써 당신에게 속한 것을 정당하게 되찾으라. 남의 떡이라고 다 큰 것은 아니다. 모든 종교 공동체에는 사각지대가 있기 마련이다. 당신의 과업은 당신의 사막에 우물을 파는 일이다.

 프리드리히 폰 휘겔Friedrich von Hëgel은 로마 가톨릭 평신도로, 20세기 초 잉글랜드에서 가장 존경받던 영성 지도자 중 한 사람이었다. 그의 영향을 받고 지도를 받던 많은 이들이 종종 가톨릭교도가 되고 싶어 했다. 하지만 휘겔은 그렇게 하는 것을 결코 권하지 않았다. 오히려 장로교인과 성공회교인과 침례교인으로 몸담은 원래의 자리에 그대로 머물러 있으라고 충고했다. 그는 각자가 속했던 교회로 모두 되돌려 보냈다. 각자의 집 뒷마당에는 아직도 발굴해야 할 것이 많기 때문이다.

물론 예외적인 경우도 있다. 그러나 영성은 이식한다고 해서 그것이 곧 번성으로 이어지지는 않는다. 오랫동안 놓치고 있었던 풍성한 믿음의 유산을 알게 되어, 정교도나 가톨릭, 은사주의가 강한 교단으로 옮기고 싶은 이들은 한번 생각해볼 일이다. 예수가 거라사인의 지방에서 귀신들린 자를 고쳐주었을 때 그가 함께 있기를 청하자, 예수는 이렇게 말했다. "집으로 돌아가 주께서 네게 어떻게 큰 일을 행하사 너를 불쌍히 여기신 것을 네 가족에게 알리라"(막 5:19). '집으로 돌아가'라는 예수의 그 말씀은 원래 자랐던 교회로 돌아가라는 의미로 곧 내게 한 말씀은 아닌지 생각해보라.

성숙한 길잡이를 찾고 현명한 지도자를 존경하라 우리 중에는 거룩한 친구와 목사, 선생과 사제, 형제와 자매가 많다. 하지만 그들은 대놓고 자신을 홍보하지 않는다. 그러므로 열심히 그들을 찾으라. 직접 사귐을 갖든지 책을 통해 만나라.

하나님을 향한 갈망은 자칫하면 소비자 같은 행동을 취하게 하므로 곁에 항상 지혜로운 친구들을 두어야 한다. 우리 중에 널리 퍼져 있는 영성에 대한 갈증을 하나의 시장으로 파악하고 정크 푸드를 팔아먹는 기업가들이 있다. 중세에는 순회 수도사들에게서 유물, 예수의 십자가에서 나온 나무 파편, 성자들의 손가락 뼈, 통으로 짠 예수의 옷에서 나온 몇 올의 실을 샀던 멍청한 신자들이 있었다. 오늘날에도 영성과 관련하여 이 같은 것들을 찾는 신자가 적지 않다.

우리는 요람에서부터 소비를 잘하는 사람이 되도록 길들여졌다. 그래서 자라면서 보고 배운 대로 하나님을 향한 갈증을 채우려고 애쓰는 것은 충분히 이해할 만하다. 하지만 변명의 여지는 없다. 사복음서는 이 같은 소비자 세계에서 벗어나라고 단호하게 명한다. "가난한 자는 복이 있나니… 자기를 부인하고 자기 십자가를 지고 나를 따를 것이니라. … 이 세상이나 세상에 있는 것들을 사랑하지 말라." 주님의 권고는 복음주의 전통에 속한 지혜로운 조상들에 의해 수많은 방식으로 확증되고 확대되었다.

영성은 최신 유행이 아니라 가장 오래된 진리다. 영성, 곧 우리가 살아 계신 하나님을 주목하고 공동체 안에서 그분께 신실한 반응을 보이는 일은 성경의 핵심에 속하고 이스라엘과 교회의 역사에 진열되어 있는 것이다. 우리는 4,000년이라는 오랜 세월 동안 영성과 관계를 맺어왔다. 그 경험은 모두 우리의 것이다. 누군가 당신에게 새로운 책을 건네주면 오히려 오래된 책에 손을 뻗으라. 이사야가 칼 융보다 영성에 관해 가르쳐줄 것을 훨씬 많이 갖고 있기 때문이다.

**작가와 천사:
초월세계의 증인들**

어느 겨울, 몬태나 주에 위치한 플랫헤드 강의 북쪽 강변을 따라 나는 개와 같이 걷고 있었다. 갑자기 우리 개는 40센티미터 눈 속으로 머리를 처박더니 야생 쥐를 물고 일어났다. 언제나 이렇게 극적이진 않지만 비슷한 일이 종종 있었다. 개가 나보다 얼마나 더 잘 보고 듣고 냄새를 맡는지 감탄하기 일쑤다. 개의 감각은 매우 미세하게 조율되어 있어서 내가 미처 알아채지 못하는 신호를 부단히 포착한다. 우리 개보다 내가 훨씬 더 많이 믿고 기도하고 사랑한다는 것을 알면 개도 감탄을 할까? 아마 그렇지 않을 것이다. 나는 감각적인 것을 잘 포착하지 못하는 만큼이나 초超감각적인 것도 잘 알아채지 못한다.

* *Theology Today* 5, no. 3 (October 1994): 396-404에 실렸던 글.

그러나 다행스럽게도, 나에게 필요한 자원이 없는 것은 아니다. 천사들의 활동이 계속해서 입수되고 있다. 풍부하고 복잡한 감각의 세계에 동물들이 반응한다면, 천사들은 그에 버금가는 영의 세계를 주목하게 하는 존재다. 믿음의 조상들의 경험을 다룬 성경 이야기에 따르면 적어도 그들은 천사를 믿었다. 우리가 기계 문명에 매혹되는 바람에 천사에 대한 관심은 한 세기 동안 빛을 잃었다가 이제야 고개를 들고 있다.[1]

천사와 동물. 영과 감각을 대표하는 이들은 우리 의식을 확장시키는 면에서 좋은 짝을 이룬다. 동물 이야기들, 애완용 동물, 사진 그리고 관찰 등은 우리가 잘 인식하지 못하는 감각적 아름다움과 생명력에 보다 깊이 참여할 수 있게 한다. 천사 이야기들, 편지, 책 그리고 어렴풋한 감지 등은 영적인 아름다움과 생명력에 깊이 참여할 수 있게 한다. 감각적인 동물들과 영적인 천사들을 통합시킨 요한계시록에서 이스라엘과 교회를 대표하는 인물들이 하나님을 찬양하는 장면을 그리고 있는 것은 참으로 의미심장하다(계 4-5장). 우리 인간들이 하나님의 창조와 구원의 광대함에 참여하려면 양쪽의 도움을 받아야 한다.

천사는 항상 주목받아왔다. 천사 이야기는 진지한 것에서부터 말도 안 되는 엉뚱한 이야기까지 토착 종교에 많이 등장한다. 천사에 대한 학문적인 추측은 위 디오니시우스(Pseudo-Dionysius, 4-5세기

---

[1] Sophy Burnham, *A Book of Angels* (New York: Ballantine Books, 1990)와 *Angel Letters* (1991). 최근에 선보인 많은 천사 관련 책과 편지를 대표하는 작품이다.

경의 작가)와 토마스 아퀴나스를 비롯한 기독교 세계의 최고 지성들이 시도한 바 있다. 하지만 천사에 대한 가장 즉각적이고 자연스러운 친화성을 보여준 이는 소설가와 시인이다. 작가들과 천사들이 초월세계를 주목하는 이유는 쉽게 이해할 수 있다. 그들은 눈에 보이지 않는 저 너머의 세계가 있다는 것을 메시지로 전하는 이들이기 때문이다.

작가와 천사가 공유하는 특성은 또 있다. 남들의 눈을 잘 피하는 성향이다. 최고의 작가일수록 작품 속에 잘 숨는다. 천사들 역시 대체로 보이지 않고 들리지 않는 존재다. 초월세계는 억지로 만들어낼 수 없다. 그 세계는 고함을 치거나, 확성기로 자신의 존재를 알리지 않을 뿐만 아니라 길거리에 광고도 하지 않는다. 초월세계는 절대로 다른 사람을 괴롭히지 않는다.

초월세계가 요구하는 것은 주목해주는 것이다. 초월세계의 증인들이 그 세계를 창조한 것은 아니다. 초월세계는 이미 존재한다. 그러나 우리는 서둘러 다른 어딘가에 가려다가 초월세계를 놓치고 만다. 여기에는 언제나 눈에 보이는 것 이상의 존재가 있다. 우리는 많은 것을 놓치며 살고 있다. 길 건너 은행에 가려고 서두르다 좀 전에 놓친 것을 보라며 우리 소매를 잡아 돌려 세우며 다시 보게 해주는 친구들이 필요하다. 진상을 알려고 도시의 소문에 귀 기울이는 나를 향해 진리를 바라보게 해줄 친구가 필요하다. 우리는 초월세계의 증인들이 필요하다. 작가들. 천사들. 우리는 멈추고 쳐다보고 경청한다.

작가와 천사는 서로 자연스러운 친화성이 있기 때문에 초월세계를 증언하는 작업을 할 때 작가들은 천사들을 이용할 수도 있다. 《실낙원》을 쓴 밀턴은 천사들을 통해 '눈으로 볼 수 없고 귀로 들을 수 없는' 것을 설득시킨 작가들 중에 가장 뛰어나다고 할 수 있다. 아니, 천사들이 밀턴을 이용한 것은 아닐까?

이 작업을 밀턴보다 더 잘할 가능성은 전무한데도, 많은 작가들은 그 일을 계속하고 있다. 천사들을 활용해 초월세계를 증언하는 금세기 주요 작가의 픽션 가운데 네 작품을 선정했다. 이 작품들을 선택한 것은 우리가 몸담고 있는 초월세계의 다양성과 범위를 보여주기 위해서다. 그들은 아주 다른 방식으로 작품을 써냈다. 천사를 이용했다는 것 외에도 이 작품들은 기독교의 초월세계를 구체적으로 증언하고 있다.

어느 소설도 천사들 자체에 관한 작품이 아니라는 사실은 분명하다. 일상에서 감지되지 않는 거대한 차원을 작가들이 인식시키려 할 때, 신학적으로 중요하면서 영적으로 정확한 도움을 천사들이 주고 있다는 점이 흥미로울 뿐이다. 소설이 나름대로 복잡하고 여러 의미가 중첩된 만큼 한 덩어리로 다루지는 않을 생각이다. 그저 작가들과 천사들이 신의 보좌 앞에서 서로 친밀한 관계에 있음을 확인하는 작업을 할 수 있다는 것이 기쁠 따름이다.

하나님의 목적에 대한 증언

존 어빙은 오웬 미니[2]라는 등장인물을 창조해 노골적인 복음전도자들을 썩 믿지 않는 문화 속에서 전복적인 전도자의 역할을 하게 만들었다. 그는 현실에서는 없을 것 같은 복음전도자의 모습을 가졌다. 부랑아처럼 보이는 데다가 목소리는 찍찍거리고, 심지어 야구경기에서 파울볼을 쳤는데 공교롭게도 친한 친구의 어머니가 그 볼에 맞아 사망했다. 그럼에도 불구하고 그는 여전히 전도자다. 소설은 첫 구절에서 주제를 분명히 밝힌다. "나는 목소리가 갈라져 찍찍 소리가 나는 한 소년을 결코 잊을 수 없다. 그의 목소리 때문이 아니다. 여태껏 만난 사람 중에 가장 키가 작아서 그런 것도 아니다. 아니, 내 어머니의 죽음을 불러온 장본인이어서도 아니다. 내가 하나님을 믿게 된 이유가 그에게 있기 때문이다. 나는 오웬 미니 때문에 그리스도인이 되었다."[3]

오웬 미니가 현대소설에 나오는 걸출한 등장인물에 속하는 까닭은 그의 외모와 목소리가 풍기는 익살스러움과 특이한 풍채 때문이 아니라, 스스로를 하나님의 도구라고 믿는 확신 때문이다. 세상은 그를 주로 심리학과 경제학 범주에서 넣어 이해하는데, 정작 그는 신학적으로, 나아가 평가가 좋지 않은 예정론의 견지에서 자신을 이해한다. 이처럼 그의 외모와 확신은 작가의 기교를 통해 양자를

---

[2] John Irving, *A Prayer for Owen Meany* (New York: William Morrow, 1989).
[3] Irving, *A Prayer for Owen Meany*, p. 13.

강화시켜주고 있어서 어느새 독자는 그를 신뢰하기에 이른다. 우리는 이런 사람이 우리 이웃에 존재할 수 있다고 믿게 되고, 아무리 특이하고 우발적이고 쓸모없는 것처럼 보이는 것이라 해도-바로 나라고 할지라도!-하나님의 목적을 이룬다는 확신을 품은 사람이 우리 문화에 존재할 수 있음을 믿기에 이른다.

이러한 확신은 천사의 출현을 중심으로 움직인다. 오웬 미니는 가장 친한 친구인 조니 휠라이트와 함께 하룻밤을 지낸다. 그날 밤 열병에 시달리던 오웬은 조니를 깨운다. 옆방에는 조니의 어머니가 자고 있어서 조니는 오웬을 어머니에게 보낸다. 돌아온 오웬은 침대 옆에 천사가 있는 것을 보았다고 조니에게 말한다. 조니는, 열병 때문에 어머니 침대 옆에 있는 마네킹을 천사로 착각했다고 여기면서도 확인해보려고 오웬과 같이 방으로 간다. 천사는 더 이상 그곳에 있지 않았다. 조니가 마네킹을 천사로 착각한 것이라고 말하자 오웬은 "천사는 침대의 다른 쪽에 있었어"[4]라고 답한다.

죽음의 천사가 거룩한 작업을 하는 중에 나 때문에 그 계획이 무산됐다고 믿은 오웬은 천사를 목격한 것을 중시하게 되었다. 이후에 천사의 과업이 다시 그에게 주어졌다. 오웬이 친 파울볼로 조니의 어머니가 죽은 것은 우발적인 사고가 아니라 그녀의 '운명'이었던 것이다. 소설의 화자인 조니 휠라이트는 이렇게 말한다. "무슨 일이 발생했든 그것은 하나의 '사고'라고, 특히 오웬에게 일어났던

---

[4] Irving, *A Prayer for Owen Meany*, p. 99.

일은 모두 우연이었다고 말하자 그는 크게 화를 냈다. 예정론에 관한 한, 오웬 미니는 칼뱅보다 더 엄격했다. 우발적인 사고란 없었다. 야구공이 존재하는 이유가 있었던 것이다. 마치 오웬이 키가 작은 데도 이유가 있고 그의 목소리에도 이유가 있듯이."[5]

우리가 경험하는 일상은 종종 부조리하게 보인다. 상황이 제멋대로 뒤바뀌고 일관성이 전혀 없다. 소설가는 내러티브의 기교를 써서 삶이 제멋대로 돌아가는 게 아니라, 모든 일에는 의미가 있음을 설득시키려고 한다. 그러나 이야기는 설명이 아니다. 어느 의미에서 설명과 정반대되는 것, 곧 상상이다. 설명은 명예로운 자리를 갖고 있지만 상상을 대체할 수는 없다. 작가는 지면에 이야기를 전개하되 상상력을 동원해 연결고리를 볼 수 있도록, 사람과 일과 사건 속에 짜 맞춰진 의미를 볼 수 있도록 써내려간다. 오웬이 천사를 목격한 밤에 일어난 사건들을 설명하던 이웃은 "아, 그것이 모든 것을 설명해준다!"라고 말한다. 이어서 해설자는 "'그것이 모든 것을 설명해준다'라는 말은 오늘날 얼마나 놀라운 명언인가!"라고 평한다.[6]

신학자들과 목회자들이 인생에서 일어나는 일들의 상호 연관성을 설명하는 시대에, 한 소설가가 예정론을 택해 상상의 자료로 사용했다는 것은 참으로 흥미로운 일이다. 소설에 대한 평가는 우리가 예정론을 믿는가의 여부에 있는 것이 아니라, 오웬 미니가 예정론을 믿고 또 그가 믿을 만한 사람인지를 확신하느냐에 달려 있다.

[5] Irving, *A Prayer for Owen Meany*, p. 99.
[6] Irving, *A Prayer for Owen Meany*, p. 102.

이런 경우에는 독자도 화자처럼 "당시에는 내가 천사를 믿지 않았다"는 입장에서 "지금은 내가 천사를 믿는다"는 입장으로 바뀔 가능성이 있기 때문이다.[7]

천사의 중요한 역할은 조니의 어머니가 장사되던 밤, 공동묘지에서 일어난 장면에서 재확인된다. 조니와 그의 조카 헤스터는 오웬을 찾으러 공동묘지로 간다. 그들은 장례예배 때 읽은 기도문을 - "낙원으로 천사들이 그대를 인도하리니…" - 오웬이 손전등을 비춘 채 무덤에서 읽고 있는 모습을 발견한다.[8] 이 장면은 소설의 마지막 페이지에서 또 한 번 언급되고 책의 제목으로 선정된다. 소설의 화자 역할을 하는 조니의 글을 인용해보겠다.

> 내가 오웬을 위해 자주 드리는 기도가 있다. 헤스터와 내가 공동묘지에서 그를 발견했던 밤, 그가 나의 어머니를 위해 드린 짧은 기도 중 하나다. 어머니가 어둠을 얼마나 싫어했는지를 알았던 그는 손전등을 가져왔다. 그리고 어머니의 무덤을 향해 "낙원으로 천사들이 그대를 인도하리니" 하고 말했다. 그를 위해 나도 같은 기도를 드리는 바이다. 그것은 그가 좋아하는 기도 중 하나였다. 나는 항상 오웬 미니를 위해 기도하고 있다.[9]

---

7 Irving, *A Prayer for Owen Meany*, p. 134.
8 Irving, *A Prayer for Owen Meany*, p. 131.
9 Irving, *A Prayer for Owen Meany*, p. 542.

반역의 천사들

로버트슨 데이비스의 소설 《타고난 성질 What's Bred in the Bone》[10]의 말미에서는 두 천사, 레저 재드키엘과 다이몬 마이마스 간의 대화가 나온다. 이야기 내내 그들은 배후에서 눈에 띄지 않게 주인공 프랜시스 코르니쉬의 운명을 지켜본다. 코르니쉬가 죽자 천사들은 그의 생애 동안 자신들에게 맡겨졌던 직무를 회고한다. 이때 다이몬 마이마스는 "물론 당신과 나를 포함한 모든 것이 은유라는 걸 알고 있소. 정말로 우리는 은유라오"라고 말한다.[11]

천사를 하나의 은유로 표현하는 것은 천사의 실재 자체에 대해 말하지 않는다는 뜻이다. 은유란, 눈에 보이지는 않지만 실재하는 것을 언어로 다룰 때 주로 사용하는 수단이다. 시편 기자가 자주 말하듯이, "하나님은 반석이라"고 말할 때 '반석'은 우상이 아닌 하나님에 대한 하나의 은유이다. 그렇다고 반석 자체가 실재하지 않는다는 뜻은 아니다. 은유로서의 천사는 이야기와 느낌을 만들어내는 하나의 수단이 된다. 이야기와 느낌은 도저히 파악할 수 없는 에너지와 힘 그 이상이며, 추상적인 용어로는 어떤 설명을 붙이더라도 전혀 만족스럽지가 않다.

역시 프랜시스 코르니쉬가 등장하는 이전 소설 《반역의 천사들 The Rebel Angels》[12]에서 작가는 전혀 다른 방향에서 작업을 시작했

---

[10] Robertson Davies, *What's Bred in the Bone* (New York: Viking Press, 1985).
[11] Davies, *What's Bred in the Bone*, p. 435.

다. 인간들을 천사의 은유로 사용한 것이다. '성 요한과 성령' 대학의 교수인 사이먼 다르코트와 클렘 홀리에는 반역의 천사들인 사마하자이와 아자젤을 상징하는 인물이 되었다.

옛 영지주의 신화에 따르면 사마하자이 천사와 아자젤 천사는 솔로몬 왕에게 천국의 비밀을 누설했다. 존재하는 것에 대해 전부 얘기한 것이다. 하나님은 그들을 천국에서 내쫓았다. "그러면 우울해진 그들이 복수의 음모를 꾸몄는가? 그렇게 하지 않았다! 그들은 루시퍼와 같은 성마른 이기주의자가 아니었다. 대신 인류에게 한 단계 더 발전할 만한 것을 주었다. 이 땅에 와서 언어와 의학과 법과 위생 등 모든 것을 가르친 것이다…."[13]

그런 결과 중 하나가 대학교다. 배움과 연구와 가르침으로 채색된 원기 왕성한 삶이 대학에서 펼쳐진다. 그러나 배움과 지식 자체를 영광스럽게 만드는 것은 아니다. 이곳에서 악이 가장 강력히 표현되고 있기 때문이다. 선생이든 학생이든 배움의 기관에 몸담고 있는 사람들은 순진하게도 적敵을 무지 내지는 멍청함이라고 생각한다. 데이비스는 적이 바로 악Evil이라고 일러준다.

여기서 천사들이 반역을 저질렀음을 기억하라. 배움과 지식은 모두 선하고 참된 것이지만, 하나님의 임재와 뜻에서 분리되면 악을 낳을 뿐이다. 천사가 나눠준 지식, 즉 하나님의 마음에서 비롯된 지식은 솔로몬 왕을 파멸시켰고, 그것은 우리도 파멸시킬 수 있다. 영

---

[12] Robertson Davies, *The Rebel Angels* (New York: Viking Press, 1981).
[13] Davis, *The Rebel Angels*, p. 257.

성의 한 차원으로서 지식은 도덕적 특성을 갖는다. 지식은 중립적이지 않다. 이 소설에서 가장 뛰어난 지식인이자 하나님에 관해 가장 많이 논하는 인물(존 팔라베인)이 가장 악한 자다. 두 교수는 각각 다른 방식으로 악의 가장자리에서 비틀거리지만 이야기가 끝나기 전에 균형을 찾는다.

이들 교수는 영지주의 신화에 나오는 또 다른 인물인 소피아와의 관계에서 균형을 찾는다. 두 교수의 학생인 막달라 마리아 데오토키는 소피아(지혜가 인격화된 여성, 우주의 창조에서 하나님의 동반자 역할을 했던 인물)를 나타내는 은유가 된다. 그녀의 이름은 소피아의 두 요소를 묶어놓은 것이다. 즉 예수가 일곱 귀신을 내쫓아냈던 막달라 마리아(전설에서는 매춘부다)와 예수의 어머니인 동정녀 마리아('Theotoky'는 '하나님을 낳는 자'라는 뜻을 지닌 그리스어)다. 한 교수는 영지주의 신화에 대해 이렇게 말한다. "…소피아의 많은 전설들에 관심 있는 사람은 '타락한 소피아', 인간의 몸을 입고 두로에 있는 매음굴의 매춘부로 전락했다가 영지주의자인 시몬 마구스에 의해 구출된 소피아를 알고 있다. 나는 이를 소피아의 수난Passion of Sophia이라고 생각한다. 그녀는 육신을 입고 인류의 구속을 위해 수치스러운 모욕을 당하지 않았던가? 이로 말미암아 영지주의자는 그녀를 지혜 그 자체인 동시에 욕망을 불러일으키는 우주혼anima mundi이라고 환호하는 것이다."[14]

---

[14] Davis, *The Rebel Angels*, p. 236.

마리아는 소피아를 나타내는 은유로서, 대학교에서 날마다 배움을 추구한다. 그리고 밤마다 집시 엄마와 삼촌이 있는 집으로 가는 그들은 예로부터 내려오는 주문과 마술과 마법에 휩싸여 있다. 그녀는 두 교수(반역의 천사들)로부터 배우는 현대식 대학 교육과 엄마와 삼촌이 주장하는 중세식의 촌스러운 종교와 성性을 통합함으로써 선善과 지혜에 이르는 길을 보여준다.

작가로서 데이비스는 마리아의 두 이름-막달라 마리아와 어머니 동정녀 마리아-을 모두 다루지 못하면 결국 악한 삶에 빠지게 된다는 것을 보여준다. '반역의 천사' 교수 두 명은 아주 다른 방식으로 양자를 다루는 법을 배웠고, 일종의 회복을 이루는 겸손에 도달한다.

한편으로 다른 두 사람인 존 팔라베인과 우르쿠하트 맥바리쉬는 그렇게 하지 못한다. 그들 역시 반역의 천사들이지만 마리아/소피아를 진지하게 다루는 것을 거부함으로써 은유로서의 자격마저 상실하고 만다. 그들은 그녀를 조롱하고 비웃으면서 철저히 악한 존재로 변모한다.

주목받지 못하는 악한 인물을 작가가 설득력 있게 묘사하는 일은 결코 쉽지 않다. 밀턴에 대해 종종 제기되는 불만 중 하나는 그가 루시퍼와 타락한 천사들을 하나님과 선한 천사들보다 더 흥미로운 존재로 만들었다는 점이다. 데이비스는 반역의 천사 신화를 노련하게 이용함으로써 두 명의 악인을 만들어내되, 우리가 계속 흥미를 갖고 읽게 하는 한편, 그들의 악이 지루하기 짝이 없는 것임을 깨달도록 한다. 초월적인 존재가 모두 영광스러운 것은 아니다. 악한 초월자는 흥미롭지도 않다.

선의 아름다움

 선에 대한 정확한 증언은 악에 대한 증언만큼이나 어렵다. 다시 초월성을 전달해야 하기 때문이다. 만일 초월세계가 없다면, 우리는 소설이나 시에서 굉장한 감동과 흥미를 안겨주는, 친절하거나 '선한' 인물을 발견하기가 어렵다. 대부분 재미없는 사회사업가 같은 인물이 나올 뿐이다. 일상적 경험에서는 진정한 선이 너무나 부족해서 우리의 상상력은 그것을 인식하는 데 필요한 재료가 없는 상태다.
 그러나 이따금 어떤 작가가 나타나 숨막힐 듯 눈부신 선의 아름다움을 제시한다. 또한 그 아름다움은 좋은 모습이나 규율 준수나 도덕적 진흙탕을 피하는 일과 관련 없음을 보여준다. 그중에서도 C. S. 루이스는 탁월한 작가로 꼽힌다.
 루이스는 우주 3부작-《침묵의 행성 밖에서》,《페렐란드라》,《그 가공할 힘》-에서 화성(말라칸드라)과 금성(페렐란드라)과 지구(툴칸드라)에 대한 우주 공상 세트의 형태로 선과 악의 투쟁을 엮어 기독교 이야기를 들려준다. 필연적으로 악에 상당한 지면을 할애하고 있지만, 아주 멋지게 눈에 띄는 것은 선에 대한 묘사이고, 그중에서도 특히 유혹받는 에덴 이야기를 타락이 없는 상태로 들려주는 《페렐란드라》[15]가 돋보인다. 페렐란드라에서는 툴칸드라와 정반대되는 모습이 그려진다. 금성은 선이 압도적인 지위를 점하고 악이 발판을 마련하려 최선을 다하는 행성인 데 비해, 지구는 악이 맹위를 떨침으로 말미암아 절대적으로 선이 불리한 상황임에도 자신의 모습을 나타내려 애쓰는 행성이다.

천사들은 선이 실현되는 과정에서 나오는 배경 형상이다. 루이스가 제작한 신화에서 천사들은 엘딜라eldila라고 불린다. 이들에 대한 그의 묘사는 중세의 천사학자들이 상상했던 그 어떤 것에도 뒤지지 않는다. "엘딜라는 그 어떤 행성의 피조물과도 전혀 다르다. 그들의 신체적 유기체는—만일 그것을 유기체라고 부를 수 있다면—사람이나 화성인과 조금도 비슷하지 않다. 엘딜라는 먹거나 새끼를 낳거나 숨을 쉬거나 자연적인 죽음을 겪지 않는다. 이러한 측면에서 볼 때 그들은 '생각하는 무기물'에 가깝다. 그들이 여러 행성에 나타나기 때문에 그 가운데 사는 것처럼 보일지 몰라도, 어느 순간이면 천사(엘딜)의 위치를 아는 것은 굉장히 어려워진다. 그들은 우주(혹은 '깊은 하늘')를 진정한 거처로 간주하며, 행성들은 닫힌 세계들이 아니라 (우리가 아는) 태양계 혹은 (그들이 아는) 아르볼의 들판에서 움직이고 있는 점들일—어쩌면 방해거리들일—뿐이다."[16]

천사들(엘딜라)은 자연계와 초자연계의 구별을 무너뜨린다. 우주

---

[15] C. S. Lewis, *Perelandra* (New York: Collier Books, 1962).
[16] Lewis, *Perelandra*, p. 9.

를 자연계와 초자연계 양쪽으로 나누는 우리는, 양자가 동일한 맥락 안에 있다고 생각하기를 꺼린다. 과학자와 엔지니어로 자연계를, 목사와 시인으로 초자연계를 각각 주관하게 하는 것이다. 이런 식으로 사물을 보다 단순하게 나누어 헷갈리는 것을 최소화할 수 있다고 생각한다. 그러나 실상은 실재를 다룰 수 없는 무능한 존재로 우리 자신을 만들 뿐이다. 우리는 항상 한 손이 등 뒤에 묶인 채 일한다. 천사들은 다른 손을—이것이 자연이든 초자연이든—풀어줌으로써 우리를 구출하는데, 본질적으로 양쪽이 하나임을 증언하는 자들이기 때문이다. 그들은 과학적 검증이 지지하는 대로 예측 가능한 행위를 하는 동물이 아니다. 그럼에도 그들의 존재를 알릴 수 있는 모종의 물질적인 운반체나 능력을 갖고 있다.[17] 이러한 면에서는 작가들에 대해서도 같은 말을 할 수 있다.

   페렐란드라의 주인공은 랜섬Ransom이라 불리는 옥스퍼드의 언어학자다. 그는 말라칸드라를 방문했을 때 엘딜과 대화를 나눴다고 말하는 어린이를 지나쳤지만, 정작 그는 아무도 볼 수 없었다. 나중에 이에 관해 한 화성인에게 묻자 다음과 같은 대답이 돌아왔다. "엘딜라는 보기 어려운 존재라오. 그들은 우리와 같지 않습니다. 빛이 그들을 관통하지요. 당신은 알맞은 때와 장소에서 바라보고 있어야 합니다. 그럼에도 엘딜이 자신을 내보이고 싶은 마음이 없으면 그런 일은 생기지 않아요. 때로는 그들을 광선이나 나뭇잎의 움직임

---

[17] Lewis, *Perelandra*, p. 11.

이라고 착각할 수 있답니다. 하지만 당신이 다시 쳐다보면 그것이 엘딜이었음을 알게 되지만 그때는 이미 사라지고 없지요."[18]

대체로 천사를 목격한 이가 전달하는 것은 선善이고, 작가라면 누구나 공감하듯이 선은 정직하게 현실적으로 표현하기 어려운 주제다. 선은 아름다움을 경험하는 것이다. (악이 선과 경쟁하려다 생긴 유감스러운 결과는《반역의 천사들》의 하부 주제 중 하나인 진부한 포르노다.) 선은 추상적인 것이 아니고, 하나의 관념도 아니며, 인간 경험의 투박한 물질성에서 추출된 영적인 본질도 아니다. 선은 아름다움, 감각적인 아름다움, 인간의 온 감각기관이 감지하고 즐기는 아름다움으로 경험된다. 페렐란드라에 도착하면 색채와 모양, 향기와 무늬, 맛 등 모든 면에서 순전한 기쁨을 만끽한다. 소설의 주인공인 랜섬은 물 한 모금을 마시면서 "…맨 처음으로 즐거움Pleasure을 만나는 것 같은"[19] 기분을 느낀다. 그가 새로운 감각적 경험과 기쁨에 잠기면서 서서히 '선'을 감지해가자, 해설자는 다음과 같이 말한다. "…나는 이 모든 감각적인 기쁨 이상의 것을 이미 암시한 바 있다. 또 말로 표현하기 힘든 또 다른 것이 있었다. 단번에 모든 감각을 통해 그에게 전달되는 듯한, 과도한 즐거움과 같은 낯선 느낌이다. 내가 '과도한'이라는 단어를 사용한 이유는 랜섬 자신이 페렐란드라에서 보낸 처음 며칠 동안의 생활을 설명할 수 있는 말이 그것밖에 없기 때문이다. 그는 죄책감이 아닌, 이전에 그런 느낌을 전혀 받지

---

[18] C. S. Lewis, *Out of the Silent Planet* (New York: Collier Books, 1962), p. 76.
[19] Lewis, *Perelandra*, p. 35.

못했다는 놀라움에 사로잡혀 있었다. 거기에는 인간이 숨겨져 있긴 하지만 지나친 행동들이 그리 어렵지 않다는 사실을 발견한 행위로부터 비롯된 감미로움 같은 것이 넘쳐 흘렀다.[20]

작가들과 천사들이 초월세계를 증언하는 일에 서로 협력할 수 있는 방법은 바늘귀 위에서 동시에 춤을 출 수 있는 천사들의 수만큼이나 많을 것이다. 레이놀즈 프라이스가 쓴 《천사의 말》[21]의 경우, 그러한 증언은 열네 살 된 소년에 대한 이야기를 풀어내는 동시에 천사들에 대한 다양한 암시와 추측을 수집하는 방식으로 이루어진다. 그러다 결국 천사들에 대한 지속적인 관찰과 추측이 서로 겹쳐져서 우리는 어디에서 소년의 이야기가 끝나고 시작되었는지 구별할 수 없게 된다. 하지만 우리가 확신하는 것은 '소년'과 '천사'가 동일한 위치에 자리하고 있다는 점이다.

그리고 소년은 불운을 알리는 피뢰침처럼 지극히 불행했기에, 작가/천사의 협력에서 우리가 얻는 바는 어수선하고 미완성의 사춘기를 배경으로 하는 인간의 초월성에 대한 증언이다.

사춘기는 신적 초월성과 같은 것을 보여줄 가능성이 가장 적은 인간성의 유형이다. 우리의 고정관념은 사춘기를 호르몬과 혼란과 진부한 생각이 뒤섞인 상태로 취급한다. 여기서 작가인 프라이스는 초월적 존재를 목격한다. 만일 초월적 존재를 사춘기에 목격할 수 있다면, 어느 누구나 목격할 수 있는 것이다.

---

[20] Lewis, *Perelandra*, p. 37.
[21] Reynolds Price, *The Tongues of Angels* (New York: Atheneum, 1990).

소설은 1954년 여름, 55세의 미술가가 스무 살 대학생 시절을 회상하는 내용으로 구성되어 있다. 노스캐롤라이나 산악지대에서 소년들 대상의 신앙 캠프 상담사로 봉사했던 기억을 들려주는 것이다. 어빙과 데이비스와 루이스가 증언했던 예정론과 악과 선의 요소들을 모두 통합하는 초월성은 사춘기의 캠프 참석자인 라파엘('라프')이란 인물에서 찾을 수 있다. 어머니의 소원대로 유명 화가에서 따온 이름을 가진 그는 이야기가 전개되는 동안 천사장의 보호 아래 있는 것으로 나온다.

미술가의 상상과 관점은 플롯과 인성 발달을 위한 자료를 제공한다. 작품에서 미술가이자 상담사인 해설자는 이렇게 말한다. "평생 동안… 나는 범세계적인 천사의 개념에 매료되었다. 이 영어 단어는 그리스어 안젤로스 *angelos*에서 나오고, 안젤로스는 메신저를 가리키는 히브리어 단어를 번역한 것이다. 그런즉 천사란, 신성한 의미에서 볼 때 신의 중심에서 와서 그곳으로 돌아가는 메신저인 셈이다. 수년 동안 [미술가로서의] 나의 일이 최고로 강력하고 지적이라 확신하고 있었고, 거기에 몰두해서 만든 스케치북을 보존해왔다. 특별한 순간에… 나는 천사 메신저의 얼굴 앞에서 최소한의 선견지명으로 추측한 것을 재빨리 적곤 했다. 그들에게 정말로 얼굴이 있을 것으로 생각하기 때문은 아니다. 나는 영광스러운 것에서부터 허무맹랑한 추측에 이르기까지, 천사들의 얼굴을 상상하는 역사에 내 나름대로 기여하고 있었던 것이다. 그 역사는 적어도 언약궤에서 아메리카 원주민들, 곧 지금까지 타오르는 메시지와 (그것을

통해 그들의 마음을 주장하고 손을 지도하는) 메신저를 보여주는 원주민들에까지 이르고 있다."²²

그는 캠핑 참여자들을 위해 그림 그리기 반을 운영하는 일을 맡았다. 미술가의 직업을 갖고 싶었는데(그리고 실제로 그렇게 된다), 그러한 열망은 여름에 일어난 일을 겪으며 확신으로 굳어졌다. "만일 운명이 허락한다면, 내게 주어진 재능을 사용하는 데 평생을 바치겠다고 서원했다. 나를 사로잡은 세계의 여러 부분을 관찰한 뒤에 인내심이 적거나 눈이 좋지 않은 다른 이들을 위해 그 세계를 모방하고 싶은 것은 나의 오랜 욕망이었다."²³

소년들에게 그리기를 가르치려는 열정을 품은 것은, 관찰하는 능력과 제대로 보는 법을 가르치기 위해서였다. "내가 무엇이든 가르친다면… 바로 이런 것이기를 바랐다. 당신의 눈을 대상에 고정시키라. 그렇지 않으면 대상이 당신을 속이고 그 자체의 비밀을 간직할 것이다. 왜냐하면 비밀이란 보이는 세계가 어떤 신비로운 이유를 대며 끊임없이 지키려 하는 것이기 때문이다."²⁴

스모키 마운틴의 바위와 나무와 산을 관찰하는 그는, 소년들에게도 그리할 것을 가르쳤다. 그리고 관찰 대상이 비밀을 포기하기를 기다리는 동안에 라프가 주의 깊게 관찰하며 메시지를 기다리는 모습을 살펴보았다. 그는 라프에게 "내가 너를 그려주기를 바라니?"

---

22 Price, *The Tongues of Angels*, pp. 127-28.
23 Price, *The Tongues of Angels*, p. 244.
24 Price, *The Tongues of Angels*, p. 103.

라고 물었다. 자신의 메신저 파일에 더하고 싶은 최초의 인간이 라프임을 밝힌 것이다.[25] 라프는 이루 말할 수 없는 불행을 겪었지만 그 벌어진 일들로 그를 설명할 수는 없다. 고통으로 얼룩진 그의 삶은 설명으로 단순화될 수는 없다. 그는 낮아질 수가 없다. 그의 삶이 지닌 우아함과 고상함을 통해 캠프 상담사는 "삶이나 죽음을 위한 중심 통제소에서 직접 파송된 메신저"를 감지한다.[26] 결국 그는 라프를 천사 그림에 넣을 수 없다는 것을 깨닫는다. 엄밀히 말해 천사는 메신저다. 라프는 자신의 상담사가 35년의 세월 동안 묵상한 것을 보낼 것이라는 메시지를 전하게 된다. 책 제목 '천사의 말'은 이것을 설명해준다.

그렇다고 모든 작가들이 초월세계를 증언하는 것은 아니다. 일부 작가들은 그런 것은 존재하지도 않고 존재한 적도 없다는 것을 보여주기 위해 꽤 열심히 작업한다. 그러나 대다수의 작가들은 그들이 알고 있는 것보다 더 큰 현실 속에서, 자신을 초월한 신비로운 심연에서 글을 쓰고 있는 자신을 발견한다. 그 같은 이들 중에서 많은 이가 하나님이란 이름을 명확하게 표현한다. 네 명의 소설가-어빙, 데이비스, 루이스, 프라이스-는 예정, 악, 선 그리고 심하게 손상된 우리 인간성 속에 초월성이 있음을 증언하는 현대 기독교 작가/천사/증인을 대표하는 이들이다.

---

[25] Price, *The Tongues of Angels*, p. 138.
[26] Price, *The Tongues of Angels*, p. 229.

신학교:
영성이 형성되는 장소

　신학교에 입학한 사람들이 자주 불평하는 것은 영성과 관련된 문제들이다. 그들은 헌신하는 마음으로 장차 사역을 통해 하나님을 섬기려는 열망을 품고 신학교에 들어가지만, 수시로 그런 마음에서 빗나가는 자신을 발견한다.

　그들은 칼케돈 논쟁에 푹 빠지고, 늦은 밤까지 그리스어 어형변화표를 외우느라 고생하다가, 아침에 일어나 눈을 비비며 호모우시오스(*homoousios*, 니케아 신경에 채택된 성부와 성자의 동일 본질을 가리키는 용어-옮긴이)와 호모이우시오스(*homoiousios*, 아리우스 이단파가 주장한 성부와 성자의 동일 본질을 가리키는 용어-옮긴이)를 구별하는 문제를 놓고 혼란스러워 한다.

＊ *Theology, News and Notes* (October 1993)에 실렸던 글이다.

이는 그들이 처음에 기대했던 모습이 아니다. 교수들은 그들의 영성보다 철자에 더 관심이 있는 것 같다. 기도하는 일보다 어형변화표를 익히는 데 훨씬 더 많은 시간을 보내고 있기 때문이다.

*

나는 신학교는 위험한 곳이라는 경고를 들으며 자랐다. 내가 몸담았던 교단은 학식을 쓸모없는 것으로 여겼다. 하나님에 관한 사유 작용은 사람을 곤경에 빠뜨릴 뿐이라고 말했다. 그냥 믿기만 해라. 그리고 찬양하라! 찬양하는 마음을 성령께서 온전히 축복하시므로 이성은 고려의 대상이 되지 못했다.

신학교는 영성의 무덤으로 간주되었다. 신학교는 학생들이 신앙을 잃는 곳이었다. 요즈음 젊은이들이 마약과 '안전한 섹스'에 관한 최후 심판의 경고를 받는 것처럼, 나는 신학교에 관해 그런 경고를 받은 셈이었다. 두뇌란 것은 일상적인 기능(거스름돈을 계산하고, 연재만화를 읽는 것과 같은)만 수행하면 되지, 그 이상은 쓸모없는 것으로 여겼다. 그러나 주제넘게 하나님과 그분의 뜻에 관해 생각하고 어려운 질문을 던지고 두꺼운 책을 읽는다면 영혼에 퍼질 악성 종양을 키우는 것이 분명했다. 지적인 암은 영혼에 죽음을 가져오는, 가장 널리 알려진 질병이었다. 많은 경고문에는 갖가지 사례들이 있었다. 그런 사례에 나오는 몇 사람은 나도 알고 있었기에 경고의 타당성을 의심할 이유가 없었다. 내가 취할 수 있는 신중한 처신은 신학교를 피하고 보는 일이었다. 그래도 무언가를 배워야 했기에 성경학교는 용납할 수 있었지만, 지적인 강도와 영적인 자유방임이 모두 존재하는 신학교는 너무 위험한 곳이라 소명을 둘 만한 곳이 못 되었다.

그런데 모든 경고와 이야기에도 불구하고 나는 신학교에 갔다. 불안감이 없지는 않았지만 어쨌든 갔다. 40년이 흐른 지금, 신학교에 갔을 뿐 아니라 여섯 군데의 신학교에서 가르치기도 했다. 그런데 지금, 나는 그 같은 경고의 틀린 점을 보여주는 증거를 발견하지 못했다. 혹은 과장되었다는 증거도 찾지 못했다. 신학교 교육은 정말로 위험하다. 많은 사람이 신학교 강의실과 도서관에서 자신의 신앙을 잃어버렸다. 그 외의 또 많은 이들은 관으로 실려 나올 정도는 아니지만 크고 작은 상처를 입게 되었다.

신학교를 다닌 적이 있고 때로 그곳으로 돌아간 나 같은 목사와 교수들, 지금도 영적으로 돌보는 학생들을 그곳으로 보내는 우리는 이 사실을 안다. 전혀 비밀이 아니다. 상처 없이 신학교를 나온 사람은 없다.

*

대체로 신학교는 영성을 고양하기에 적합한 장소는 아니다. 기도의 삶과 사랑의 공동체와 모험적인 신앙을 배양하기에 알맞은 곳이 아니라는 뜻이다. 신학교는 배움의 장소, 하나님에 관해 배우는 곳이 확실하지만, 어디까지나 배움의 장소일 뿐이다. 17세기에 감성과 지성을 분리시켜 놓은 계몽주의식 분열이 일어난 이후, 학교는 예배하고 기도하고 하나님을 사랑하는 삶을 살도록 밀어주는 동맹군이 아니었다. 하나님에 관해 이야기하는 것은 하나님께 이야기하는 것과 대척점에 있다. 동일한 단어들이 사용되고 있음에도 불구하고 양자는 전혀 동일한 것이 아니다.

그런데 신학교가 영성 형성에 도움을 주는 장소가 아니라면 내가 몸담은 다른 장소들 역시 마찬가지다. 교회나 가정, 수양관이나 바닷가 등 더 나은 장소를 찾지 못했다. 나는 아직 수도원을 시도해보지는 않았지만(그들은 내가 아내를 동반하는 것을 허락하지 않는다), 시도해본 친구들 얘기를 들어보면 비슷한 환경인 것을 알게 된다.

뿐만 아니라 나는 신학교에서 교수와 학생과 직원의 모습을 한, 거룩한 사람들을 계속 마주친다. 내가 여태껏 몸담았던 다른 장소들에 비해서는 좀 더 자주 그렇다. 신학교 자체는 거룩한 땅이 아닐지라도, 덤불에 불이 붙는 것과 거룩한 반응을 불러일으키는 것을 방해하지는 않는다. 신학교들을 싸잡아 '미디안 신학교'라고 부른다 해도 부정확한 것은 아니리라.

영성은 장소나 교과과정의 문제는 아닌 것 같다. 소년 시절, 나는 아버지의 정육점에서 많은 시간을 보냈다. 돼지의 허리 부위 고기를 갈아 햄버거용 고기를 만들면서 말이다. 갈고닦은 영성의 상당 부분은 정육점에서 배웠다. 물론 영성은 도전받고 교정되고 방향을 바꾸고 개발되고 곁길로 나가고 포기되고 다시 붙잡게 되는 등 많은 보완이 따른다. 그와 더불어 어머니의 기도와 존재는 이후 성령께서 작업하는 데 필요한 원재료를 제공해주었다. 이처럼 단순하고도 자명한 사실을 알아차리기까지는 많은 시간이 걸렸다. 그러나 일단 내가 그것을 깨닫고 난 뒤에는 이미 우리 집 뒷마당에 놓여 있는 것을 어떤 인물이나 기관이 제공해줄 것이란 기대를 버렸다.

그렇게 깨달음의 순간이 있은 다음에는 광야에서 내뱉는 많은 불만과 불평으로부터 해방될 수 있었다.

이 점은 우리 모두에게 마찬가지다. 신학교는 영성 형성을 위한 재료를 공급하지는 않지만, 그런 형성이 비교적 짧은 기간에 이루어질 수 있는 특정 환경을 제공해준다.

환경의 특징은 바로 언어에 있다. 입으로 발하는 언어, 글로 쓰는 언어, 읽는 언어 등에 영향을 받는다. 글을 담은 책은 도처에 널려 있다. 말을 듣도록 고안된 강의실은 가장 중요한 구조물이다. 글을 기록하고 검색할 수 있는 컴퓨터는 곳곳에 배치되어 있다. 신학교는 한마디로 언어의 세계다.

이 점을 인식하는 것은 신학교의 영성 형성을 다룰 때 반드시 필요하다. 가장 중요한 질문은 "신학교가 영성 형성을 위한 더 나은 장소가 되도록 우리가 할 수 있는 일은 무엇인가?"가 아니다. "예수 그리스도 안에서 성숙한 수준에 이르려면, 우리는 신학교라는 독특한 환경을 어떻게 포용해야 할까?"가 가장 중요한 문제다.

*

신학교가 구성하는 언어 세계의 특징은 '육신이 된 말씀', 곧 예수 그리스도로 성육한 로고스와 관계 있다. 로고스*Logos*는 하나님께서 세계를 창조할 때 발했던 말씀이고, 구원을 위해 십자가에서 죽고 부활한 예수이며, 우리 안에서 거룩한 삶을 빚어내는 성령이다. 로고스는 인격적인 하나님이 개인적으로 발하신 말씀, 사람들이 반응하고 그에 참여할 수 있도록 발하신 말씀이다. 개인적인 반응은 순종과 기도의 삶을 통해 이루어진다.

로고스는 세계의 본질과 세계가 움직이는 방식, 역사의 본질과 의미, 우리의 정체와 모든 활동을 지탱하는 절대 토대이자 중추이기 때문에, 그것을 바르게 이해하는 일은 대단히 중요하다. 신학교는 로고스를 옳게 이해하도록 가르치기 위한 학교다. 말하자면 히브리어 성경과 그리스어 성경을 정확하고 적절하게 읽는(석의와 해석학) 일, (나의 문화나 나의 자아가 아닌 하나님을 주제로 삼아) 신학적 사유 및 탐구 습관을 개발하는 일, 인간 공동체가 계속해서 하나님의 로고스를-고의적이든 무지해서든-오해하는 방식, 이따금 듣고 이해하는 방식, 때로는 믿고 순종하는 방식에 대해 배우는 일(교회 역사), 로고스가 선포된 개인적, 사회적, 정치적 상황의 복잡성을 충분히 고려하는 일(윤리) 등이다. 이 밖에도 더 많은 과목이 포함되어 있다!

그러나 주제를 결정하는 것은 언제나 로고스, 곧 하나님의 말씀이다. 이것이 바로 신학교가 맡은 몫이다. 로고스를 존경하고 이해하고 가르치고 숙고하는 일은 결코 쉬운 일이 아니고 다양한 분야의 전문가들이 교수진을 이루어 함께 수행해야 할 과업이다.

*

 이제 어려운 부분에 이르렀다. 신학교가 로고스를 존경하고 보존하고 설명하기 위해 설립된 것이 사실인 만큼, 그곳에서 사용되는 언어는 로고스 자체가 아니라 로고스에 관한 말 *logoi*, 즉 하나님의 말씀에 관한 인간의 말이기 때문이다. 이때 인간의 말이 너무도 많아 때때로 그 말들이 로고스인 체하며 위협을 가한다. 그런데 로고스에 관한 사람의 말은 말씀과 같이 근본적이고 원초적인 방식으로 생명을 주는 게 아니기 때문에 창조하지도 구원하지도 성화시키지도 않는다. 그런 말을 발하고 듣는 우리는 구원이 될 것으로 생각해 말과 사람들에 압도당하고 부담을 느낀다.

 사람들은 신학교가 더 의도적으로 영성을 중시해야 한다고 주장한다. 그래서 히브리어 석의와 역사신학과 동등한 위치로 영성을 교과과정에 포함해야 한다고 요청하고 요구하며 제안하는 소리가 들린다. 요청을 귀에 거슬리게 하든 부드럽게 하든 상관없이 결코 그만한 위치에 올라가는 것 같지는 않다. 여기저기에 과목이 개설되고, 몇 달 안에 보고서를 제출할 위원회가 구성되고, 학생 설문지가 배포된다. 그러나 모든 해결안 내지 개혁안은, 신학교의 본질과 환경 그리고 영성의 길을 충분히 고려하지 못하고 있다.

 그에 대한 배신감과 욕구불만은 충분히 이해할 만하지만 해결책은 존재하지 않는다. 신학교에 강요한다고 해서 해결책이 생기는 것은 아니라는 말이다.

 오히려 해결책은 신학교의 본질 속에 내재하고 있다. 다시 말해 하나님의 말씀_Logos_과 인간의 말_logoi_이 거하는 장소인 신학교의 본질에서 찾아야 한다. 지성을 모욕하거나 말씀과 말에 대한 관심을 줄임으로써 사태를 호전시키려는 시도는 결코 용납될 수 없다. 그러면 하나님의 말씀과 우리 말 사이에서 종종 생기는 불화의 경험은 어떻게 해야 하는 것일까?

*

이는 교회가 존재한 이래, 모든 세기마다 최고의 기독 지성인들이 주의를 기울인 해묵은 문제다. 문제에 대한 접근들 중 나는 에바그리우스 폰티쿠스 Evagrius Ponticus의 것을 무척 좋아한다. 에바그리우스는 4세기 당시 최고 신학자로 꼽히는 가이사랴의 바실리우스와 나지안주스의 그레고리우스와 공부하며 최상의 신학 교육을 받았다. 하지만 그는 마지막 16년 동안은 영성과 기도의 삶을 추구하기 위해 이집트에서 사막 교부들과 함께 지내다 약 53세의 나이에 죽었다(399년).

에바그리우스는 이집트의 '사막'에서 보내던 시절에 지금까지도 우리에게 훌륭한 지침이 되는, 지성과 기도의 문제에 관한 명쾌하고 지혜로운 글을 썼다. 그는 로고스에 방해가 되는 생각 내지는 사고방식을 지칭할 때 로기스모스_logismos_라는 단어를 사용했다. 로기스모스란, 로고스로부터 분리된 채 제 갈 길을 가고 자신의 일을 하는 등 자의적으로 움직이는 사고를 가리킨다. 지성이 로고스에 주의를 기울이는 대신 로기스모스로 가득 차 분주한 상태가 된 것을 설명하기 위해 우리는 '안개에 덮인', '정신을 못 가누는'과 같은 단어를 사용한다.

에바그리우스는 잘 훈련된 지성과 정확한 표현법을 동원해 로기스모스, 곧 하나님의 말씀에 무관심하거나 주의를 기울이지 않는 사고가 그 내용이 어떠하든지 간에(사실상 그 내용은 아주 좋을 수도 있다) 하나님과는 다른 방향으로, 심지어는 하나님께 도전하는 쪽으로 나가게 한다는 것을 상세히 묘사했다. 인간이라는 피조물이 도달할 최고의 선, 곧 궁극적인 목표는 하나님을 아는 지식과 그분께 드리는 기도가 하나로 수렴되는 것이다. 에바그리우스의 분석에 따르면, 하나님께 드리는 기도로 인도하지 않거나 기도가 되지 않는 하나님에 대한 지식은 마귀적이다. 하나님에 대한 순종과 동떨어진 영성인 것이다.[1]

이는 우리가 조금만 연습하면 쉽게 구별할 수 있다. 신학교는 이런 구별을 하기에 좋은 곳이다. 아니, 어쩌면 구별 작업을 수행하기에 가장 좋은 장소일지 모른다. 신학교 시절은 기본적인 분별 작업을 연습할 기회가 매일같이 주어지기 때문이다. 언제든 그런 연습을 할 수 있다.

'전문가적인 타락déformation professionale'이라는 멋진 프랑스어는 우리가 맡은 직무를 수행하는 과정에서 특히 걸리기 쉬운 질병을 가리키는 말이다. 의사는 고통에 무감각해지고, 변호사는 정의

---

[1] *The Philokalia*, Vol. I(London: Faber and Faber 1979)를 보라.

에 대해 냉소적이 될 위험이 있으며, 하나님을 생각하고 말하고 읽고 쓰는 우리는 그분을 거론하는 언어로 인해 하나님으로부터 분리될 위험이 있다. 가장 고약한 질병인 것이다.

사도 바울은 "모든 생각을 사로잡아 그리스도에게 복종하게 하"는(고후 10:5) 것에 관해 썼다. 여기에는 반反지성주의 색채가 전혀 없다. 그는 생각을 금하는 것이 아니다. (우리가 바울보다 더 열정적으로 지성을 사용한 경우를 본 적 있는가?) 그러나 생각이란 것이 비록 하나님에 관한 것일 때도(어쩌면 특히 하나님에 관한 것일 경우에는 더더욱) 이기적이고 오만하고 (에바그리우스의 대담한 용어를 사용하자면) 악마적인 것으로 변질된다는 사실을 바울은 알고 있다. 그렇기 때문에 우리는 기도와 순종의 자세로 살아 계신 하나님 앞에 열심히, 정기적으로, 경건하게 살아야 한다.

어느 의미에서 이것은 신학교 스스로 할 수 없는 일이다. 그러나 신학교를 교회 사역의 중요한 일부로 생각하는 우리는 이 같은 분별 작업을 연습하고 적절한 때와 장소에 경고를 공시함으로써 영성 형성에 기여할 수 있다. 그리 대단한 일처럼 보이지 않지만 적소에 공시된 정확한 도로 표지판은 큰 재난을 방지한다. 이따금 강의실 벽에 "로기스모스를 사로잡으라"고 적어놓는 것도 그리 나쁘지 않을 것이다.

잊지 말아야 할 것은, 이 시대 모든 더럽혀진 교회에, 도덕적으로 오염된 도시에도 거룩함이 있다는 사실이다.

성경 연구

SUBVERSIVE SPIRITUALITY

거룩한 그루터기

사춘기 시절, 최고의 역동적인 광경으로 내 머리를 가득 채운 것 중 하나는 프랑스혁명이었다. 하지만 아는 것은 별로 없었다. 몇 가지 모호한 인상과 사건과 이름이 되는대로 뒤섞여서 순수한 낭만과 흥분과 승리의 드라마를 연출했다. 모두를 요약하자면 '거룩Holy'이란 단어를 사용할 수 있었을 것이란 생각이다. 영적으로 찬란하고 화려하고 영광스럽게 느껴졌다는 말이다.

이상적이고 헌신적인 사람들이 자유와 평등과 박애의 외침을 담은 채 타락하고 죄 많은 세상을 행진하며 의로운 이념과 행위로 죄악을 제거하는 멋진 그림이 나에게는 있었다. 마라Marat와 로베스피에르Robespierre와 당통Danton 같은 지도자들의 이름이 내 귓전

---

* *Crux* 32, no. 3 (September 1996)에 실렸던 글.

에 의로운 소리가 되어 울려 퍼졌다. 바스티유 지하 감옥은 해방의 불길이 타오르는, 배후의 깊은 그림자 같았다. 영웅적인 몸짓과 악랄한 소행은 서로 무언의 갈등 관계에 있었다. 단두대는 양을 염소로부터 분리시키는, 최후의 심판 도구였다. 그리하여 사실로부터 자유로운 나의 상상력은 영광스러운 프랑스혁명의 멋진 환상을 엮어냈다.

대학에 입학해 교과목을 훑어보다가 프랑스혁명에 관한 과목이 있는 걸 보고 나는 무척 기뻤다. 1학년생은 신청할 수 없어서 1년을 기다려야 했던 것이 오히려 조급증을 부채질했다. 그래서 2학년이 되었을 때 나는 해당 과목을 가장 먼저 신청했다.

하지만 그 과목은 내게 큰 실망감을 안겨주었다. 청소년기에 품었던 기대는 물거품이 되었다. 수업은 내 생각과 완전히 달랐다.

교수는 가늘고 성긴 회색 머리칼을 가진 왜소하고 나이 든 여성이었다. 볼품없는 검은색 실크 옷을 입은 채 그녀는 부드럽고 소심한 목소리로 강의했다. 유럽 역사를 전공한 적격자로 굉장히 좋은 사람이었다. 그러나 프랑스혁명을 가르치는 선생으로는 완전 꽝이었다. 교수는 프랑스에 관해서는 모든 것을 알았지만 혁명에 관해서는 아무것도 몰랐다.

한편으로 나는 그 주제에 관해 아무것도 몰랐고 몇몇 사실은 잘못 알고 있었다. 나는 그 사건 전체에 대해 무지했다. 하지만 단 한 가지는 옳았다. 바로 혁명이었다는 점이다. 혁명은 사태를 안팎으로 또 거꾸로 뒤집어놓는 사건이다. 혁명은 적대적인 의지들 사이에 일어나는 거대한 싸움이다. 혁명은 더 자유로운 삶에 대한 욕망을 일으키고 더 자유로운 삶을 약속한다. 때로 정말 약속을 이행해 사람들을 자유롭게 해준다. 하지만 그러지 못하는 경우가 더 많다. 그럼에도 혁명 이후에는 예전과 같아지는 것이 하나도 없다.

그녀의 강의실에 날마다 앉아 있는 것으로는 그런 것을 알 수 없었다. 불운한 장 폴 마라, 잔학한 샤를로트 코르데, 검은 바스티유, 피비린내 나는 단두대, 낭비벽이 심하고 기회주의적인 조르주 당통, 사치스러운 마리 앙투아네트, 황소 같은 루이 16세 등 다채롭고 난폭한 시대에 등장한 모든 배우들과 소품들이 한결같이 진부하고 지루하고 경건한 목소리로 묘사되었다. 그녀의 강의에서는 모든 이들이 똑같은 소리를 냈던 것이다. 그들은 마치 10여 년간 먼지가 뽀얗게 앉은 전시판의 나비들처럼 말끔한 딱지가 붙은 견본으로 소개되었다.

이후 오랫동안 프랑스혁명은 아주 따분하게 보였다. 누군가 '프랑스혁명'을 입에 담으면 나는 하품을 하곤 했다.

*

수년 후에 목사가 된 나는 우리 교회 사람들이 하품하는 것을 보고 깜짝 놀랐다. 매트 에릭슨은 매 주일 잠을 잤다. 첫 번째 찬송이 끝나고 10분 후에는 완전히 잠에 빠지곤 했다. 성난 10대인 레드 벨튼은 부모의 시선이 닿지 않는 뒷자리에 앉아 만화책을 읽었다. 성가대에서 베이스를 맡은 칼 스트로테임은 메모와 귓속말을 통해 증시 정보를 로터 올슨에게 전달했다. 한 여성은 희망을 주었다. 주일마다 속기용 노트북을 갖고 와서 내가 말한 내용을 전부 기록했기 때문이다. 적어도 한 사람은 주의를 기울이고 있던 셈이었다. 얼마 지나지 않아 나는 그녀에 대한 새로운 사실을 알게 되었다. 남편을 떠날 준비를 하고 있었던 그녀는 자립을 위해 예배시간을 이용하여 속기 연습을 하고 있었던 것이다.

대부분은 좋은 사람들이었다. 그들은 기독교 신앙에 친숙해져 있었고, 기독교 이야기들을 잘 알고 있었으며, 주일마다 예배시간에 맞춰 나타났다. 그런데도 그들은 하품했다. 어떻게 그럴 수 있을까? "만복과 영광과 능력"을 노래한 뒤 어떻게 10분 만에 잠에 빠질 수 있을까? 목사가 사도 바울의 로마서를 읽는데도 어떻게 〈배트맨Batman〉에 대해 계속해서 흥미를 가질 수 있을까? 부활한 그리스도가 말씀과 성찬 안에 있는데도 어떻게 교인이 마음 놓고 속기 연습을 할 수 있을까? 그리스도인의 삶을 실천해야 한다는 사실을 제외하고 모든 것을 알고 있는 성도들이었다. 그들은 '그리스도인'이란 단어는 잘 알고 있었고 그들 자신을 그리스도인으로 생각했다. 그런데 삶은?

나는 목회를 나한테 맞추고 있다는 사실을 깨달았다. 안수를 받고 목사로 초빙되었을 때, 나의 과업은 그들이 하나님을 알고 구원을 이루도록 성경의 진리를 가르치고 설교하는 것이라 생각했다. 그들이 깨끗한 양심과 함께 영원히 행복하게 살 수 있도록 도덕적 결단을 내리게끔 돕는 일이라고 생각했다. 그들과 함께 그리고 그들을 위해 기도하고, 천지를 창조한 이후 그들의 죄를 구속하고자 예수를 죽음에 내주신, 거룩한 하나님의 보좌 앞에 그들을 거두어들이는 일이라고 생각했던 것이다. 그러나 이제는 정확한 배움 이상의 무언가, 도덕적 행위 이상의 무언가, 주일 아침에 그들의 무릎을 꿇게 하는 것 이상의 무언가가 걸려 있음을 깨닫게 되었다. 그것은 다름 아닌 삶이었다. 사람들은 올바르게 생각하고 올곧게 행하고 점잖게 예배드리면서도 형편없는 삶을 살 수 있다. 즉 무기력한 삶, 따분하고 무미건조하고 보잘것없는 삶을 살 수 있다는 말이다.

*

그때 나는 '거룩'이란 단어에 진지한 관심을 품게 되었다. 제라드 맨리 홉킨스Gerard Manley Hopkins는 "사물의 깊숙한 곳에 있는 가장 귀중한 신선함"[1]이라고 묘사했다. 나는 거룩의 징표와 증거를 찾기 시작했다. 거룩한 삶, 거룩한 장소, 거룩한 영….

그리고 금세 거룩에 대한 적절한 정의定義가 없다는 사실을 알게 되었다. 사전도 많은 것을 밝혀주지 않았고 어원학도 그리 멀리 나가지 못했으며 단어 연구는 내게 폐소공포증을 안겨주었다. 계속해서 성경을 뒤지고 거룩한 사람들의 얼굴과 삶을 찾으면서 단어가 가리키는 표준적인 행위가 존재하지 않는다는 점을 발견했다. 거룩에 관해 쓰인 교육 매뉴얼이 없다는 말이다.

---

[1] Gerard Manley Hopkins, "God's Grandeur," *Poems and Prose of Gerard Manley Hopkins*, ed. W. H. Gardner (Baltimore: Penguin Books, 1953), p. 27.

어휘사전들과 성구사전들은 그리 멀리 나가지는 못했지만, 나 자신이 종종 거룩에 의해 놀라는 경험을 했다. 하나님이 있을 것 같지 않은 그릇 위로 흘러넘치는 광경을 목격한 것이다. 성경에 나오는 평범한 이야기들이 뜻밖에도 '여명'에 의해 역광으로 비치는 장면, 하나님의 아름다움이 평범하게 보이는 얼굴로부터 비치면서 나를 놀라게 한 것, 내가 불모의 땅으로 낙인찍은 환경에서 하나님의 선하심이 샘물처럼 솟아나는 모습이었다.

*

서구 문화의 기본적인 이야기 중 하나는 성배聖杯 탐색 여행이다. 성배는 예수께서 제자들과 함께한 최후의 만찬에서 포도주를 마실 때 사용했던 잔이다. 포도주는 그의 약속과 계명에 의해 제자들 속에 거하는 그의 생명이고, 성배는 우리가 거룩한 생명을 마실 때 사용하는 거룩한 컵이다. 생명은 예수께서 "내가 온 것은 양으로 생명을 얻게 하고 더 풍성히 얻게 하려는 것이라"(요 10:10)고 말하면서 우리 앞에 베푼 그 생명이다. 그래서 여기에 나오는 '풍성히 perisson'란 부사가 사도 바울이 애용하는 단어가 된 것은 놀랄 일이 아니다(다양한 형태로 18번이나 등장한다). 거룩한 것을 추적하는 모습은 가지각색이다. 거룩한 잔, 거룩한 장소, 거룩한 남자와 여자, 거룩한 책(성경) 등이 포함되며, 그중에서도 성경에 대한 추적이 가장 멋있어 보인다. 많은 탐색 이야기들이 지금은 철저히 세속화되었지만 권력과 돈 이상의 것을 추구하는 모습이 예상치 못한 곳에서 가면을 쓰고 계속해서 다시 등장하고 있다. 거룩한 탐색Holy Quest은 타고난 천성이라서 언젠가 생물학자들이 사람의 유전자 조직에서 탐색 염색체를 발견할 것만 같다. 우리는 무언가를 추구하는 존재다. 하루에 세 끼를 먹고 약간의 운동으로 생명을 잇는 것 이상의 삶을 산다. 우리는 하나님에 뿌리를 둔, 하나님이 빚어낸 삶을 추구하는 중이다. 거룩한 삶 말이다.

그리스도인에게 거룩을 가르치는 권위 있는 자료는 성경이다. 성경의 중심에는 이사야가 성전에서 예배하다가 서까래가 흔들리는 것을 느끼고 천사들의 노래를 듣는 장면이 나온다.

거룩하다, 거룩하다, 거룩하다, 만군의 여호와여.
그의 영광이 온 땅에 충만하도다(사 6:3).

*

이사야가 목격한, 찬란한 영광에 싸인 거룩, 거룩, 거룩한 분을 우리가 보고 들으려면 그것을 둘러싼 맥락을 파악할 필요가 있다. 이사야서 6장은 강렬하고 농축된 거룩한 장면을 묘사하고 있는 만큼, 우리는 그것들을 모두 수용할 만한 거대한 무대를 설정하는 게 필요하다. 그래서 나는 한 편에는 모세를, 다른 편에는 사도 요한을 그리고 중앙에 이사야를 각각 두는 무대를 만들어보았다. 모세로부터 요한에 이르는 커다란 범위를 설정하지 않고는 이사야를 충분히 이해할 수 없기 때문이다.

모세는 미디안 광야에서 거룩에 의해 놀라는 경험을 한다. 미디안은 가혹한 나라였고 모세는 망명객 신세였다. 미디안은 매력적인 장소가 아니었고 모세 역시 매력적인 일을 하고 있지 않았다. 힘든 나라, 힘든 일, 힘든 삶이다.

모세는 세계 최고의 문화와 최고의 문명을 자랑하는 나라에서 호화롭게 성장했다. 그는 정치권력과 지적인 대화와 장엄한 건축에 익숙한 인물이었다. 그리고 지금은 미디안, 곧 책도 성전도 종도 영향력도 없는 땅에 거주하고 있었다.

그 시절 아무 예고도 없이 그는 어느 날 거룩한 것에 푹 잠기는 경험을 하게 된다. 불타는 떨기나무로부터 나오는 불꽃 안에서 하나님의 거룩한 천사가 나타난 것이다. "모세야, 모세야." 그는 자기 이름을 부르는 어떤 소리를 들었다. 그는 "내가 여기 있나이다"라고 대답한다. 이어서 "네가 선 곳은 거룩한 땅이니 네 발에서 신을 벗으라"는 말, 곧 예배하라는 부름을 받았다. 모세는 하나님의 말씀을 듣고 할 일을 부여받는다(출 3:1-12).

거룩한 천사, 거룩한 땅, 거룩한 하나님, 거룩한 백성을 빚어내고 거룩한 역사를 형성하는 거룩한 말씀. 그리고 수많은 장소 가운데 미디안에서.

미디안만큼이나 불모의 땅이자 감옥인 밧모 섬에서 요한은 거룩에 의해 놀라는 경험을 했다. 미디안에 살던 모세처럼 요한 역시 망명객 신세였다. 버림받은 혹독한 땅에서 그는 거룩한 환상을 보았다. 모세의 불타는 떨기나무 대신 요한에게는 거룩하게 빛나는 예수님, 거룩하지 않은 시대에 거룩한 백성을 신실하게 만들기 위해 말씀을 선포하는 예수님이 주어진 것이다.

'거룩*bagios*'이란 단어는 명사나 형용사의 형태로 요한계시록에 26번이나 나온다. 성경의 마지막 책에서 어떤 것을 끌어내든지 간에, 우리는 축복과 구원과 하나님의 영광이 빛나는 거대하고 강건한 그 무엇-거룩, 거룩, 거룩-에 진입하고 있다는 것을 확실히 알게 된다.

이제 우리는 이사야의 환상을 이해하는 데 필요한 적절한 맥락을 갖고 있다. 미디안에 있는 모세와 밧모 섬의 요한이 괄호처럼 교회(성소) 안에 있는 이사야를 묶은 모습이다. 우리에게는 거룩의 이해에 필요한 만큼 큰 시야를 제공해줄 성경과 역사와 경험이 필요하다. 거룩은 작은 상자에 가두어둘 수 없다. 거룩은 작은 구멍으로 들여다볼 수 없다.

어느 여름 우리 부부는 몬태나의 로키 산맥에서 하이킹을 하고 있었다. 안개가 자욱하고 축축하고 추운 날이었다. 하이킹을 하기에 좋은 날은 아니었다. 하지만 몇 주 동안이나 비가 내리면서 축축하고 추운 날씨가 계속되었기에 대기가 축축하고 차가워도 좋았다. 우리는 빽빽이 들어선 가문비나무와 소나무 사이로 난 산길을 따라 터벅터벅 걷다가 50년 전 큰 산불로 인해 타버린 비탈이 나왔는데, 많은 세월이 흘렀건만 아직도 완전히 회복되지 않은 상태였다. 갑자기 펼쳐진 개활지는 우리에게 광대한 경치를 선사해주었다. 한편에는 빙하로 덮인 산꼭대기가 높이 솟은 위쪽 광경과, 다른 편에는 황금색 곡물로 덮이고 푸른 물이 굽이쳐 흐르는 골짜기가 눈에 들어왔다. 그때 20미터쯤 떨어진 죽은 나뭇가지 위에 앉은 밝은색의 자그마한 새를 포착하게 되었다. 우리는 망원경으로 그것을 보았지만 무슨 새인지 알 수 없었다. 다시 우리가 바라보자 새는 그만 날아가버렸다. 바로 벌새였다! 예전에 한 번도 본 적이 없는 적갈색 벌새. 비에 흠뻑 젖은 산길에서 일어난 눈부신 오렌지빛 작은 새는 해돋이보다 더 드라마틱한 장면을 연출했다. 산과 골짜기를 배경으로 한 아주 작은 새는 장엄한 무대에 하나의 초점을 제공해주었다. 그런데 고운 새의 색깔과 비행을 제대로 감상하려면 좀 더 넓은 배경이 필요했다. 그보다 작은 배경에선 우리의 상상을 담을 수 없었을 것이다.

이사야서 6장은 미디안의 모세와 밧모 섬의 요한을 배경으로 삼은 거대한 광야 속의 적갈색 벌새와 같다.

*

이사야는 믿음으로 사는 자들, 하나님의 말씀으로 빚어지기를 소원하고 거룩한 것을 보려고 사방을 살피는 사람들의 삶에 있는 거대한 인물이다. 우리는 이사야에 관해 아는 게 거의 없다. 모르는 인물에게 그토록 큰 영향을 받을 수 있다는 것은 참으로 놀라운 사실이 아닐 수 없다. 그러나 일단 어떤 삶이 거룩한 존재, 살아 계신 하나님께 몰두하면, 그리 많은 것이 필요하지 않다. 우리가 이사야에 대해 알고 있는 바는 그가 위대한 설교자였다는 것과 하나님의 거룩함, 곧 그 거룩한 분에게 이끌림을 받고 또 그분에 의해 빚어졌다는 것이다. "이스라엘의 거룩한 이"는 이사야가 하나님께 붙인 특별 호칭이다.[2]

그의 이름 자체가 하나의 설교였다. 이사야는 '여호와는 구원이시다'라는 뜻이다.

당신이라면 그런 이름을 갖고 싶지 않겠는가?

"당신의 이름은 무엇입니까?"

"여호와는 구원이시다."

당신이 소개될 때마다 복음이 전파될 것이다. 학창 시절 내내 선생님이 교실에서 당신의 이름을 부를 때마다 복음이 선포된다. 누군가 길거리에서 당신에게 인사할 때마다 하나님의 말씀이 전해진다. 무신론자는 짧은 설교를 하지 않고는 그 이름을 거론조차 할 수 없다. 어쨌든 우리 부모는 이름을 지을 때 무슨 생각을 했을까? 유진… 비블리… 월터… 엘머… 킴… 이런 이름들 속 어디에 복음이 있는가? 왜 그들은 설교 텍스트로 우리 이름을 짓지 않았을까?

이사야는 자녀들의 이름을 지을 때 텍스트에 따른 이름을 짓는 전통을 이어갔다. 그에게 세 아들이 있었고, 각 이름은 설교 텍스트로 겸용되었다. 이사야가 설교하러 갈 때는 성경을 들고 가는 대신, 이름 자체가 설교 텍스트인 아이의 손을 붙잡았다. 스알야숩, 임마누엘, 마헬살랄하스바스.

---

[2] J. A. Motyer, *The Prophecy of Isaiah* (Downers Grove, IL: InterVarsity Press, 1993), p. 77.

이사야의 텍스트, 그 이름들 속에는 설교가 필요할 때마다 적절히 활용할 수 있을 만큼 다양성이 있다. 그가 설교 부탁을 받고 길을 떠날 때는 다루기 힘든 토라 두루마리를 챙기는 대신, 아들 중 하나를 데리고 갔다.

우리가 알고 있는 이사야의 중요한 임무 중 하나는 아하스 왕에게 설교하는 일이었다. 아하스는 하나님보다 앗수르 사람을 상대하겠다고 고집하는, 믿지 않는 왕이었다. 이사야는 그를 도무지 설득할 수 없었다. (그런데 흥미롭게도 아하스가 들으려 하지 않았던 그 설교들이 오랜 세월에 걸쳐 수많은 사람들에게는 이해되었다.) 세 아들 모두 아하스 앞에 설교 텍스트로 그 모습을 드러냈다.

스알야숩 흔들리지 마라. 모든 일이 다 잘될 것이다. 네가 이곳을 주관하는 게 아니라 하나님이 주관하신다. 그분은 언제나 은혜를 경험하고 당신의 명령을 수행할 신실한 소수를 확실히 남겨둘 것이다. 신뢰하는 자세로 살아라.

임마누엘 환경으로 인해 겁내지 마라. 믿으라. 하나님이 바로 여기에 우리와 함께 계신다. 모든 것이 네 주변에서 산산조각 나더라도 하나님은 조각나지 않는다. 네 인생을 좌우하는 것은 네 삶의 표준이 아니라 하나님이다. 용기를 품고 살아라.[3]

마헬살랄하스바스 재주로 세상을 통제할 수 있을 것처럼 생각하며 우쭐대지 마라. 회개하라. 네가 건설한 그 세상은 박살 날 것이다. 겸허하게 살아라.

두 번째 이름인 임마누엘은 그 자체의 생명을 덧입고(사 8:8, 10) 오랜 세월에 걸쳐 울려 퍼지다가 마침내 예수님 안에서 최종적이고 완전한 의미가 드러났다(마 1:23). 이사야의 텍스트는 계속해서 통찰력을 제공한다. 있을 법하지 않고 거룩하지 않은 환경에서도 거하는 하나님의 거룩한 임재를 증언하고 있다.

*

그러나 이사야 이야기는 설교가 아니라 그의 기도와 함께 그리고 거룩과 함께 시작한다. 이야기의 맥락은 이사야서 6장에서 "웃시야 왕이 죽던 해에"라는 문장과 함께 주어진다.

이 단순한 문장은 거룩에 대한 이사야의 경험을 모세와 요한의 배경과 비슷한 배경 안에 둔다. 말하자면 나쁜 시기, 있음직하지 않은 때, 우리가 생각하는 풍성한 삶, 웃시야의 통치를 받던 예루살렘과는 거리가 먼 시기라는 뜻이다.

웃시야는 예루살렘에서 52년 동안 왕좌를 지켰다(대하 26장). 모든 면에서 선한 왕이었다. 그는 팔레스타인 사람을 정복했고 강한 방

---

3 임마누엘이 이사야의 아들 중 하나였다고 모든 사람이 동의하는 것은 아니다. 엘머 딕은 신중한 석의를 통해 임마누엘과 마헬살랄하스바스가 동일인이라고 주장하지만, 그래도 여전히 '텍스트' 이름을 가진 두 아들이 남는다. 다수의 견해를 대표하는 칼뱅은 그 이름이 직접적으로 오로지 예수만을 언급하는 것이라 해석한다. 다음 책을 보라. Elmer Dyck, ed., *The Act of Bible Reading* (Downers Grove, IL: InterVarsity Press, 1996), pp. 45-64.

어 체계를 세웠고 나라를 발전시켰으며 그의 목사인 스가랴로부터 주님을 경외하는 법을 배웠다. "그의 이름이 멀리 퍼짐은 기이한 도우심을 얻어 강성하여짐이었더라"(대하 26:15).

그 후 그는 끔찍한 일을 저질렀다. 성전을 모독한 것이다. 그는 교만하게 자신의 목적을 위해 성전을 점거했다. 자신이 영성을 주관하고, 종교를 관리하고, 하나님을 이용하기로 결심한 것이다. 그는 거룩한 향단에 가서 제사장을 밀어내고 자신의 취향과 욕망에 따라 일을 진행했다. 제사장들이 그에게 경고했다. 하지만 그는 화를 내며 제사장들을 쫓아내고 성전에 있는 거룩한 향단에서 분향을 하려 했다. 어쨌든 그는 왕이었으므로 자기가 원하는 때에 원하는 방식으로 하나님을 상대했다.

그러나 그의 심중에 있던 특권 의식은 사실상 변명의 여지가 없는 신성모독 행위였다. 마치 당신이나 내가 흑색 스프레이 페인트 깡통을 들고 교회에 들어가서 강단과 성찬대, 세례용 성수반과 십자가에 낙서를 하며 "새로운 관리법에 따라 이제부터는 내가 이곳을 주관한다!"고 외치는 것과 같다.

웃시야는 하나님의 백성을 섬기는 명예로운 시절을 몇 년 동안 보내기도 했으나 지금은 교만하고 분노하고 제멋대로 하는 인물이 되어 자신의 목적을 위해 성전을 점거한다. 왕의 만행이다. 난폭한 모독 행위다.

모독 행위는 즉시 역효과를 낳았고 웃시야는 문둥병자로 변했다. 그의 얼굴에 문둥병이 생겼다. 히브리인의 생각에 죄를 상징한다고 여겼던 무서운 질병이 내면의 불경스러움을 공공연하게 보여주었던 것이다.

웃시야는 남은 생애 동안 고립된 상태로 지냈고, 문둥병으로 말미암아 성전에 들어가는 것뿐 아니라 거룩한 백성 공동체와 맺는 일체의 접촉까지 금지되었다. 그는 여전히 왕이었지만 더 이상 성전이나 백성과 접촉할 수 없었다. 유다 정부는 하나님의 성전을 더럽힌 한 사람에 초점을 맞췄다. 유다의 온 사회와 문화는 불경함과 신성모독의 그늘 아래 살고 있었고, 사회와 정치, 문화와 종교의 분위기는 모두 왕의 문둥병으로 더럽혀졌다. 웃시야 치하의 유다는 문둥병자 왕의 지배 아래 있었기 때문에 미디안만큼이나 불모의 땅이었고, 밧모 섬만큼 혹독한 곳이었다.

그러나 웃시야 사건에도 불구하고 이사야는 성전에서 기도하고 있었다. 웃시야가 문둥병자가 된 바로 그 성전에서 말이다. 이사야가 거기서 예배한 것은 성전이 웃시야에 의해 규정되지 않는다는 것을 알았기 때문이다. 그 시기도 웃시야에 의해 규정되지 않았고 문화 역시 웃시야로부터 영향을 받지 않았다. 어쨌든 이사야에게는 그랬다. 웃시야가 죽던 해에 이사야는 여전히 성전에서 기도하고 있었기 때문이다.

이 시대가 우리 삶을 규정짓지는 않는다. 테크놀로지가 우리의 존재를 규정짓는 것도 아니다. 포스트모더니즘이 삶의 방식을 정해 주는 것도 아니다. 심리학이 우리가 누구인지를 설명하는 것도 아니다. 세속주의는 우리와 주변 세계의 의미를 밝히려는 임시변통의 방책에 불과하다.

불경한 시대에 불경한 장소에서 이사야는 거룩함 속으로 뛰어들었다. 그에게 거룩한 환상이 주어졌다. 주님은 거룩한 모습으로 통치하셨다. "거룩하다, 거룩하다, 거룩하다. 만군의 여호와여 그의 영광이 온 땅에 충만하도다"라는 천사들의 노래가 사방을 가득 채우고 있었다.

더럽혀진 성전이 온통 거룩함으로 충만했을 뿐 아니라 더럽혀진 땅도 영광으로 가득 찼다. 이것이 바로 우리가 몸담고 있는 현실이다. 거룩, 거룩, 거룩. 영광, 영광, 영광. 웃시야가 교회에 무슨 짓을 하든지, 앗수르 사람들이 세계에 무슨 짓을 하든지 상관없이, 교회에는 거룩함이 있고 온 땅에는 영광이 존재한다. 미디안 광야에 거룩함이, 밧모 감옥에 거룩함이, 문둥병으로 더럽혀진 성전에 거룩함이 있다.

그리고 결코 잊지 말아야 할 것은, 이 시대 모든 더럽혀진 교회에, 도덕적으로 또 물리적으로 오염된 모든 도시와 지방에 거룩함이 있다는 사실이다. 이유인즉, 하나님이 여전히 거기에 살아 계셔서 구원과 창조의 사역을 계속하고 있기 때문이다. 우리는 무슨 일이 벌어지고 있는지를 알려고 이 시대의 저널리스트들에게 귀를 기울이고 있다. 하지만 이제는 이런 무지하고 믿음 없는 습관을 끊어 버려야 한다. 적어도 이사야에게 그만큼의 시간을 주어야 한다. 거룩, 거룩, 거룩.

*

이 지점에서 경고할 것이 하나 있다. 거룩한 땅은 위험천만한 땅이다. 조금이라도 더 나가면 생명을 잃을 수도 있다.

우리가 여름이면 찾는 몬태나 주의 휴양지에서 멀지 않은 곳에서 회색 곰이 하이킹하던 사람을 공격해 큰 상처를 입혔다. 그 사람은 몬태나 로키 산맥의 경이롭고 아름다운 경관을 보기 위해 노스캐롤라이나에서 자동차로 먼 길을 달려왔다. 병원 침상에서 진행된 인터뷰에서 그는 "다시는 이곳으로 돌아오지 않겠소!"라고 말했다. 경이로움과 아름다움이 한편으로는 위험할 수도 있다는 사실을 미처 몰랐던 것이다.

회색 곰의 습격이 일어난 지 일주일 뒤에 우리 부부와 아들 부부 그리고 두 살 된 아들을 데리고 온 한 친구가 바로 그 산길로 하이킹을 하러 갔다. 시작하는 지점에 이런 표지판이 세워져 있었다. "위험: 이 산길에는 회색 곰이 출현함. 하이킹을 하려면 위험을 감수해야 함." 다른 이들 중에는 지난주에 일어난 사고를 아는 사람이 없었고 나 역시 아무 말도 하지 않았다. 그런데 표지판을 보자 아드레날린이 솟구치는 것만 같았다. 생명의 위험이 살아 있다는 느낌을 고조시켰던 것이다. 우리가 몸담은 그 아름다움과 경이로움, 우리가 나눈 사랑과 애정은 우리의 확고한 소유물이 아니라는 걸 새삼 깨달았다.

두어 시간 뒤에 목표 지점, 곧 빙하에서 흘러내린 물로 만들어진 호수에 도착했다. 우리는 호숫가에 서서 산의 정면에서 떨어지는 다섯 개의 폭포를 보며 찬탄하고, 개똥지빠귀들이 노래하며 벌레를 잡아먹는 장면을 목격했다. 거룩한 땅이다. 이어서 나는 호숫가에서 위쪽으로 90여 미터 떨어진 곳에서 어떤 움직임을 포착했다. 망원경으로 보니 회색 곰과 새끼가 물장구를 치며 놀고 있었다. 우리는 망원경을 돌려가며 그 광경을 보았다. 며느리는 임신 5개월째라서 생명의 연약함과 소중함을 매우 민감하게 의식하고 있었다. 그래서 "여기서 벗어나고 싶어요"라고 말했고 우리 모두 거기서 벗어났다. 거룩한 땅, 하지만 위험한 땅이다.

 거룩함은 우리가 순전한 삶, 곧 거리를 둔 채 바라보고 즐기는 인생이 아니라 직접 맛보는 진정한 삶에서 얻을 수 있는 가장 매력적이고 강렬한 경험이다. 우리는 하나님의 작전에 관해 얘기하거나 읽는 것이 아니라 그 속에 있는 자신을 발견한다. 하지만 내 안에 더 큰 그 무엇이었음을 발견하는 순간, 나를 잃어버릴지도 모른다는 점을 깨닫는다. 우리는 거룩한 것을 사적 소유물로 만들 수 없다. 모세는 불타는 떨기나무를 사진에 담아 집으로 가져가서 아내와 자녀들에게 보여주지 않았다. 헨델의 오라토리오에 맞춰 천사들이 노래한 것이 아니었다. 이사야가 나중에 CD로 구입해 들으며 여유를 부린 것도 아니었다. 요한은 종교적 소비자들을 즐겁게 해주기 위해 예수님에 대한 환상을 도표로 그려서 미래에 대한 흥미로운 예측을 발표하지 않았다.

 거룩함은 거기에 너무 가까이 다가오는 사람들을 변화시키는 용광로다. 거룩, 거룩, 거룩은 기독교의 바늘 끝이 아니라 혁명의 깃발이다. 유일한 혁명의 깃발.

*

거룩함이 이사야에게 어떻게 일어났는지 살펴보자. 그리고 우리에게도 일어날 수 있는지 알아보자.

첫째, 거기에는 죄에 대한 깊은 자각, 스스로 무가치한 존재임을 아는 철저한 인식이 있다. "재앙이 나에게 닥치겠구나! 이제 나는 죽게 되었구나! 나는 입술이 부정한 사람인데, 입술이 부정한 백성 가운데 살고 있으면서, 왕이신 만군의 주님을 만나 뵙다니"(사 6:5, 새번역).

인생을 그런대로 잘 살고 있다고 생각하기가 아주 쉽다. 하지만 거룩한 분으로부터 우리를 차단하고 주변 존재와 끊임없이 자신을 비교하며 살 때는 더욱 그렇다. 우리 자신을 개와 고양이와 이웃이 설정한 표준에 따라 판단하는 것은 유감스러운 일이다. 스스로 불경함을 인식하려면 거룩한 분이 필요하다. 거룩한 분은 나의 부족한 면을 인식하게 해준다. 우리는 에덴을 떠난 이후 길 잃은 존재가 되어 세상을 방황하며 본향을 찾고 있으며, 그 과정에서 엄청난 더러움이 묻었다.

둘째, 거기에는 자비와 용서가 있다. 정결케 되는 일이 있다. 우리의 입술은 정결케 하는 불에 닿는다(사 6:7). 이것은 우리가 지닌 가장 근본적이고 절박한 필요다. 거룩한 분을 떠나면 오히려 점차적으로 삶을 개선할 수 있다고, 이번에는 이것을 고치고 다음에는 저것을 고칠 수 있다고 생각한다. 그러나 엉뚱하게 겨냥한 화살처럼 더 멀리 갈수록 오차는 더 커지는 법이다. 그릇된 방향은 이따금 저지르는 실수가 아니고, 우리가 말할 때마다 스스로 반증反證하게 된다. 입을 열 때마다, 심지어는 가장 점잖고 공손한 얘기를 할 때조차 죄와 불결함이 표출된다. 그런데 하나님의 최우선적인 관심사는 이 문제를 해결하는 것이다. 그래서 하나님의 거룩함을 증언하는 천사는 우리의 말에서 불결함과 죄를 태워버린다. 우리에 대한 하나님의 일차적인 관심사는 정죄가 아니라 용서이기 때문이다.

"하나님이 그 아들을 세상에 보내신 것은 세상을 심판하려 하심이 아니요 그로 말미암아 세상이 구원을 받게 하려 하심이라"(요 3:17). 배척이 아니라 용납이다. 이제는 우리 바깥의 거룩함이 아니라 우리 속의 거룩함이다. 만일 우리가 거룩한 것 주변에 머물러 우리 입술에 닿는 불타는 숯을 인식하고 경험하지 않는다면, 하나님과 하나님의 뜻을 알지 못한 채 불행한 인생을 살게 될 것이다.

셋째, "내가 누구를 보내며"라는 하나님의 말씀이 선언된다(사 6:8). 하나님은 소명에 대해 말씀하신다. 완수해야 할 일이 있기 때문이다. 거룩함은 언제나 하나님의 말씀을 포함한다. 하나님은 불타는 떨기나무 앞에서 모세에게 말씀하셨다. 하나님은 밧모 섬의 환상을 통해 요한에게 말씀하셨다. 하나님은 예루살렘 성전에서 이사야에게 말씀하셨다. 생명이 흘러넘치는 것이 곧 거룩함이다. 이는 축적할 것이 아니라 전달하고 널리 퍼뜨리고 말하고 실행해야 하는 것이다. 거룩함은 우리가 '영적인 기분'을 느끼기 위해 키우는 감정적 신앙이 아니다. 거기에는 명령의 요소가 있다. 거룩함은 우리를 일의 세계에서 떼어놓는 숭고한 경험이 아니다. 그것은 하나님이 세상에서 하고 계신 일과 완수하려 하는 일 속으로 들어가라는 일종의 초대다. 그리고 모든 사람을 위한 것이다. 이는 귀족에 속한 목사 엘리트를 겨냥한 텍스트가 아니기 때문이다.

넷째, 하나님의 말씀은 응답을 받는다. "내가 여기 있나이다. 나를 보내소서"(사 6:8). 우리는 하나님의 명령을 받아들이고, 그분이 명령하는 것이면 무엇이든 순종할 준비를 갖춘다. 우리는 장갑을 끼고 일하러 갈 준비를 한다. 하지만 그것은 강요된 일이 아니다. 하나님의 부르심은 질문의 형태를 띠고 응답을 요청하는 만큼, 우리는 "예"나 "아니오"로 반응할 자유가 있다. 이 말씀이 아무리 재촉하는 소리로 들린다 할지라도 결코 강제력을 갖지는 않는다. 우리는 들어오라는 초대를 받고 있는 것이다.

이사야는 하나님에게서 흘러나오는 거룩함을 만나 거기에 참여하는 이야기를 들려준다. 거룩함은 우리 삶에 흘러넘친다. 우리는 믿을 만한 이야기에 빗대어 우리 자신의 이야기의 진정성을 시험할 수 있다. 4가지 요소는 경우에 따라 순서와 비율이 달라지겠지만 대체로 균일하다. 첫째는 자기 충족감을 버리는 일이고("화로다 나여 망하게 되었도다"), 둘째는 자비로운 용서를 경험하는 일이며(불타는 숯: "네 악이 제하여졌고 네 죄가 사하여졌느니라"), 셋째는 섬김의 일로 부르는 하나님의 초대이고("내가 누구를 보내며"), 끝으로, 믿음과 순종으로 하나님 앞에 나아가는 인간의 응답이다("내가 여기 있나이다.

나를 보내소서"). 성경이나 교회에서 이런 요소들이 제외되는 경우는 찾을 수 없다.

그러나 4가지 요소를 컨텍스트에서 떼어놓을 수 없다. 중요성이 퇴색되기 때문이다. 이 4가지 요소는 당신을 위해 유명한 영성 전문가가 관리해주는 것이 아니다. 컨텍스트는 바로 살아 계신 하나님이다. 성전 안을 가득 채운 거룩, 거룩, 거룩이고, 온 땅에 충만한 영광, 영광, 영광이다. 하나님 안에 있는 어떤 것도, 하나님과의 관계도 기대대로 세속화할 수 없고, 우리의 상황에 끼워 맞출 수 없고, 편의상 조종할 수 없다. 우리가 거룩한 경험에 대한 준비를 갖추고 통찰력을 얻으려면, 어디에 있든지-교회나 세상, 미디안이나 밧모 섬이나 예루살렘, 예배당에 앉아 있거나 차를 운전하거나 책을 읽거나 구름을 보거나 편지를 쓰거나 야생화를 꺾거나-하나님을 예배하고 예배의 기본 자세를 연습할 필요가 있다. 어디에 있든지, 우리가 무엇을 하고 있든지, 거기에는 그 이상의 것이 있다. 그것은 곧 성령으로 예수 안에서 자신을 계시하는 하나님이다. 거룩함은 변혁을 일으킨다. 그리고 분명하지 않고 오히려 모호한 경우가 더 많다. 거룩한 혁명The Holy Revolution은 야망과 자만심이 멸시되는 시기와 장소와 삶에서 시작된다.

하지만 한 가지 사실이 더 있다. 아무리 작은 거룩함이라 할지라도 우리 속에는 거룩한 삶으로의 연쇄 반응으로 촉발시킬 힘이 있다는 것이다. 우리가 거룩함을 품으면 생명을 잃을 가능성이 많기 때문에(히 12:29) 무척 위험하지만, 거룩한 분은 우리가 지닌 인식의 극단까지, 창조하신 피조물의 모든 섬유 조직까지 밀고 나가신다. 우리 인간이 가장 갈급하게 찾는 대상은 바로 살아 계신 하나님이다. 거룩함은 습관적으로 '삶'이라 부르며 제한하는 그릇 사이로 새어 나와(아니, 터져 나와) 우리 욕구를 자극한다.

*

이 컨텍스트와 4가지 요소는 표준이다. 그러므로 이에 대해 우리 모두가 깨어 있을 필요가 있고, 또 반길 필요가 있다. 하지만 이사야의 경험에는 표준이라고 말할 수는 없지만 자주 일어나기 때문에 꼭 언급해야 할 또 다른 요소가 있다.

이사야는 거룩한 삶으로 진입하고 거룩한 일에 참여하게 되지만, 동시에 그로부터 큰 소득을 얻지 못할 것이라는 말씀을 듣는다. 그는 설교자이지만 성공하지 못한 설교자가 될 것이다. 그는 놀라운 능력과 유창한 언변으로 설교를 할 테지만 사람들은 설교 중에 졸게 될 것이다. 그는 국가경영 체계의 내부에 있는 사람이라서 아하스 왕에게 접근하겠지만 지혜롭고 경건한 그의 자문은 무시되고 말 것이다. 하나님의 명령과 축복을 받아 평생 수행한 설교의 최종 결과는 그 나라가 파괴될 것이라는 것이다(사 6:11). 앗수르 사람들이 거기로 행군해 들어와서 그 땅을 황폐하게 만들 것이다. 마치 탐욕스러운 벌목꾼들이 숲의 모든 나무를 베어내어 운반한 나머지 오직 그루터기만 남은 꼴사납고 손상된 땅처럼 되어, 온 나라에 그루터기밖에 남지 않을 것이다. "이사야야, 네가 평생 나를 섬긴 뒤에 일어날 일이 이러하다. 이것이 네가 거룩한 삶을 살고 정직한 신앙고백을 하고 깨끗한 설교를 하는 등 거룩한 사명을 다한 뒤에 남을 최종 결과다. 그루터기들. 그루터기만 남은 나라."

이 이야기의 초기 단계는 이사야서 7-9장에 나와 있다. 성공 스토리에 취해 있고 복음주의적 달변가들에게 현혹된 그리스도인들이 공부할 필요가 있는 단락이다. 이사야 텍스트에 관한 한, 타의 추종을 불허하는 설교자이자 학자인 조지 아담 스미스George Adam Smith는 이사야가 그 글을 쓸 당시의 현실을 강조한다. 이사야가 두 번째로 텍스트 이름을 붙인 아들 임마누엘이 출현한 것에 대해 이런 주석을 달고 있다. "이스라엘의 희망인 아이가 태어난다. 신적인 이름을 받는 그는 구원과 영광으로 채색되어 있다. 그러나 그는 자라서 시편 72편이 그리는 장엄한 보좌-스바와 시바 왕들의 예물, 레바논의 열매같이 흔들리는 풍성한 곡식, 성에 있는 자들이 땅의 풀같이 왕성해지는 모습-에 앉는 게 아니라, 양식이 없고 그의 나라가 적들에게 파괴되어 목초지로밖에 쓸모가 없는 현실, 외로움과 고통만 있는 환경에 처한다. 모든 것이 황폐하게 된 상황 가운데서 그의 모습은 우리 눈에서 사라지고, 그의 이름만 남아서 끝없는 우울함과 아쉬움과 함께 유다의 가시로 뒤덮인 포도원과 풀로 무성한 궁전에 나타난다."[4]

그런 다음에 우리는 마음을 찌르는 마지막 문장을 접한다. "거룩

---

[4] George Adam Smith, *The Book of Isaiah* (London: Hodder and Stoughton, 1889), vol. 1, p. 117.

한 씨가 이 땅의 그루터기니라"(사 6:13).

아, 정말 그런가? '거룩한'이란 단어가 다시 등장하지만 이번에는 완전히 부적절한 명사에 붙여진다. 성전을 영광스러운 노래로 가득 채우며 이사야의 세계와 세상에 있는 이사야를 변화시키는 거룩한 천사의 찬송이 아니다. 광야의 나무에서 활활 타오르는 거룩함도 아니고, 험한 망명생활 중인 죄수를 엄습하는 거룩함도 아니다. 예수께서 그의 말씀과 행동으로 포괄적이고 역동적이고 은혜로운 삼위일체의 삶을 우리에게 계시할 때 밝히 나타나는 거룩함도 아니다.

이 가운데 어느 것도 아닌, 그저 땅딸막한 그루터기다. 그루터기 들판에 있는 하나의 그루터기 말이다. 그러나 그루터기에는 아무도 생각할 수 없는 면이 있다. "거룩한 씨가 이 땅의 그루터기니라." 그루터기는 겉모습과는 달리 장차 그로부터 구원이 자라날 거룩한 씨다. 다섯 장 뒤에 이 그루터기가 다시 등장하는데, 이번에는 좀 더 자세히 묘사되어 있다.

> 이새의 줄기에서 한 싹이 나며
> 그 뿌리에서 한 가지가 나서 결실할 것이요
> 그의 위에 여호와의 영
> 곧 지혜와 총명의 영이요
> 모략과 재능의 영이요
> 지식과 여호와를 경외하는 영이 강림하시리라(사 11:1-2).

말씀이 결국 어떻게 판명되었는지 우리는 알고 있다. 한마디로 예수다. 그래서 우리는 기쁨과 감사의 목소리로 거룩한 주님을 찬송한다. 아무리 큰 소리로, 아무리 기쁘게 찬송해도 충분하지 않지만 그러는 동안 그루터기와의 접촉을 끊으면 안 된다. 왜냐하면 그루터기가, 아니 오직 그 그루터기가 우리의 삶을 특징짓고 지배할 때가 너무 많기 때문이다. 물론 모두가 그런 것은 아니지만 다수가 그렇다. 이사야의 경우가 그랬다. 그러므로 거룩한 그루터기를 결코 잊지 마라.

세상과 육신과 마귀는 우리의 생각과 감정을 좀 더 풍성한 삶에 대한 갈망과 그림으로 가득 채우기 위해 쉬지 않고 일하는 중이다. 그러나 이는 하나님과 전혀 관계가 없는 삶, 그래서 거룩함을 모르는 삶일 뿐이다. 그들은 자기네 거짓말을 선전하고 돋보이게 하려고 공공 미디어와 대대적인 광고 산업을 장악한다. 뿐만 아니라 교회에까지 침투해 신앙생활을 해석하되 우리에게 만족을 약속하지 않는 것이면 무엇이든 피하고 경멸하라는 식으로 훈련시킨다.

나는 이런 매력적인 거짓말에 이사야와 그의 거룩한 그루터기로 반격하고 싶다. 당신의 귀에는 어불성설처럼 들리는가? 거룩한… 그루터기라고? 하지만 성경과 복음에 나오는 모든 것은 이것이 진실임을 증언하고 있다. 예수가 물론 그렇고, 예수 안에 있는 또 그분과 함께하는 우리 삶이 그러하다. 거룩이라는 것. 죽음으로부터 나오는 생명. 꼴사나움에서 시작하는 아름다움. 거룩한 혁명.

내가 자란 몬태나 주의 작은 마을에서 북쪽으로 16킬로미터 정도 떨어진 곳에는 예전에 그루터기 타운Stump Town이라 불린 더 작은 마을이 있었다. 그 동네는 거대한 로키 산맥의 튼튼한 어깨 아래 자리 잡고 있었기에 무척 아름다웠다. 그러나 불행히도 당시 대륙 횡단 철도를 건설하고 있던 짐 힐Jim Hill에 의해 주요 조차장으로 지목되었다. 짐 힐은 철도 건설을 추진하기 위해 땅을 황폐하게 만들고 정부에 뇌물을 주고 약자를 착취하고 강자를 위협하는 등 이사야 시대의 앗수르 사람만큼이나 탐욕스럽고 잔인했다. 철도노반을 깔려면 엄청난 양의 침목이 필요하므로 작은 마을의 모든 나무가 침목용으로 잘렸고, 그루터기만 남고 말았다.

그리하여 마을은 결국 거창한 철도건설 제국을 섬기는 것 말고는 아무 쓸데없는 곳으로 전락했다. 나의 성장 시절에도 그 동네는 여전히 뜨내기들과 철도 부랑자들과 그루터기들로 이루어진 꼴사나운 모습의 오두막 마을이었다. 모두 그 마을을 얕잡아보았고 때로는 경멸하기까지 했다.

20년 전에 남동생이 그곳에서 목사가 되었고 4년 전에는 내 아들이 그곳으로 이사했다. 남동생과 아들에게서 새로운 이야기를 듣고 생명과 아름다움과 하나님으로 가득 찬 시나리오가 펼쳐지는 광경을 보기 시작했다. 바로 거룩한 혁명에 관한 이야기들이다. 그루터기 타운은 더 이상 경멸의 장소가 아니었다. 오늘날에는 오히려 구원의 약속과 같이 들린다. 그렇다, 그것은 혁명이다. "거룩한 씨가 이 땅의 그루터기"니까.

거룩한 삶은 우리가 몸담은 장소에서 순종하라고, 일과 예배의 현장에서 신실하라고 요구한다. 우리의 환경은 종종 광야와 같은 환경일 때가 많다. 그러나 우리가 확신할 수 있는 것은, 무한하고 강력한 하나님의 거룩한 생명이 우리 속에 그리고 주변에 늘 존재하고 있다는 사실이다. 확실한 것은 그 생명이 때때로 우리 의식 속으로 쏟아져 들어온다는 점이다. 떨기나무가 불타고, 하늘이 열리고, 성전이 흔들리고, 그루터기가 꽃을 피운다. 거룩, 거룩, 거룩. 하지만 그것이 저녁 뉴스에 나올 리는 만무하다. 아멘.

수덕신학자 예레미야

수덕修德신학Ascetical theology은 예레미야서 17장 5-10절에 나와 있다. 요즘은 신학을 성경신학, 조직신학, 역사신학 등으로 분류하는 만큼 수덕신학엔 별로 주목하지 않는다. 하지만 이 신학은 여러 세기에 걸쳐 두각을 나타냈었다. 그리고 아직도 수행해야 할 중요한 사역이 있는 신학이다.

수덕신학: 인간의 상태는 하나님에 대한 이해와 반응에 어떤 영향을 미치는가? 경험 많은 목사들처럼 예레미야는 회중에게 분명하고 정확하게 복음을 선포하는 것으론 충분하지 않다는 것을 잘 알고 있다. 설교하고 가르치는 일에는 성경의 계시와 그리스도를 테이블 위에 올려놓고 모든 사람이 접근할 수 있게 하는 것 이상의

∗ *Lectionary Homiletics* 3, no. 3 (1992)에 실렸던 글.

요소가 들어 있다. 목회자들은 텍스트를 잘 분석하고, 교인들을 예배당에 불러 모으고, 절박한 태도로 강해한다. 그러면 무슨 일이 일어나는가? 아무 일도 일어나지 않는다. 눈에 띄는 반응이 없다.

왜 그런가? "하나님의 말씀은 살아 있고 활력이 있어 좌우에 날선 어떤 검보다도 예리하여 혼과 영과 및 관절과 골수를 찔러 쪼개기까지 하며 또 마음의 생각과 뜻을 판단하"지(히 4:12) 않는가? 우리는 이미 우리가 전파하는 이 말씀이 "헛되이 내게로 되돌아오지 아니"할(사 55:11) 것이라는 약속을 받지 않았는가? 우리가 주일마다 강단에서 신실하게 전파하는 말씀의 씨앗 가운데 적어도 몇 개는 결실을 맺을 것이라고, "어떤 것은 백 배, 어떤 것은 육십 배, 어떤 것은 삼십 배"(마 13:8) 맺을 것이라고 예수가 분명히 말하지 않았던가?

조만간에 우리는 문법적으로 정확하게 표현하고, 신조를 적절하게 설명하고, 예수 안에 계시된 하나님을 잘 소개하는 것으로 충분하지 않다는 것을 깨닫게 될 것이다. 우리는 또한 귀와 눈, 마음과 정신, 신장과 발 등 수용하고 반응하는 모든 기관器官들도 다루어야 한다. 우리는 조상들이 수덕신학이라고 불렀던 곳에 서 있는 자신을 발견할 것이다. 이는 하나님의 계시에 적절한 반응을 보이도록 우리 인간의 상태를 준비시키고 계발하고 수정하는 데 필요한 지혜와 지식을 일컫는다.

예레미야는 훌륭한 수덕신학자였다. 그는 하나님의 계시뿐만 아니라 인간이 그것을 수용하는 섬세한 면에도 주의를 기울였다. 17장

5-10절에서 그는 우리가 하나님의 계시에서 보고 듣는 바를 좌우하는-아니, 좌우한다기보다는 강한 영향을 주는-삶의 방식을 다루고 있다. 여기에는 우리가 영위하는 생활방식, 우리의 행위뿐만 아니라 존재로서의 삶의 방식이, 진리에 대한 접근에 영향을 주는 커다란 요인이라는 가정이 깔려 있다. 여기서 진리란 모든 진리를 가리키지만 특히 대大진리the Truth이신 하나님을 지칭한다. 이런 단락을 도덕주의의 관점에서, 즉 채점표에 행실을 하나씩 점검하는 식으로 해석한다면, 중요한 내용을 놓치게 될 것이다. 이것은 도덕주의가 아니라 신학, 곧 수덕신학이다.

이는 토마스 아퀴나스가 합치adaequatio라고 불렀던 위대한 진리다. "지식은 인식의 대상이 마음속에 있을 때 언제나 생겨나는 법이다." 플로티노스Plotinus의 표현을 빌리자면, "앎은 대상에 적합한 기관을 요구한다." 인식자의 지식은 앎의 대상에 어울려야 한다는 뜻이다. '앎의 대상'은 무엇보다도 하나님이다. 우리의 삶, 살과 뼈, 정신과 감정, 소화와 꿈과 춤 같은 복잡한 것들은 하나님을 알기 위해 우리에게 있는 '기관'이다. 그런즉 성경 전체에서 우리 인간의 특성과 상태, 신체적인 부분, 정서적인 상태, 물리적인 환경, 정신적 활동, 지리적 배경 등에 엄청난 관심을 표명하는 것은 놀랄 일이 아니다. 인간이 지닌 모든 세부적인 특징은 하나님께 반응하는 수단과 같은 역할을 한다.

신학의 이런 측면에 대해서는 우리보다 앞선 선배 목회자들이 훨씬 더 많은 주의를 기울였다. 우리는 의사를 분명하게 전달하면 임무를 완수하는 것처럼 생각하도록 훈련받았다. 그리고 우리가 위로하고 치유하는 '목회적인 돌봄'을 베풀기만 하면, 교인들이 복음을 경험할 것이라고 생각한다. 그러나 이것으로는 충분치 않다. 그 이상의 요소가 필요하다.

예레미야는 하나님에 대한 접근을 방해하는 삶 혹은 환영하는 삶의 방식을 묘사하는 데 유기체적인 심상을 사용하고 있다. 이 점에서 그는 성경의 주류에 속한다. 수덕신학은 테크닉의 도입이나 인위적인 '훈련'의 문제가 아니기 때문이다. 이 신학은 인생의 우여곡절을 있는 그대로, 영광스러운 창조와 당혹스러운 타락을 진지하게 여기기 때문에 '사막의 떨기나무같이', '물가에 심긴 나무와 같이'라는 표현을 쓰는 것이다.

사막의 떨기나무와 물가에 심긴 나무는 모두 살아 있지만 동일한 방식으로 살아 있는 것은 아니다. 사막의 떨기나무는 겨우 생존하고 있는 데 반해, 물가의 나무는 풍성하게 재생산한다. 사막에 있는 떨기나무는 인간적인 것에만 반응하기("사람을 믿으며") 때문에 그저 미미한 실체에 불과한 만큼, 저주받은 삶의 방식이다. 반면에 물가의 나무는 신적인 것에 반응하기("여호와를 의지하며") 때문에 창조와 구속의 향연에 열려 있는 만큼, 축복받은 삶의 방식이다.

수덕신학은 환경에 주의를 기울인다. 하나님께 둔감해지지 않고 하나님과 친밀해지는 방향으로, 즉 사막에서 멀어지고 두루 강을 찾는 방향으로 가기에 좋은 환경에 대해 관심을 갖는다. 우리의 존재 방식, 돈을 쓰고 음식을 먹고 책을 읽고 낯선 사람을 대하는 방식은 거룩함의 아름다움을 보고, 사죄의 말씀을 듣고, 사랑의 손길을 느끼고, 기도의 삶으로 들어가는 데 영향을 미친다. 예레미야가 말하는 물가의 나무 이미지는 몇 년 뒤 시편 1편에서 사용되어 하나님과의 친밀함을 발전시키는 데 도움을 주었다. 시편을 중심으로 기도할 수 있도록 일종의 예비 기도로 사용된 것이다. 이어서 예수는 팔복에서 그것을 재활용하셨다. 누가의 기록(눅 6:17-26)은 예레미야와의 연결성을 분명하게 보여주고 있다.

예레미야는 또한 모든 종교적인 선의善意를 의심함으로써 노련한 수덕신학자의 모습을 보여준다. "만물보다 거짓되고 심히 부패한 것은 마음이라. 누가 능히 이를 알리요마는"(렘 17:9). 지그문트 프로이트는 '의심의 해석학'의 원조가 아니다. 복음을 전하는 일은 종교를 쇼핑하는 자들의 비위를 맞추는 것으로 전락하지 않도록 끊임없이 노력해야 할 사역이다. 설교자와 회중을 막론하고 우리 모두는 영혼 및 하나님과 관계되는 문제에서 신뢰할 만한 존재가 아니다.

우리는 에덴동산을 떠난 후로 우상을 갈망하는 마음을 품고 있다. 우리가 자유롭게 된다면, 거룩한 분 앞에서 무릎을 꿇기보다는 바알이나 아세라 같은 우상을 좇을 가능성이 훨씬 더 많다. 그러므로 모든 영적인 문제에서 끊임없이 수단과 동기를 세밀히 살펴봐야 한다. 이를 가리켜 수덕신학은 '분별'이란 단어를 사용한다. 이는 영혼을 돌보는 설교자들이 성실히 수행해야 할 덕목이다.

요한계시록에서
배우는 예배

　시대에 따라 성경의 특정한 책이 두각을 나타내곤 했다. 아우구스티누스는 퇴폐적인 로마제국의 파편더미 안에서 하나님의 도성을 찾던 중 창세기를 텍스트로 삼았다.
　열광적인 에로티시즘이 팽배했던 12세기에 버나드Bernard는 성숙한 사랑의 삶을 영위하기 위한 수단으로 아가서를 붙잡았다. 루터는 염가판매가 판치던 저속한 종교의 소용돌이 속에서 명료하고 단순한 복음을 찾다가 로마서를 발견해 그것을 종교개혁의 책으로 삼았다.
　이제 20세기의 마지막 10년을 남겨둔 시점에서 나는 우리 시대를 위한 결정적인 책으로 성경의 마지막 책인 요한계시록을 선택했

＊ *Christianity Today* (October 28, 1991)에 실렸던 글.

다. 계시록은 과거에도 주목받았지만, 지금의 시대는 다른 어느 시대보다 특히 그 책이 필요하다. 이 책이 과연 건전한 방식으로 이 시대를 지배할지는 좀 더 지켜봐야 하겠지만, 우리가 이 시대를 살아가는 가운데 계시록이야말로 교회의 삶을 위한 포괄적 텍스트로 손색이 없다는 것만은 분명하다.

이러한 확신은 목사로 살아가는 내 삶의 용광로에서 연마되어왔다. 나는 예수 그리스도의 복음을 전하고 가르칠 책임이 있는 사람이다. 이처럼 설교하고 가르치는 일에서 나의 텍스트는 구약성경과 신약성경이고, 그 텍스트에 충실하겠다고 서약한 바 있다. 일반적인 선의 정도를 키우기 위한 내용이라면 내 마음대로 구성할 자유는 없다. 교회가 나에게 임무를 주었다. 다른 텍스트가 아닌 성경에 근거하여 정확하게, 인내하며, 고집스럽게 일하라는 임무 말이다.

제인의 잡담

내가 이 일을 처음 시작할 때는 히브리어와 그리스어를 익히고, 학자와 신학자로부터 성경이 왜, 어떻게, 어디에서 기록되었는지를 배우고, 나보다 앞선 선배 목회자들이 어떻게 이 일을 해냈는지를 발견한 뒤에, 열심을 품고 '어제나 오늘이나 영원토록 동일하신' 그리스도를 절박하고 명료하게 전파하면 될 거라고 단순하게 생각했다.

그러나 그 일은 단순하지 않았다. 어려운 문제는 이사야의 히브리어 시나 바울의 그리스어 구문을 해독하는 일이 아니었다(물론 이 대가들이 나를 서재로 보내고 자주 무릎을 꿇게 하긴 했지만). 문제는 인내심을 품은 채 제인의 잡담을 이해하려고 애쓰는 것이었다. TV에 중독된 빌의 상상력에까지 손길을 뻗치는 일이었다. 달리 말하면 복음을 전하고 가르칠 대상들은 나의 열정적 메시지보다 다른 것들을 품고 있다는 사실을 알게 된 것이다. 그들은 대체로 지적인 사람들이고 예의바른 교인들이었지만 복음을 덥석 받아들이지는 않았다.

참으로 당혹스러운 문제였다. 나는 보통의 크리스천보다 더 잘 교육받은 회중을 대상으로 설교하는 중이었다. 그런데도 그들은 내가 말하는 것을 한마디도 이해하지 못하고 있었다. 내 말의 사전적인 의미를 이해하지 못했다는 뜻이 아니라, 그것이 바로 '복음'이란 사실을 깨닫지 못했다는 뜻이다. 즉 모든 일상적인 말과 행위가 영광을 덧입는 새로운 질서, 이미 시작된 나라에 대한 선포인 것을 몰랐다는 말이다. 그들은 경청하고 논평도 했지만, 내가 깨닫기도 전에 모든 말은 한갓 잡담으로 전락해버렸다.

나는 대다수의 그리스도인들보다 더 높은 생활수준을 유지하는, 좋은 집과 가구를 소유하고 훌륭한 병원과 쇼핑센터 등을 이용하는 많은 교인들과 교제하고 있었다. 그들은 전쟁이나 화산 폭발, 질병과 죽음과 같은 불행한 소식을 듣거나 불편한 일이 생기면 언제나 하나님의 능력을 의심하는 모습을 보였다. 어려움이 닥치면 하나님을 불신했다는 뜻이 아니라, 어려움이 닥치는 순간 하나님이 그 문제보다 우선순위에서 밀려났다는 말이다. 하나님이 그들에게 고통을 허락하시면 그들은 자신이 무슨 잘못을 했는지 궁금해했다. 하나님이 그들의 평안을 방해하면 하나님이 실수한 게 아닌가 의심했다.

처음에 나는 그들을 비난했다. 그들이 잡담과 불평을 늘어놓는 바람에 스스로 풍성한 영광을 깨닫지 못하고, 눈부신 나라에 들어가지 못하는 길을 걷고 있다고 말했다. 그 후 정작 그들에게 필요한 것은 비난이 아니라 도움이라는 확신이 들기 시작했다. 그들이 수다쟁이와 불평분자가 된 것은 불평하는 문화에서 자라고 살았기 때문이다. 그들은 엄마의 젖과 함께 늘상 불평을 섭취했으므로, 이사야와 바울의 질긴 고기를 씹으려면 내가 그런 문화의 젖을 떼도록 도와주어야 했다.

바로 그 시기에 요한계시록에서 동지를 발견했다. 계시록은 바로 이런 문화적 환경으로 괴로움을 당하던 회중에게 예수 그리스도의 좋은 소식을 다시 소개하는 책이기 때문이다. 그들은 복음이 잡담에 의해 하찮아지는 것과 복음이 어려움에 의해 굴절되는 것을 경험하고 있었다. 그러나 요한은 잡담을 잠잠케 하고 어려움을 해결했다. 그것도 가장 단순하고 경제적인 방법으로 말이다. 그는 사람들을 예배의 자리로 불렀다.

영광스러운 것이 하찮게 될 때

요한의 세계에서 복음이 하찮게 된 것은 훗날 영지주의로 알려진 이단의 잡담을 통해 일어난 일이다. 잡담의 본질은 사람들에게 말하지 않고 사람들에 관해 말하는 데 있다. 잡담은 사람 속에 있는 독특성과 훌륭한 속성을 모두 배제시킨 채 그를 하나의 일화나 상투어나 고정관념으로 축소시킨다.

영지주의자들은 하나님에 관한 잡담을 늘어놓았다. 그들은 하나님을 안다고 주장했지만(영지주의자란 '아는 자'라는 뜻이다), 그것은 모두 하나님에 '관한' 것이었다. 영지주의자는 기도하지 않았다. 그들은 예배하지 않았다. 영지주의자들은 서로 많은 얘기를 주고받았고 그들이 생각한 것에 대해 끝없이 글을 썼다. 하나님은 하나의 일화나 사변적인 관념으로 축소되었다.

요한이 회중들에게 복음을 전하려 애쓰던 1세기의 마지막 10년은 2세기 영지주의자의 선배들이 널리 퍼지던 시기였다. 신약성경의 다른 곳에도 그들이 존재했음을 보여주는 직간접적인 증거가 있고 복음에 가한 위협도 나온다. 요한은 목사로서 회중이 그런 잡담과 인연을 끊도록 도와줘야 한다는 것을 깨달았다. 그렇지 않으면 알아볼 수 없을 정도로 복음이 하찮은 것으로 전락할 것이기 때문이다. 요한계시록에 나오는 발람, 이세벨, 니골라당과 같은 호칭은 영지주의 지도자나 분파를 일컫는 말이다. 그들은 사람들에게 하나님을 깊이 이해시킨다는 명목 아래, 실제로는 그분을 자기네 문화에 순응시켜서 그들의 관념과 유행에 어울리는 존재로 축소시켰다.

우리 문화도 놀랄 만큼 이와 비슷하다. 교회 생활의 많은 측면이 잡담거리와 상품으로 전락하고 있다. 그리스도인들은 여러 십자가를 소비자의 다양한 취향에 맞춰 판매하는 데 성공했다. 우리는 성자들을 인기 스타들로 대체해버렸다. 게다가 이런 문제를 심각하게 여기는 일은 갈수록 더 어려워지고 있다.

환난이 고개를 처들다

요한이 목사로 있던 수년 동안 복음을 하찮게 만드는 현상이 지속되었다. 로마의 박해로 촉발된 환난이 닥쳐 사람들을 복음으로부터 멀어지게 만들었다. 그리스도인이 되는 것은 합법적인 일이 아니었다. 감방에 투옥되기도 하고 순교하는 일도 일어났다. 경제적인 차별도 있었고 사회적인 배척도 따랐다. 예수의 십자가 죽음이 그를 따르는 사람들에게서 재현되었다.

만사가 형통하고 하늘에서 복이 굴러떨어질 때 예수님을 믿고 따르는 것은 어려운 일이 아니다. 그러나 골칫거리가 쌓이고 사사건건 사회적 가치관이 우리의 생활방식과 충돌할 때는, 현실이 곧 고난이라는 엄연한 증거 앞에 굴복할 수밖에 없다. 로마의 잔인함이 복음의 은총보다 훨씬 더 뚜렷하게 보이는 현실이다. 안전은 물론이고 감각적 쾌락까지 보장하는 황제 숭배는 생명의 위협을 무릅쓰고 좇아야 하는 보이지 않는 하나님과 십자가에서 죽은 구원자보다 훨씬 더 인상적으로 다가온다.

지금은 적어도 서구에서는 그리스도인이 되는 일이 더 이상 범법 행위는 아니지만, 환난의 환경은 예전보다 더 악화되었다. 폴란드 시인 체스와프 미워시Czesłw Miłosz는 금세기를 묘사하는 데 '잔인한'이란 단어를 사용했다. 정말로 잔인한 세기였다. 우리는 이 세상 정치를 되돌릴 수 없도록 바꿔놓은 두 차례의 세계대전을 겪었고, 핵전쟁이 일어나면 모든 것을 파멸시킬 수 있는 3차 세계대전의 위협 아래 살고 있다. 공산주의의 도래와 붕괴는 한 나라씩 혼란에 빠뜨려 무정부 상태와 자유가 주도권을 잡기 위해 서로 싸우는 지경이 되었다. 제3세계 국가들은 자기네 몫을 움켜잡으려고 경쟁 무대에 끼어들고 있다. 정치, 도덕, 생태계 등 도처에서 보도할 틈도 주지 않고 재난이 빠르게 쌓이고 있다. 정의로운 하나님, 평화를 가져오고 구원을 이루는 하나님에 대한 헌신은 위험에 처해 있다. 모든 뉴스 보도는 그리스도인들이 십자가에 초점을 맞추지 못하게 한다. "하나님의 나라가 가까이 왔다"는 선포는, 하나님의 주권에 도전하는 세계적 상황에서 길을 잃었다.

  복음의 진리에 조금이라도 관심이 있다면 우리는 무엇을 할 수 있을까? 비통한 나머지 양손을 쥐어틀 것인가? 손을 쥐어트는 것은 전략이 아니다.

  요한은 애통하는 데 시간을 낭비하지 않았다. 그가 행한 것은 예배였고, 사람들을 예배로 초대했다. 그냥 예배하는 것이다. 교회의 갱신을 위한 계획을 내놓지 않았다. 일곱 교회에 회의를 소집해 무슨 조치를 취할지 의논하지도 않았다. 그는 하나님을 예배했고, 사람들에게 하나님을 예배하도록 요청했다.

왜 예배하는가?

　복음을 하찮게 만드는 경향과 환난은 요한의 시대와 우리 시대가 비슷하다. 단도직입적으로 사람들에게 예배하라는 요한의 요청 등은 좋지 않은 시대에 계시록이 복음의 진리를 회복하는 데 필요한 텍스트임을 입증해준다.

　다른 이들을 예배로 부르는 예배 행위가 바로 계시록의 본질이다. 첫 페이지에서 우리는 예배하는 요한을 본다. "주의 날에 내가 성령에 감동되어"(계 1:10). 마지막 페이지에서 요한은, 천사에 의해 잠시 빗나갔다가 중심으로 돌아오라는 명을 받는다. "하나님께 경배하라"는 말을 들은 것이다(계 22:9). 첫 페이지와 마지막 페이지 사이는 줄줄이 이어지는 열정적인 예배의 장면들로 가득 차 있다. 하늘과 땅, 창조세계와 십자가, 역사와 구원 안에 있는 모든 것이 온갖 광경과 소리로 함께 어우러져 우리를 예배에 참여하게 한다.

　그러나 우리는 너무도 쉽게 산만해진다. 환난과 하찮은 것에도 쉽사리 산만해진다. 우리가 요한의 환상을 받아들이기만 한다면, 그것은 '중심이신 하나님'께로 되돌아가게 할 만큼 강력한 힘을 갖고 있다. 그 환상은 우리 몸과 정신과 감정을 동원시켜 예배에 참여하게 할 만큼 풍부한 상상력을 갖고 있다.

　성경이 계시록으로 끝난다는 것, 말하자면 예배에의 초대로 마무리된다는 것은 시사하는 바가 많다. 성경 66권 중에 마지막 책을 여는 시점에 이르면 우리의 머리는 지식으로 충만하고 가슴은 열망으로 불타오른다. 지식과 모든 열망과 함께 우리는 정도正道에서 벗어나 그것을 유용하게 쓰게 될 위험이 크다. 즉 우리가 아는 것을 모든 사람에게 말하고, 우리의 사역을 위해 모든 사람을 동원하는 등 의사를 전달하고 동기를 유발하는 일에 몰두하기 쉽다는 뜻이다.

그리고 이것이 바로 미국의 교회들과 교회 지도자들이 행했던 일이다. 그런 지식과 열망을 사람들과 소통하고 사람들의 동기를 유발하려고 뛰쳐나갔던 것이다. 오늘날 기독교의 의제를 보면 의사소통과 동기유발이 주종을 이루고 있다. 의사소통은 상당히 정확한 정보를 전달하고, 동기유발은 선한 운동에 많은 이들을 동원한다. 그런데도 왜 상황은 나아지지 않을까? 어째서 진리는 널리 알려지지 않는 것일까? 왜 정의는 꽃을 피우지 못하는 것일까? 어째서 교회는 이 모양이 되었는가? 왜 목회자들은 이 지경까지 타락한 것일까? 어쩌면 마지막 책을 제대로 읽지 않아 예배로 초대하는 말씀을 듣지 못했기 때문일지도 모른다. 철저히 예배하면 아무리 절박하다 해도 내 마음이 앞서나가지 않을 텐데, 우리는 그렇게 몰입하는 것에 실패한 것이다.

복음의 진리는 그리스도 안에 계신 하나님이 다스리고 구원하신다는 것이다. 그러나 현실은 우리가 스스로 다스리고 구원하려고 해서 엉망진창이 되고 있다. 우리는 자신을 다스리고 구원하기 원한다. 그리고 다른 사람들을 다스리고 구원하기를 원한다.

온 힘을 들인다 해도, 설사 아무리 많이 알고 선한 의도를 품더라도, 우리는 그런 일을 할 수 없다. 창세기부터 유다서까지를 모두 섭렵했다 할지라도 우리는 그렇게 할 수 없다. 그럴 수 없는 것은 오직 그리스도 안에 계신 하나님만 다스리고 구원할 수 있기 때문이다. 물론 우리가 다스리고 구원하는 일에 일부가 될 수는 있지만, 엄밀히 말하면 그것은 순종하고 믿는 일에 해당한다. 하나님이 다스리고 구원하는 현실에 우리가 깨어 있을 수 있는 유일한 길은 예배 행위에 참여하는 것이다. 하나님에 관한 진리를 가장 진실하게 말할 수 있고, 하나님을 위해 올바른 일을 행할 수 있는 유일한 길은 두루마리의 봉인이 떼어지고 복음이 명쾌하게 낭독되는 곳에서 믿음으로 찬송하고 기도하는 일, 보좌 주변에 있는 장로들과 다른 피조물들과 함께 경청하고 믿는 일인 것이다.

예배하는 자리에 있지 않거나 예배를 의사소통과 동기유발과 같은 부차적인 것으로 취급한다면, 우리는 눈에 보이는 것에 좌우될 것이다. 그러나 우리가 다루는 실재는 대부분 눈에 보이지 않는다. 인간 존재를 구성하는 것은 감정, 생각, 꿈, 사랑, 희망, 성품, 목적, 믿음 등 오감으로 대부분 접근할 수 없는 것이다. 심지어 신체적인 존재의 기본 요소들조차-분자들, 원자들, 전자들과 양성자들, 우리가 숨 쉬는 공기, 우리의 조상들, 우리를 보호하는 천사들 등-우리의 독자적인 감각 범위에서 벗어나는 것들이다. 우리는 이런 거대한 비가시적인 것들 속에 몸담고 살아간다. 그리고 다른 무엇보다도 '시대를 막론하고 아무도 본 적 없는' 하나님과 관계하고 있다.

예배는 하나님 안에서 우리 위치를 똑바로 아는 데 필요한 일차적 수단이다. 그리고 계시록은 시편과 더불어 예배를 가장 포괄적으로 묘사하는 책이다. 정확히 말하면 이 책은 하나의 환상, 곧 보이지 않는 것을 보는 것이다. 보좌와 어린양에 뿌리박고 있지 않는 공동체는 의사소통과 동기유발을 하는 자들의 손아귀에 놀아나기 마련이다.

계시록이 공동체적 예배 행위를 보여주고 초대한다고 내가 주장한다고 해서 이와 다른 해석을 배제할 생각은 없다. 요한의 광대하고 신학적인 이 시에는 다른 요소들도 많이 들어 있다. 예언과 위로, 아름다움과 확신, 경고와 축복, 수수께끼와 신비 등이 거기에 있다. 살아 계신 하나님을 떠나 방황하고 십자가에서 죽은 구원자를 지나치는 종교, 말하자면 예배를 무시하는 종교보다 더 나쁜 것은 없다. 그럼에도 오늘날 우리 가운데에는 이런 종교가 만연해 있다. 의사소통만 하는 종교, 동기유발만 하는 종교 말이다.

오늘날 수없이 많은 예배는 목회자의 자만이나 회중의 욕구로 가득 차 있다. 요한이 개척한 교회들에서 일어나고 있던 현상이 이와 같았다. 요한은 그들이 성령에 의해 새롭게 되어 그리스도의 명령 아래, 살아 계신 하나님 앞에, 예배의 장소에 서도록 열정적으로 권유했다. 예배 행위를 통해 이해할 수 있는, 한 편의 설교 같은 이 환상은 모든 관심사와 모든 사람을 보여주었다. 지금도 마찬가지다.

요한계시록은 이 점에서 우리를 돕는다. 요한계시록의 본질에 몰입하면 분명히 잡담을 좋아하는 입맛을 잃게 될 것이고, 은혜와 함께 빈 껍질 같은 악을 깨닫게 되면 '정사와 권세들'의 괴롭힘에 굴복하지 않게 될 것이다. 요한을 좇아 예배 행위에 참여하려고 예배당에 자리 잡게 되면 결코 '예배'를 가볍게 여기지 않을 터이고 예배를 피하지 않게 될 것이다.

묵시:
매체가
곧 메시지다

오늘날 기독교의 설교자들과 목회자들과 교사, 즉 복음을 선포하고 대화하고 강의하고 경청하는 교회에 속한 이들은 수 세기 전의 선배들에 비해 복음 메시지를 담은 문헌들을 정확하게 발견하고 해석하기에 유리하다.

이유인즉, '귀'가 돌아왔기 때문이다. 듣는 것이 다시 한 번 일차적인 소통 수단이 되었다. 오랜 세월 배움의 주요 수단은 인쇄된 글이었으며, 글과 함께하는 경험의 특징은 듣는 것이 아니라 보는 것이다. 그런데 요즈음은 전자 미디어가 의사소통을 지배한다. 전자 미디어는 일차적으로 구두적인 성격을 띠는데, 그 성격은 성경의 자료가 형성되는 기간에 통용되던 수단이다. 현대 인류는 의사소통

* *Theology Today* (July 1969)에 실렸던 글.

의 관점에서 보면 19세기보다 1세기에 더 가깝다. 그리고 오늘날 기독교 의사전달자가 당시의 인류와 같은 환경을 공유할 수 있다는 것은 성경 메시지의 발견과 해석에 중요한 의미가 있기 때문에 좋은 소식이라 할 수 있다.

이런 통찰력을 갖도록 크게 기여한 마샬 맥루한Marshall McLuhan은 문자적 소통 미디어와 전자적 소통 미디어를 해석하는 면에서 도발적인 견해를 내세웠다. 본래 구두적인 형태에서 시작된 문헌들을 다루는 기독교 교사들과 설교자들은 맥루한의 글에서 많은 시사점을 발견할 수 있을 것이다. 해석가이든 주석가이든 성경 해석에 관여하고 있는 사람이라면 누구나 그에게서 많은 도움을 받을 수 있을 것이다.

맥루한이 자신의 생각을 성경 자료에 직접 적용한 적은 없다. 그의 대표작인 《미디어의 이해Understanding Media》는 전자 시대의 매스 미디어에 관해 다루고 있다. 이전에는 《구텐베르크 은하계Gutenberg Galaxy》에서 그는 좀 더 고전적인 문학 자료를 갖고 작업했다. 그리고 최초의 저서인 《기계적인 신부The Mechanical Bride》는 광고에서 끌어온 사례 연구 자료와 함께 '산업시대의 민간전승'에 관한 문화적, 문학적 분석을 시도한 것이다.

요한계시록은 맥루한의 통찰력이 해석학적 도움을 줄 수 있음을 명백하게 보여준다.

I

성경 자료의 대부분이 구두적 성격을 갖고 있다는 사실은 오랫동안 인정받아온 특징이다. 그런데 '구전口傳'에 대한 지식은 이제까지 주로 구성과 전달의 과정을 이해하는 데 사용되어왔다. 맥루한은 의사소통 미디어가 해석에 미치는 엄청난 효과를 보여준다. "매체가 곧 메시지다"라는 그의 통찰은 한 메시지가 전달되는 형식이 그 메시지의 내용보다 더 큰 영향을 주기 때문에, 당사자와 그의 문화에 더 중요하다는 점을 입증하고 있다.

의사소통의 미디어는 크게 구두적인 것과 문자적인 것으로 나눌 수 있다. 구두적인 것은 문자 이전의 사회와 문자가 없는 사회에서 통용되는 미디어다. 미디어는 지속적인 사용으로 모든 감각이 활성화되고 성숙하는 가운데 전체론의 문화, 참여의 강도가 높은 사회를 창조한다. 개인주의는 무척 드물고 아예 알려지지 않은 경우가 대다수다. 모든 사건은 공동체를 이루는 사람들이 함께 경험한다.

다른 한편 문자 매체는 어떤 사건을 자신의 경험으로부터 분리시킨다. 뿐만 아니라 그 사건을 음성학적으로 개별 단어들로 분리시킴으로써 그 자체를 분해한다. 따라서 사건들을 일차적 방식으로 경험하게 된다. 삶은 많은 조각들로 분해된다. 감각들은 억압되고, 문자 매체로서의 위축증이 배움의 삶을 억압한다. 미디어의 영향에 대한 이 분석은 묵시록을 이해하는 데 하나의 중요한 실마리가 될 수 있다. 적어도 문자적인 주해가 그 책의 뜻을 이해하는 데 많은 어려움을 겪은 이유를 설명해준다.

II

묵시록은 애초에 문자적인 형태가 아니었다. 사도 요한이 "하나님의 말씀"과 "예수 그리스도의 증거"를 "본" 뒤에야 그것을 기록한 것이다(계 1:2). 그럼에도 본래의 구두적인 특성은 그대로 보존되었다. "이 예언의 말씀을 읽는 자와 듣는 자와 그 가운데에 기록한 것을 지키는 자는 복이 있나니…"(계 1:3). 이 책은 시각적이고 청각적이고 촉각적인 자료의 구두적 구성물인 셈이다. 그것이 신학적인 시詩인 만큼 대다수의 옛 시들(과 일부 현대 시들)이 그렇듯이 주로 말로 읊거나 노래로 부르는 것이었다. 그런 시가 문자로 기록된다면 이는 나중에 일어난 일이다. 이런 시의 창조와 구성은 감각적인 분위기 속에서 일어나는 법이다.

아이러니한 것은, 이런 일을 경험한 적 없는 R. H. 찰스가 이 점을 가장 설득력 있게 증명하고 있다는 사실이다. 지금은 고전이 된 계시록 주석을 쓴 찰스 교수는 이 책에 나오는 인용과 암시를 하나도 빠짐없이 꼼꼼하게 추적했다. 그런데 흥미로운 점은 정확한 출처를 밝혀낼 인용문이 단 하나도 없다는 사실이다. 누구라도 그토록 많은 것을 그처럼 하나같이 부정확하게 복사하는 일은 불가능했을 것이다. 따라서 이는 원原 자료와의 관계가 모두 구두적인 것이었음을 보여주는 증거가 된다. 귀로 들은 자료였다는 뜻이다. 찰스가 내린 결론은, 이 묵시록이 풀과 가위를 사용한 정교한 작업으로 이루어졌다는 것이다. 맥루한의 통찰력은 동일한 증거를 이용해 그것이 목소리들과 이미지들의 융합이었음을 밝혀주었다. 더군다나 문법도 엉성하다. 마치 종이 위에 작문한 것 같지 않고 일상어를 글로 옮긴 듯한 인상을 풍긴다. 이는 그 책이 본래 구두적인 성격을 띠고 있었음을 가리키는, 작지만 의미심장한 증표다.

 묵시록이 문자적으로 의존하는 자료는 없지만 구두적인 자료는 굉장히 많은 편이다. 그것은 말과 노래에 대한 감각적 기억을 바탕으로 작성된 상상의 작품이다.

 그러나 묵시록에 대한 거의 모든 석의 작업과 해석학적 작업은 그것이 문학적 작품이라는 전제 아래 이루어졌다. 이 책은 문자를 아는 사람만 다룰 수 있는 것으로, 종이 위에 말끔한 직선의 방식으로 적어놓은 일련의 단어들로 구성되었다. 이 책을 사적으로 읽는 행위는 본래의 작품이 갖고 있던 감각적 특성을 파괴했고(공적으로 읽는 행위는 다른 효과를 낼 것이다) 그것을 많은 조각으로 파편화시켰다. 따라서 악명 높은 결과를 초래했다. 도표와 도식과 도형들이 그득한 것이다. 이런저런 단편들이 이렇게 배열되고 또다시 배열된다. 모두가 수많은 세부사항에 헷갈리는 반응을 보인다. 온갖 숫자, 색채, 환상, 소리는 개별적이면서 동시에 중요한 것으로 취급된다. 그런데 이렇게 따로 떼어놓으면 하찮은 것이 되고 만다. 허먼 멜빌의 《하얀 재킷 White Jacket》에 나오는 외과 의사 커티클 박사는 자신의 기술을 보여주는 데 급급한 나머지 환자가 테이블 위에서 죽었다는 사실을 알아채지 못한다. "그들은 해부하기 위해 살해를 저질렀다."

성경의 어느 책도 석의학자들의 손에 의해 이렇게 극단적인 운명에 처한 적이 없다. 이유는 쉽게 알 수 있다. 성경의 어느 책도 그 기원이 문자 매체에서 동떨어진 경우가 없기 때문이다. 그 환상은 글로 기록되기는 했지만, 그것이 큰 소리로 낭독되는 순간 곧바로 구두적인 매체로 되돌아간다. 그 이유는 물론 묵시록의 내용이 대체로 글을 읽을 수 없는 사람들에게 전달되었기 때문이다.

소리가 일차적인 수단이었다. 묵시록을 듣는 경험은 무엇보다도 문자적인 경험이 아니었다. 매체는 바로 귀였다. 만일 메시지의 원인과 결과 모두 읽고 쓰는 능력에 의해 좌우되지 않았다면, 해석하는 자가 해석 작업에서 오로지 문학적인 도구들만 사용하는 것은 결코 바람직하지 않다.

묵시록의 주요 주석가들을 보면 그들의 박학다식함에 감명받지 않을 수 없다. R. H. 찰스와 C. C. 토리는 탁월한 주석가들이다. 그럼에도 불구하고, 그들의 작업을 통해 이 책의 메시지를 명확히 이해하기는 어렵다. 그들은 묵시록의 구문론과 신화적 연상들과 신학에 대해서는 뛰어난 작업을 수행했다. 그러나 그들은 이 책의 매체에 대해서는 귀머거리와 같다. 즉 그들은 트럼펫 소리를 결코 듣지 못한다는 말이다. 시종일관 구텐베르크 형型 사람들이기 때문이다. 이렇게 말한다고 해서 그들을 비난하는 것은 아니다. 마찬가지로 우리 역시 문화적인 귀머거리 상태에 빠져 있다. 하지만 그들은 문학적 도구들과 서구인의 문화적 경험으로 묵시록을 해석하는 일이 얼마나 어려운지를 잘 보여주고 있다.

'인류의 안테나'인 미술가들은 감각적인 삶이 문자 경험에 의해 덜 둔해져 있는 만큼 묵시록을 해석하는 면에서 더 성공적이었다. 마르크 샤갈의 그림, 윌리엄 블레이크의 스케치, 크리스티나 로제티의 신앙적 주석 등은 하나같이 환상을 보고 메시지를 듣는다. 산업사회가 삶을 파편화시킨다는 점을 잘 이해했던 D. H. 로렌스는 이 책에서 총체적 인간의 온전한 모습을 감지했고 놀라운 확신으로 글을 썼다(정통적인 노선인지는 의심스럽지만). 따라서 문자에 의해 감각이 덜 둔해진 미술가들은 본래의 매체 그 자체로 접근할 가능성이 많다.

묵시록을 가장 총체적으로 이해한 신학자이자 석의학자는 오스틴 파러가 아닐까 싶다. 그는 묵시록을 시로 취급했고, 동사를 분석하고 구문론을 바로잡는 대신, 사도 요한의 예술가적 상상을 다루었다. 파레가 상상력을 동원해 시도한 묵시록의 재구성 작업은 맥루한의 매체 통찰력 덕분에 가능할 수 있었다.

맥루한의 용어를 사용하자면 이 책의 문자적인 주석가들은 '점차 넓어지는 선회 운동'으로 각 부분을 분리시키는, 폭발적인explosive 결과를 낳았다. 반면에 맥루한의 통찰은 모든 감각적 자료들을 단일한 사건으로 규합하는 내파적인implosive 결과를 낳을 것이다. 그런데 사도 요한과 함께 듣고 보려면 특별히 상상력을 동원할 필요가 있다. 우리는 실마리를 추적하는 것을 더 편하게 느낀다. 수전 손택[1]에 따르면 "우리 문화는 과도함, 과잉생산에 기초해 있다. 그 결과 우리는 감각적인 경험 속에서 민감성을 서서히 잃어버리고 있다"고 한다. 그러므로 우리가 묵시록을 그처럼 엉성하게 해석하는 것은 놀랄 일이 아니다.

묵시록에서 일어나는 일은 모든 것을 분열시키는 악의 무서운 결과(박해, 죽음, 고난 등)가 상상을 통한 우주의 재구성 작업, 즉 감각을 이용해 참여와 의식과 일체감을 불러일으키는 작업에 의해 역전된 것이다.

III

구두적인 자료와 시각적인 자료는 묵시록에서 가장 돋보인다. 촉각과 후각과 미각 등은 비교적 변두리에 포진되어 있다. 듣는 것이 기본을 이룬다. 들어야 할 메시지의 저변에는 듣는 경험이 놓여 있다. "귀 있는 자는 들을지어다!"

무엇을 들으라는 말인가? 무엇인지는 상관하지 말고 그냥 들으라. 서로 공명하는 관계가 수립되었다. 의사소통이 확립되었다. 하나님의 음성과 우리의 귀가 서로 연합했다.

---

[1] Susan Sontag, *Against Interpretation* (New York: Farrar, Straus & Giroux, 1966), p. 13.

듣는 것은 보는 것과 결합된다. 두 감각은 나란히 작동한다. 첫 장에 나오는 증언 "몸을 돌이켜 나에게 말한 음성을 알아보려고…"가 어조를 설정한다. 귀와 눈은 상호작용을 주고받으며 상호보완적인 관계를 형성한다. 음성들과 천둥소리와 노래들이 공중을 가득 채운다. 침묵도 의미심장하다. 기괴한 모양의 짐승들, 장엄한 풍채의 그리스도, 시각적으로 다채로운 모습을 지닌 여성들 그리고 귀중한 보석들은 눈을 즐겁게 하는 풍성한 성찬이다. 귀와 눈을 동원하는 감각 자료의 제시는 이 책의 각 행마다 반복적으로 나온다.

이에 비해 촉각에 대한 호소는 그만큼 분명하지는 않다. 숫자의 상징적인 사용은 처음부터 묵시록의 특징으로 간주되어왔다. 연달아 나오는 일곱이라는 숫자, 넷과 셋의 조합, 신비로운 여섯, 무수無數, 다수…. 그런데 해석학적으로 숫자의 중요성은 오로지 상징적인 의미만 갖고 있는 것으로 다루어져 왔다. 넷은 'x'를 의미하고, 셋은 'y'를 의미한다는 식이다.

그러나 매체가 곧 메시지다. 맥루한에 따르면 숫자는 촉각의 연장이다. 당신의 손가락으로 계산하는 것을 통해 숫자는 촉각을 연장하는 방법이 된다. "보들레르는 '숫자는 개체 속에 있다. 도취는 하나의 숫자다'라고 말했는데, 이는 숫자를 별개의 단위들을 서로 연관시키는 촉각 있는 손이나 신경계로 보는 감각이 있었음을 보여준다. 이는 '군중 속에 있는 즐거움이 곧 수의 곱셈 속에서 느끼는 신비로운 기쁨인' 이유를 설명해준다. 말하자면 숫자는 말과 같이 구두적인 동시에 공명하는 것일 뿐 아니라 촉각에서 연유한 촉각의 연장이라는 것이다."[2]

이렇게 말한다고 해서 숫자에 상징적인 의미가 없다는 뜻은 물론 아니다. 이는 자명한 사실이다. 숫자는 통일성과 배경을 제공하는 감각적 영역을 제공해준다. 이것은 독자들이 비록 상징적 의미를 이해하지 못했을 때라도, 숫자가 그들에게 미친 강력한 영향을 설명해준다. 숫자가 해석하는 자들의 상상에 얼마나 큰 힘을 보여주는지 설명한다.

계시록 7장에 나오는 대규모 숫자의 중요성을 하나의 예로 들 수 있다. 144,000이란 평방수와 "아무도 능히 셀 수 없는 큰 무리"가 그것이다. 난폭한 악의 침략은 6장에서 네 명의 기수들에 의해 시작된다. 이 세력과 맞서는 것은 7장에 나오는 승승장구하는 엄청난 규모의 의인들이다. 대규모 숫자는 승리에 대한 감각적 반응을 제공한다. 감각적으로 살아 있는 사람에 대한 7장의 환상에서 숫자의 효과는 악에 직면해, 하나님의 보호와 승리에 대한 느낌을 확장시키는 것이다. 이처럼 숫자를 촉각의 연장으로 사용해 하나님의 실질적인 임재와 도움에 대한 느낌을 전달함으로써 하나님의 손가락과 등과 팔과 얼굴에 대한 히브리 식 신인동형설神人同形說은 더욱 강화된다.

촉각은 또한 '도시' 이미지에서도 활용된다. 루이스 멈포드는 《역사 속의 도시 The City in History》에서 이렇게 언급했다. "도시는

---

[2] Marshall McLuhan, *Understanding Media: The Extensions of Man* (New York: McGraw-Hill, 1964), p. 109.

무엇보다도 인간을 감싸는 피부의 확장이었고, 그것은 보호막 기능을 한다."³ 한 도시 안에 있는 가옥 집단들과 도시 성벽의 건설은 일종의 집단의식과 상호연관성을 조성한다. 묵시록에서 도시는 두 가지 모습, 바벨론과 예루살렘으로 그려지고 있다. 바벨론은 악의 자의식이자 상호연관성이다. 악이 절정에 도달해 집약될 때는 도시를 형성하게 된다. 이 도시는 악이 거주하는 장소가 되고 물론 파괴된다. 파괴되는 것은 사악한 사람들이 아니라 사악한 도시다.

새 예루살렘은 완벽한 비율과 무한한 공간을 갖춘 도시다. 새 하늘이 회복된 에덴동산이 아니라 새로운 도시로 묘사된 것은 아주 인상적이다. 이방인이 품은 장래의 비전은 에덴이나 아르카디아와 같은 곳, 즉 복잡하지 않은 개인주의로 돌아가는 원시주의적인 복귀다(20세기에는 고갱이 이런 비전을 예술적으로 표현했다). 반면에 성경적 비전은 도시의 완성이다. 의식적으로 함께 살기 위해 고안한 이 사회는 제거되는 게 아니라 오히려 절정에 이른다. 도시는 새로운 의義가 거주하는 장소가 된다. 그래서 도시에 살고 있는 자들은 하나님에 대한 인식이 미래에 어떻게 확장되는지 이해하기 위해 필요한 모델을 가까이 갖고 있는 셈이다. (하비 콕스는 《세속 도시》⁴에서 이에 관해 통찰력 있는 말을 했다.) 성전과 도시를 측량하는 일(11장과 20장)은 이런 촉각의 연장을 강조한다. "전기 매체의 발달로 지구는 하나의 마을(지구촌)이 되었다"고 맥루한은 말한다. 마찬가지로 묵시록의 신학적

---

3 Lewis Mumford, *The City in History* (New York: Harcourt Brace Jovanovich, 1968).
4 Harvey Cox, *The Secular City* (New York: Macmillan, 1965).

이고 감각적인 시에서 우주는 하나의 도시에 불과하다.

후각은 묵시록에서 기도와 연관되어 있다. 교회의 기도를 상징하는 향로는 눈으로 볼 수도 있고 코로 냄새 맡을 수도 있다(계 8장). "후각은 인간의 감각 중에서 가장 미묘하고 예민한 것일 뿐 아니라, 다른 어느 감각보다 인간의 지각 기관 전체를 더 많이 개입시키기 때문에 가장 상징적이다. 그러므로 고도의 문자 사회들이 환경에서 냄새를 축소하거나 제거하려는 조치를 취하는 것은 놀랄 일이 아니다. 인간 개개인의 독특한 서명이자 선언인 체취는 문자 사회에서 단어로 통한다. 그것은 인간이 지닌 분리 습성과 전문가적인 관심을 모두 포함할 정도로 광범위하다.[5]

"가장 미묘하고 예민하고, 광범위한" 후각은 분명히 기도를 표현하는 적절한 감각임에 틀림없다. 문명화된 인간이 만족스러운 기도생활을 유지하기가 어려운 이유는 몸의 냄새를 막는 탈취제를 많이 사용하는 것과 직접적인 관련이 있을지도 모른다!

라오디게아 교회가 미지근하여 입에서 토해져야 할 상황에 빠졌다는 표현은 미각에 관한 것이다. 요한이 천사에게 받은, 입에서는 달지만 배에서는 쓴 작은 두루마리(계 10장) 역시 미각에 관한 것이었다.

---

[5] McLuhan, *Understanding Media*, p. 147.

IV

이런 얘기를 한다고 해서 묵시록을 읽을 때, 이성적인 정신의 비중을 최소화시킬 생각은 없다. 이 책에는 이성에 호소하는 아주 유명한 구절이 두어 구절 나온다. "지혜가 여기 있으니 총명한 자는 그 짐승의 수를 세어보라"(계 13:18), "지혜 있는 뜻이 여기 있으니"(계 17:9).

그러나 이제까지 이 책을 해석하는 데 있어서 상상력의 위치와 감각적 미디어의 영향력이 너무나 오랫동안 무시되어왔던 것은 명백한 사실이다.

하지만 묵시록이 교회 생활에서 끈질기게 자리를 지킨 것을 보면 이런 상상력과 감각의 영역을 모든 사람이 놓친 것은 아니다. 대대로 기독교 학자들 가운데는 (루터처럼) 묵시록을 배척하거나 (칼뱅처럼) 무시한 이들도 많았지만, 이 책을 문학적 재능을 발휘할 장소로 찾은 경우도 있었다.

그러나 글을 모르는 수많은 사람들에게는 가장 중요한 책이 되었다. 오랜 세월에 걸쳐 이 책이 미친 영향은 정신적인 차원이 아니라 주로 감각적인 차원이었다. 사람들은 묵시록에서 새로운 아이디어를 얻은 게 아니라 새로운 감각을 찾았던 것이다.

성경 자료의 해석 작업과 비슷한 특징을 최근에 논의된 '희망의 신학'에서 엿볼 수 있다. 토론자들이 겪는 몇 가지 어려움은 '희망'을 단지 신학적 스펙트럼에 속한 또 다른 주제로만 취급하는 문학

177

적 경험에 있었다. 이에 대해 몰트만은 날카롭게 경고하며 반론을 제기했다. "종말론은 단지 기독교 교리의 일부로만 취급할 수 없다. 오히려 종말론적 전망은 모든 기독교의 선포와 모든 기독교적 존재와 온 교회의 특징이다."[6]

'희망의 신학'을 이해하는 데 도움이 되는 중요한 문장을 하나 인용해보자. "종말론은 기독교의 한 가지 요소가 아니라 기독교 신앙 자체의 매체이자, 그 속에 있는 모든 것을 여는 열쇠이며, 고대하는 새 날이 동틀 무렵 모든 것을 뒤덮는 붉은 빛이다."[7] 그렇다면 희망은 우리가 토론할 또 다른 테마가 아니면 논쟁할 또 다른 주제도 아니다. 그것은 본질적으로 다른 어떤 것이다. 신학 토론의 유일한 매체이자, 교회가 그 속에서 자기의 사명을 발견하고 수행하는 신학적 환경이다. 마치 말(혹은 글)이 의사소통을 가능케 하는 매체이듯, 희망(혹은 추측/절망)은 교회의 선교를 가능케 하는 매체다. 그리고 매체는 곧 메시지다. 즉 희망은 사명의 경험과 교회의 장래를 선포한다는 말이다.

희망의 신학이 일부 사람에게는 어려움을 주었지만, 그것은 직관적으로 매체의 중요성을 이해하는 젊은 세대가 알게 될 것이다.

몰트만은 맥루한과 손을 잡은 셈이다. 종말론에 대한 관심은 종말론의 '매체적인' 특성을 증명하는 데 필요한 개념적 도구들을 생성한다. 해석학적으로 볼 때 적어도 묵시록의 경우는 장래가 밝아

---

[6] Jürgen Moltmann, *The Theology of Hope* (New York: Harper and Row, 1967), p. 16.
[7] Moltmann, *The Theology of Hope*, p. 16.

보인다. 주로 전자 미디어를 통해 배운, 전자 시대의 새로운 세대는 묵시록의 순간적이고 참여적이며 상상력 가득한 메시지를 잘 파악할 것이다. 지적 계층이 선호하는 사도 바울보다 사도 요한이 더 쉽게 받아들여질 것이다.

맥루한이 가진 통찰력의 유용성은 아직까지 학문적인 차원에 머물러 있다. 그의 통찰력에 힘입어 묵시록의 독자는 문학적 접근이 부적절하다는 점을 깨달을 수 있고, 주석가들이 주해 작업을 할 때 빠지는 곤경의 이유를 발견하고, 묵시록이 평범한 사람과 시인들 사이에서 계속 인기를 얻는 이유를 설명할 수 있게 된다. 하지만 그런 통찰력이 우리로 하여금 문자 시대 이전의 사람처럼 듣거나 보거나 느끼게 해주지는 못한다. 우리의 감각이 둔해져 있는 만큼 회복은 느릴 것이다. 수전 손택이 문학과 관련하여 충고하는 다음 내용은 성경책을 읽는 독자에게도 도움이 된다. "지금 중요한 것은 우리의 감각을 회복하는 일이다. 우리는 좀 더 보고 좀 더 듣고 좀 더 느끼는 법을 배워야 한다."[8]

교회가 '문자적인 왜곡' 없이 묵시록의 메시지를 듣고 보고 느끼려면 아마 두 세대 정도는 지나야 할 것이다.

그러나 미래는 밝다. 오늘 이 시대는 14세기 이후, 아니 어쩌면 2세기 이후 묵시록을 해석하기에 가장 적합한 환경을 제공하고 있는지도 모른다. 텔레비전에 익숙한 평신도 그리스도인들은 묵시록

---

[8] Sontag, *Against Interpretation*, p. 14.

이야말로 그들이 책을 좋아하는 목회자들과 신학자들보다 해석의 면에서 더 유리한 위치에 있다는 것을 발견하게 되리라. 이 책은 오랜 세월 아주 골칫거리로 간주되어왔으나, 한때 그랬던 것처럼 정경으로서의 빛나는 정점의 위치를 탈환하게 될지도 모른다.

부활의 사중주

　부활은 일회적 사건이지만 그 사건에 관한 내러티브는 4가지다. 마태와 마가, 누가와 요한은 나름의 방식으로 이야기를 들려준다. 각 내러티브는 제각각 독특한 특성을 갖고 있다. 4가지 이야기가 상상의 나래 속으로 승화되면 풍부한 멜로디와 하모니와 대위선율을 자아낸다. 4가지 음성이 부활의 사중주가 되는 것이다.

　하지만 많은 사람은 결코 그 음악을 듣지 못한다. 이유는 한동안의 변증 양식이 4가지 부활 이야기를 '조화시키는' 것에 초점을 맞췄기 때문이다. 그러나 이것은 결코 조화시킬 수 없는 것으로 판명됐다. 우리는 각각의 특성이 있는 베이스와 테너와 알토와 소프라노에 귀를 기울이지 않고, 복음전도자들로 하여금 똑같은 곡조로

---

* *Christianity Today* (March 31, 1972)에 실렸던 글.

노래하게 만들려고 했다. 그 결과, 부활 이야기들에 담긴 차별성과 다양성은 거부되고 주장되고 의심받고 '해석되었던' 것이다.

이보다 더 나은 방법이 있다. 우리는 상호보완적인 4가지 이야기를 갖고 있는 만큼 각 이야기를 있는 그대로 알려주고 다른 이야기들과 구별되는 특징을 확대시킬 수 있다. 그것들을 녹여서 교리 덩어리로 굳히는 대신 각각의 특징을 발전시킬 수 있는 것이다.

그렇게 하면 우리의 상상력은 더욱 풍부해지고, 부활은 현실적인 삶의 날카로운 국면과 든든한 외관을 덧입게 된다. 4명의 복음전도자의 예술적 재능 덕분에 우리가 몸담고 있는 지역의 역사적 특수성과 세부사항은 보다 생생하게 드러난다.

|

마태 이야기에서 우리의 시선을 끄는 문장은 이것이다. "큰 지진이 나며 주의 천사가 하늘로부터 내려와 돌을 굴려내고 그 위에 앉는데"(마 28:2). 이는 다른 어느 복음전도자도 언급하지 않은 세부사항이다. 이 문장은 부활이 매우 중요한 문제임을 일러준다. 마태는 부활 사건이 에너지가 분출하는 폭발 같은 것이라고 보도한다. 지진은 죽음으로부터 부활한 그리스도의 역사적 영향력을 드라마틱하게 표현하는 이미지가 된다.

이 언급은 우리에게 그 결과를 보라고 한다. 우리는 지진이 발생했다는 소식을 들으면 그것이 공동체에 어떤 영향을 주었는지를 알고 싶어 한다. 죽은 사람들과 생존한 사람들, 이기적인 행위와 영웅적인 행위에 관한 호기심이 생긴다. 지진에 대한 마태의 언급도 무슨 일이 발생하는지에 대해 관심을 갖게 한다. 부활 에너지의 파동이 퍼져나가면 어떤 결과를 낳게 될까? 사람들은 어떤 반응을 보일까?

지진 같은 부활의 영향이 인간의 역사 속으로 들어오는 것을 보며 마태는 6가지 반응을 기록한다. "지키던 자들이 그를 무서워하여 떨며 죽은 사람과 같이 되었더라"(마 28:4). "그 여자들이 무서움과 큰 기쁨으로 빨리 무덤을 떠나 제자들에게 알리려고 달음질할 새"(8절). 여자들이 "나아가 그 발을 붙잡고 경배"했다(9절). 장로들은 군인들에게 뇌물을 주며 "그의 제자들이 밤에 와서 우리가 잘 때에 그를 도둑질하여 갔다 하라"고 일러주었다(13절). 군인들은 "돈을 받고 가르친 대로 하였으니"(15절). 열한 제자는 "예수를 뵈옵고 경배하나 아직도 의심하는 사람들이 있"었다(17절).

공포, 거짓말, 뇌물, 경외, 의심, 큰 기쁨, 경배 등 반응들은 아주 다양하다. 하찮은 반응은 하나도 없다. 부활은 거기에 있던 모든 사람들에게 똑같은 반응을 불러일으키지는 않았지만 그 영향을 받지 않은 사람은 한 명도 없다. 근처에 있던 모든 사람에게 심대한 영향을 미친 것이다.

마태는 각 반응에 비슷한 지면을 할애한다. 그러나 하나의 반응을 다른 것들보다 우위에 둔다. 바로 경배다. 9절에 나오는 여자들과 17절에 나오는 열한 제자는 경배의 반응을 보인다. 거짓말과 뇌물로 반응하는 장로들과 군인들은 그 둘 사이에 끼어 있어서 훨씬 더 눈에 띄는 결과로 보여진다. 마태는 경배야말로 부활에 대해 취할 수 있는 가장 적절한 반응이라고 말한다.

마태의 언어는 그의 관점을 뒷받침해준다. 마태는 반응을 요구하는 명령 어투를 많이 사용하고 있다. 한 사람이 어떤 명령을 받으면 긍정적으로나 부정적으로 어떤 반응을 보이지 않으면 안 된다. 마태가 선택한 말은 부활 에너지의 파동이 인간 반응의 틈새로 어떻게 퍼져나갔는지 보여준다. "무서워하지 말라"(마 28:5). "와서 그가 누우셨던 곳을 보라"(6절). "빨리 가서 그의 제자들에게 이르"라(7절). "무서워하지 말라"(10절). "가서 내 형제들에게… 가라 하라"(10절). "너희는 말하기를"(13절). "그러므로 너희는 가서… 제자로 삼아"(19절).

역사상 부활만큼 인간의 의지에 큰 영향을 끼친 사건은 없다. 한 사람이 부활에 반응하는 방식은 우리가 취할 수 있는 가장 특별하고 의미심장한 반응이다. 마태는 지진과 같은 예수 부활의 영향력을 중심으로 자신의 이야기를 구성하면서 매우 뛰어난 기술을 발휘했다.

II

마가복음은 예수가 "자기 목숨을 많은 사람의 대속물"(막 10:45)로

주면서 말하고 행했던 것을 속사포처럼 쏟아낸 이야기다. 마가는 서두를 생략하고(예컨대 그는 예수의 탄생을 묘사하지 않는다) 여정을 숨 막힐 듯 빠르게 전개하며 우리를 그 활동에 개입시킨다. '즉시'와 '곧'이란 단어가 특징적인 어휘로 자주 등장한다. 그 활동에 사로잡힌 우리는 다음에 무슨 일이 일어나는지 알고 싶어 한다.

마가는 이런 스타일을 16장에 나오는 부활 이야기까지 끌고 간다. 무덤에 온 세 여자는 그곳이 비어 있는 것을 발견한다. 한 천사가 그들에게 예수가 살아났다고 말하면서 그들이 할 일을 지시한다. 이어서 마가는 가장 극적인 장면을 우리에게 묘사해준다. "여자들이 몹시 놀라 떨며 나와 무덤에서 도망하고 무서워하여 아무에게 아무 말도 하지 못하더라"(막 16:8).

나로서는 부활에 그런 식으로 반응하리라곤 전혀 예상하지 못했다. 나는 다음에 무슨 일이 일어날 것인지 알고 싶었다. 이야기는 어떻게 끝날까?

무덤에 와서 슬퍼하며 매장 절차를 밟을 것으로 기대했던 여자들의 경험을 자료 삼아 마가는 부활 이야기를 들려준다. 그들의 신앙 발걸음은 뜻밖의 두 가지 일에 놀라 주춤했다. 돌이 무덤에서 굴러가 있었고 무덤이 비어 있었던 것이다. 깜짝 놀란 상태로 그들은 천사의 메시지를 받는다. 메시지는 4가지 사실을 담고 있다. 예수가 살아났다는 것, 거기에 있지 않다는 것, 무덤은 비어 있다는 것, 그리고 그는 먼저 갈릴리로 갔다는 것이다. 그리고 거기엔 2가지 명령이 포함되어 있다. 놀라지 말라는 것과 가서 그의 제자들과 베드로에게 알리라는 것이다. 끝으로 한 가지 약속도 있다. 너희가 그를 보게 될 것이라는 약속이다. 사실을 근거로 삼아 이중적인 명령이 주어지고 그 이유로 하나의 약속이 제시된다. 주관적인 차원에서는 놀라움으로 점철되어 있고, 객관적인 차원에서는 하나님의 메시지가 모든 것을 압도했다. 이 2가지가 결합해 결정적인 경험을 낳는다. "여자들이 몹시 놀라 떨며 나와 무덤에서 도망하고 무서워하여 아무에게 아무 말도 하지 못하더라."

  심리적인 차원에서 보면 반드시 해결되어야 할 상황이다. 이 이야기를 완결하지 않으면 안 되는 개인적인 절박감이 엄습한다. 마가는 우리를 그 행동의 중심으로 끌고 들어가, 우리 스스로 예수가 부활했다는 사실을 순간 깨달았을 때 어떤 감정이 느껴지는지 실제로 경험케 한다. 이 사실을 분석적으로 또는 객관적으로 바라보는 것은 불가능하다. 이야기는 완결될 필요가 있으며 우리의 참여를 끌어내려고 한다.

  그런데 가장 오래된 그리스어 사본들은 8절에서 끝난다. 마가가 의도적으로 거기서 멈추었는지, 아니면 원본 두루마리를 너무나 많이 사용한 나머지 끝부분이 닳아서 없어져버렸는지 지금으로선 알 수 없다. 그러나 어쨌든 확실한 것은 고대인과 현대인을 막론하고 아무도 8절로 마감되는 것(혹은 완결되지 않은 상태)에 만족하지 못한다는 점이다. 그 공백은 반드시 메워야 한다. 어떤 결말이든 제공되어야 한다. 마가복음 사본의 역사를 보면 그 이야기를 '완결하려고' 거듭 시도했던 것을 알 수 있다.

이처럼 어디서나 마가의 부활 이야기에 결말을 제공하려고 노력하는 모습을 보노라면 마가가 자신의 이야기를 얼마나 잘 들려주었는지, 그리고 8절이 얼마나 중요한지 새삼 깨닫게 된다. 부활은 우리의 개인적인 역사에서 결론 맺을 때까지 결코 완성될 수 없다. 그리스도가 부활한 것을 깨닫게 될 때 우리는 두려움과 기쁨과 의심을 경험하게 될 것이다. 그러나 하나님의 말씀에 담긴 사실들, 명령들, 약속과 관계 있는 이런 반응은 개인적인 결론으로 통합되어야 한다. 부활은 오직 개인적인 참여만 제공할 수 있는 결론을 요구한다.

III

누가는 부활의 아침에 빈 무덤에 있던 여자들에 관한 이야기(이는 다른 내러티브들에도 공통적으로 나오는 이야기다)에 덧붙여 부활한 그리스도의 출현에 상당히 긴 2가지 이야기를 들려준다. 한 가지는 부활한 날 오후와 저녁에 엠마오에서 두 남자에게 나타난 사건이고, 다른 하나는 그날 밤 예루살렘에서 모든 제자들에게 출현한 사건이다.

두 이야기는 부활에 대한 우리의 이해를 넓히게 될 자료를 모으기 위한 수레에 해당된다. 누가의 이야기는 부활을 큰 지각변동을 일으키는 고립된 사건이나 아주 강렬한 개인적 경험으로 축소하지 못하게 한다. 그는 부활의 의미를 이전에 일어난 일과 이후에 일어날 일로 이루어진 구조 속으로 엮어 넣는다. 그는 진행된 모든 역사를 돌아보고, 이 사건으로부터 흘러나올 장래의 역사를 내다본다.

누가의 방법은 그 이야기들을 옛 성경과 최근의 사건에 대한 언급으로 장식하는 것이다. 엠마오 마을로 가던 두 남자는 "이 모든 된 일을 서로 이야기"하고 있다(눅 24:14). 그들은 나사렛 예수의 생애와 사역을 자세히 이야기한다(19-24절). 이에 예수는 성경(과거)과 부활에 관한 자세한 설명을 제공한다(27절). 두 남자는 과거와 부활의 관계를 비로소 깨닫는다(32절). 열한 제자와 만나는 장소에서 예수는 그들에게 "모세의 율법과 선지자의 글과 시편에 나를 가리켜 기록된 모든 것"(44절)에 대해 말해준다. "이같이… 기록되었으니"(46-47절)라는 언급에서 알 수 있듯이 부활은 과거의 예언에 뿌리박고 있다. 마지막 구절들(47-53절)은 부활 사건을 장래에 일어날 일, 회개, 죄 사함, 증언, 능력이 임할 것이란 약속, 큰 기쁨, 지속적인 찬송 등에 투사시킨다.

누가는 인류의 과거 경험을 부활과 연결시키는 방식으로 부활 이야기를 들려주고 있다. 인류의 역사는 부활을 그 주제이자 정점으로 삼는 단일한 이야기다.

누가가 들려주는 부활 이야기는 4가지 내러티브 중에서 가장 길다. 그는 다른 복음서 저자들보다 더 많은 자료를 포함시키고 그 사건을 더 철저히 전개해 나간다. 그는 우리가 부활을 깨닫게 되기를 원한다. 그는 자료를 전개하되 우리의 상상력을 확장시켜 부활의 엄청난 범위를 수용할 수 있도록 만든다. 달리 말하면 부활은 참으로 포괄적이라는 뜻이다. 이 사건은 흩어져 있는 인류의 역사적, 종교적, 문화적인 삶의 조각들을 취해 그것들을 함께 묶어놓는다.

IV

예수의 부활은 믿기 쉽지 않은 사건이다. 세상에는 사기꾼과 가짜가 무척 많다. 우리는 부활이 속임수가 아니라는 사실을 어떻게 아는가? 어쨌든 세상에는 종교적인 위조품도 많지 않은가? 부활은 고대 종교가 말하는 흔한 주제 중 하나였다. 예수의 부활 역시 그중 하나가 아닐까? 아니라면 그 증거는 무엇인가?

요한의 부활 이야기는 이같이 아주 정당한 의문들을 다루기 위해 설득력 있는 증거를 제공할 목적으로 기록되었다. 요한의 이야기는 설득용으로 집필된 것이다. "오직 이것을 기록함은 너희로 예수께서 하나님의 아들 그리스도이심을 믿게 하려 함이요"(요 20:31). 요한의 사전에서 '믿는다'라는 단어는 지적인 이해와 삶의 헌신을 하나로 묶어놓은 것을 뜻한다. 그의 목적은 정직한 의심을 깨끗이 정리해줄 정보를 우리 앞에 놓고, 우리에게 헌신하도록 촉구한다. 부활 이야기를 들려줄 때는 역사적 실재를 보여주는 상세 내용을 가져와 부활의 신빙성을 강조했다.

1-10절에서 베드로와 요한은 무덤이 비어 있다는 마리아의 말을 듣고 직접 보려고 뛰어간다. 그들은 눈으로 보고 믿었다. 세마포와 수건이 정돈된 모습은 최초의 목격자들을 충분히 납득시킬 만한

가시적인 증거였다. "그때에야 무덤에 먼저 갔던 그 다른 제자들도 들어가 보고 믿더라"(요 20:8).

11-18절에는 무덤 밖에서 울고 있던 마리아가 예수와 대화를 나누는 장면이 나온다. 맨 처음에 그녀는 자신과 대화하고 있는 상대방이 누군지를 알아보지 못했지만, 부활한 그리스도가 자신의 이름을 부르는 순간 그분임을 알아차리고 몸을 돌려 그분의 실체를 목격하게 된다. 그녀가 다른 이들에게 "내가 주를 보았다"고 말하고 있는 것에 주목하라.

19-23절은 제자들이 부활한 날 저녁에 두려워서 함께 모인 모습을 그리고 있다. 예수는 그들에게 나타나, 손과 옆구리에 있는 못 자국을 보여줌으로써 실제로 부활했다는 사실을 확인시킨다. 그러자 "제자들이 주를 보고 기뻐"했다.

24-29절에는 제자들이 다시 모인 장면이 나온다. 이번에는 다른 제자들의 말을 믿지 않았던 도마도 함께 있었다. 예수는 다시 나타나 분명하게 자신의 모습을 보여주셨다. "네 손가락을 이리 내밀어 내 손을 보고 네 손을 내밀어 내 옆구리에 넣어보라…"(27절).

요한이 우리에게 들려주는 4가지 이야기에는 보고 듣고 만지는 감각이 모두 나타나 있다. 각 이야기에서 사람들은 믿음 없는 상태에서 직접적 증거에 따라 믿게 되는 상태로 움직였다. 또 각 이야기들은 사람들이 의심과 회의에서 어떻게 빠져나올 수 있는지 하나의 틀을 제공해준다. 요한 덕분에 기독교 공동체 내에는, 사람들이 의문을 던지면서 의심을 표현할 수 있는 여지가 많이 생겼다.

요한은 무슨 일이 있더라도 우리가 반드시 믿어야만 한다고 소리치지 않는다. 최상의 믿음은 지적으로 탐구하는 마음을 포함하고 있다는 것을 알기 때문이다. 그는 우리가 맹목적으로 믿기를 바라지 않는다. 오히려 타당한 증거를 근거로 믿기를 기대한다. 요한의 복음서는 '표적들'(우리가 '증거들'이라고 불러도 무방하리라)로 가득 차 있다. 이는 예수의 생애에 일어난, 그분이 하나님의 아들이자 세상의 구원자임을 그 자체로 입증하고 있다.

우리는 왜 이곳에 있는 것일까? 우리는 '하나님'을 말하려고 거기에 있다. 오로지 한 가지 이유 때문에 거기에 있는 것이다. 바로 기도하기 위해서다.

목 회

SUBVERSIVE ✝ SPIRITUALITY

밧모 섬에서 온 시:
목회자, 시인, 신학자로서의
사도 요한

역사상 가장 유명한 최후의 말은 단연 성경의 마지막 책인 계시록이다. 이 책에 필적할 만한 것은 없다. 하지만 '가장 유명하다'는 것은 '가장 사랑받고 있다'라거나 '가장 잘 이해되고 있다'는 뜻은 아니다. 많은 이들은 잔인한 용들과 심판의 날의 소음이 혼돈스러워 당혹할 뿐이다. 다른 이들은 그런 것을 상스럽고 어리석은 짓이라 생각해 경멸의 눈초리를 보낸다.

그럼에도 호기심에 이끌려 요한계시록을 보다가 풍부하고 설득력 있는 진리를 발견해 깨달음과 찬탄의 경지에 도달했던 이들은 언제나 있었다. 다수는 아니라도 일부가 그랬다는 말이다. 그 글이 유명한 이유는 감질나는 수수께끼로 가득 차 있기 때문이 아니다.

* *Journal for Preachers* (Pentecost, 1987)에 실렸던 글.

또 진실이라는 것이 오랜 세월 성숙한 체험과 시험을 거쳐 만족스러울 만큼 입증되었기 때문이다. 또한 요한계시록이 그토록 유명한 이유는, 하나님이 자신을 계시하기로 선택한 사람들과 그들 편에서 하나님을 믿으며 살기로 작정한 이들의 수세기에 걸친 성경적 통찰과 권고와 경험을 잊지 못할 만큼 잘 요약하고 있기 때문이다.[1]

독자들에게 하나님의 실재와 신앙생활을 일관성 있게 만들어주는 계시록의 능력은, 놀랍게도 저자인 사도 요한 속에 신학자와 시인과 목사의 사역들이 모두 함께 있기 때문이다.[2] 3가지 사역은 계시록의 서문에 잘 엮여 있다. "나 요한은 너희 형제요 예수의 환난과 나라와 참음에 동참하는 자라. 하나님의 말씀과 예수를 증언하였음으로 말미암아 밧모라 하는 섬에 있었더니 주의 날에 내가 성령에 감동되어 내 뒤에서 나는 나팔 소리 같은 큰 음성을 들으니 이르되 네가 보는 것을 두루마리에 써서… 일곱 교회에 보내라 하시기로 몸을 돌이켜 나에게 말한 음성을 알아보려고 돌이킬 때에…"(계 1:9-12).

사도 요한은 '하나님의 말씀과 예수의 증언에 의해' 유배지인 밧모 섬에 있었다. 하나님*Theos*의 말씀*logos*이 그를 거기에 있게 한 것이다. 말씀은 또한 그를 그런 인물로 만들었다. 요한은 환경에 따

---

[1] Northrop Frye, *The Great Code* (New York: Harcourt Brace, Jovanovich, 1982), p. 199.
[2] '성(聖) 요한'은 예수의 사도, 에베소의 장로 혹은 1세기 말 교회에 몸담았던 미지의 지도자를 지칭할 수 있다. 학자들은 다양한 정체성을 놓고 논쟁을 벌인다. 하지만 내가 말할 수 있는 한에서는, 이 문제는 그 책의 정확한 해석에는 별로 중요하지 않다. 그러나 나로서는 계시록을 쓴 성 요한이 또한 복음서와 서신들도 썼다는 입장을 취하는 바다.

라 자신의 신분을 죄수로 말하지 않았고 소명에 따라 신학자로 밝혔다. 그는 자신이 처한 곤경을 설명하기 위해 로마 정치를 분석한 것이 아니라, 하나님과 예수의 말씀과 증언에 그의 지성을 발휘했다. 이것이 곧 신학자의 과업이다.

그때 그는 자신의 삶을 빚어냈던 말씀과 증언을 영감과 지시를 받아 기록했다. "성령에 감동"된 상태에서 "네가 보는 것을 쓰라"는 명령을 받은 것이다. 그 결과, 독자들 속에 그 체험이 재창조되는 책이 탄생했다. 이것이 바로 시인의 작업이다.

요한은 자신과 그리스도, 다른 그리스도인들과 그리스도의 동반자 관계를 의식하는 가운데 이 작업을 수행했다. 그래서 "너희 형제요 예수의 환난과 나라와 참음에 동참하는 자"라고 자신을 밝힌 것이다. 어려운 곤경과 영광스러운 축복과 일상적인 제자의 길 등 모든 것을 그들과 나누었다. 그것은 다름 아닌 목사의 삶이다.

신학자는 하나님을 객체가 아닌 주체로서 진지하게 연구하며, 그 일을 통해 하나님에 관한 지식과 이해를 키우기 위해 하나님을 묵상하고, 또 이야기하는 일을 평생의 과업으로 삼는 사람이다. 시인은 언어를 보이는 것과 보이지 않는 것을 연결해주는 이미지로 진지하게 다루고, 그리하여 언어를 능숙하고 정확하게 사용하는 언어의 수호자가 되는 사람이다. 목회자는 사람들을 하나님의 자녀로 대하며, 하나님을 믿는 신앙이 삶 전체의 중심이라는 확신을 품은 채 성심껏 그들의 말을 들어주고 그들과 얘기하는 사람이다. 세 가지 사역이 항상 한 사람에게 수렴되는 것은 아닌데, 혹시 그런 경우가 있다면 그때는 매우 놀라운 결과를 낳는다. 사도 요한이 신학자와 시인과 목회자의 일을 매우 탁월하게 잘 통합한 덕분에 우리는 이처럼 훌륭한 문서인 계시록을 얻을 수 있었다.

신학자 요한

4세기의 한 서기관은 계시록 필사 작업에 착수할 때 제목을 '요한의 계시록'이라고 기록한 뒤에 어떤 영감을 받았는지 가장자리에 '신학자 *tou theologou*'라고 써 넣었다. 그의 후임자는 문구가 안성맞춤이라고 생각한 나머지 두 단어를 페이지의 가장자리에서 중앙으로 옮겼다. 이후로 신학자 성^聖 요한이란 호칭이 통용된 것이다.

사도 요한은 온 정신이 하나님 생각으로 가득 차고, 그의 존재 전체가 하나님의 환상에 의해 크게 흔들렸던 신학자다. 그래서 세계를 창조하고 구원을 성취하는 하나님의 말씀을 듣고 묵상하고 표현했던 것이다. 그는 완전히 하나님께 취하고 하나님께 사로잡히고 하나님을 선포했다. 그의 주장인즉, 하나님은 막연한 갈망의 대상이나 흔히 내뱉는 저주(혹은 축복)의 외마디에 불과한 존재가 아니라 지적인 담론 *logos*이 가능한 분이란 것이다. 요한은 하나님의 성품에 늘 감탄했고 하나님 체험에 압도당했다. 그러나 그 모든 체험엔 로고스가 존재한다. 우리에게 계시된 하나님은 곧 우리에게 알려진 하나님이다. 하지만 그분은 우리가 예측할 수 있을 만큼 완전히 알려진 존재는 아니다. 그분은 더 이상 알 필요가 없을 만큼 샅샅이 알려졌기 때문에 우리가 이제 다음 주제로 넘어갈 수 있을 정도로 뻔한 대상이 아니다. 그럼에도 그분은 미지의 존재가 아닌 알려진 존재이며, 비이성적인 존재가 아닌 이성적인 존재이며, 무질서한 분이 아닌 질서정연한 분이며, 혼란스러운 분이 아닌 체계적인 분이다.

기독교 신자의 경우, 때때로 합리적이고 건전하고 성숙한 사람이 그들 가운데 일어서서 "하나님은…"이란 말로 시작해 이 문장을 사려 깊게 완성하는 모습을 보는 것은 굉장히 중요하다. 우리의 내면과 외부 세력 가운데에는 여러 설명을 담은 해설집, 도덕률 지침서, 경제 제도, 정치적 방편 혹은 유람선 정도로 하나님을 격하시키려는 경향이 있다. 말하자면 하나님을 측정하고 이용하고 달아보고 모아보고 조종하거나 느낄 수 있는 대상으로 축소시키는 것이다. 이런 축소주의를 수용하는 한, 우리 인생은 따분하고 우울하고 초라해진다. 유리그릇 속의 도토리처럼 유약하게 된다. 그러나 참나무에는 토양과 햇빛과 비와 바람이 필요하다. 인간의 삶에는 하나님이 필요하다. 신학자의 역할은 '하나님'을 입에 담되 그분을 축소하거나 포장하거나 진부하게 만드는 게 아니라 알고 묵상하고 찬미할 대상으로 높이는 것이다. 그래서 우리 인생도 설명 가능한 것에 속박되지 않고, 예배의 대상에 의해 승화된 삶을 사는 것이다. 이런 식으로 생각하고 말하는 것은 굉장히 어려운 일이다. 신학자는 결코 완제품을 배달하는 사람이 아니다. '조직신학'이란 말은 어불성설이다. 말끔하게 정리할 수 없는 구석은 언제나 있기 마련이다. 하지만 그런 식탁에서 나눈 담론의 부스러기는 하찮은 주제를 둘러싼 정식 만찬보다는 더 만족스러울 것이다.

사도 요한은 매력적인 신학자다. 하나님에 관한 그의 사유 행위는 모두 박해를 받으며 나온 것들이다. "나 요한은… 밧모라 하는 섬에 있었더니." 유배지에 있었다는 말이다. 그는 발로 뛰면서 생각하거나 무릎을 꿇고 기도하는 사람이므로 오늘날로 말하면 최고 신학자의 전형이라 할 수 있다. 역사를 돌아보면 신학자들을 상아탑에 칩거하며 난해하고 묵직한 책을 쓰는 데 몰두하는 인물로 여겼던 시대도 있었다.

그러나 중요한 신학자들은 세상 한복판에서 왕성하게 활동하는 가운데 하나님에 관해 사유하고 글을 썼다. 예를 들어 바울은 감방에서 긴급히 편지를 받아쓰게 했고, 아타나시우스는 세 명의 황제들에 의해 다섯 차례나 유배를 당하는 가운데 《세상에 대한 논박 *contra mundum*》을 집필했고, 아우구스티누스는 로마의 질서와 도시가 붕괴되는 것을 경험하고 있던 사람들의 목사였고, 토마스 아퀴나스는 자칫 유럽을 영적, 정신적인 정글로 만들 뻔했던 오류와 이단과의 투쟁에 지성을 활용했다. 칼뱅은 지칠 줄 모르고 제네바 혁명의 폭도를 변모시켜 하나님 백성의 공동체를 빚어냈고, 칼 바르트는 노동 분쟁을 중재하면서 죄수들에게 복음을 전했고, 본회퍼는 나치 독일 치하에서 지하의 도망자를 이끌었다. 사도 요한은 그리스도인들이 이교도의 가혹한 박해에 시달리는 동안 밧모 섬 감옥에 유배되어 있었다.

이런 신학자들의 과제는 악의 혼돈 가운데 복음의 질서를 입증하고 경험적인 요소와 이성적인 요소를 잘 정리함으로써 그것을 균형 있게 인식하도록 하는 일이다. 죄, 패배, 좌절, 기도, 고난, 박해, 찬양, 정치 등을 하나님과 그리스도, 거룩함과 치유, 천국과 지옥, 승리와 심판, 처음과 끝 등과 관련시켜 배열한다. 그들이 성취할 임무는 그리스도에 대한 믿음으로 사는 공동체가 계속하여 합당한 소망을 품고 사랑의 삶을 살게 하는 일이다.

기독교 공동체는 하나님에 관해 제멋대로 추측하는 게 아니라 올바른 사고를 할 수 있도록 도와줄 신학자들이 필요하다. 삶의 가장 깊은 차원에서는 우리가 온 마음과 생각과 힘을 다해 예배할 수 있는 그런 하나님이 필요하다. 영원을 사모하는 마음은 세속적인 유전학이 결코 배양할 수 없는 것이다. 우리의 존재는 하나님에게서 나와서 하나님께로 돌아가게 되어 있다. 사도 요한은 위대한 신학자 대열의 맨 앞에 서서 갈고닦은 사상을 통해 하나님과 로고스가 서로에게 속해 있는 관계라는 것과, 우리가 창조세계에 살고 있다는 것을 일깨워준다.

시인 요한

사도 요한의 신학 작업의 성과는 한 편의 시, 곧 '초대교회가 낳은 가장 위대한 시'**3**다. 계시록을 한 편의 시로 읽지 않으면 우리는 그 내용을 이해할 수 없다. 계시록을 잘못 읽고, 잘못 해석하고, 잘못 사용하는 이유는 요한을 시인으로 볼 수 있는 능력이 없기(혹은 그렇게 보길 거부하기) 때문이다.

시인은 주로 어떤 것을 설명하거나 묘사하기 위해서가 아니라 무언가를 만들기 위해 언어를 사용한다. '시인poetes'이란 단어는 '만드는 사람'이라는 뜻이다. 시는 객관적인 설명의 언어가 아니라 상상의 언어다. 그것은 어떤 실재의 이미지를 만들되 우리의 참여를 이끌어낸다. 우리가 시를 읽은 뒤에는 더 많은 정보가 아니라 더 많은 경험을 하게 된다. 그것은 "무슨 일이 일어났는지 조사하는 것이 아니라, 현재 일어나고 있는 일에 몸을 던지는 것이다."**4** 계시록이 시인이기도 한 신학자에 의해 쓰였다면, 우리는 그 책을 장래의 일이 발생할 시기를 찾기 위한 연감이나 이미 일어난 일을 기록한 연대기처럼 읽어서는 안 된다.

성경 대단원의 막을, 시인이 내린다는 것은 참으로 어울리는 일이다. 우리가 마지막 책에 도달할 즈음에는 이미 우리 앞에 완성된 하나님의 계시가 있을 것이다. 우리의 구원과 관련된 모든 것과 믿음의 삶에 관한 모든 지침이 우리 손 안에 있다. 우리가 그릇된 지식을 얻었을 가능성은 없다. 그런데 우리가 그 내용에 너무 친숙하고 지쳐 있어서 모세와 이사야, 에스겔과 스가랴, 마가와 바울 등이

---

3 Austin Farrer, *A Rebirth of Images* (Westminster: Dacre Press, 1949), p. 6.
4 Denise Levertov, *The Poet in the World* (New York: New Directions, 1973), p. 239.

내뿜는 광채, 우리를 둘러싸고 있는 영광에 관심을 가지지 않을 위험이 있다. 사도 요한은 친숙한 단어들을 취해 뜻밖의 운율로 배열함으로써 우리가 마치 '예수 그리스도의 계시'를 처음 보는 것처럼 생각하도록 우리를 일깨워준다.

어떤 이들은 하나님을 주제로 다룰 때 지극히 조심스러운 나머지 각 진술에 단서를 달고 용어를 정의하려고 애쓴다. 그들은 논리적으로 검증할 수 있는 것만 말하려고 한다. 혹시 터무니없는 소리를 한다는 비난을 받고 싶지 않기 때문이다. 또 어떤 이들은 하나님을 화두로 삼을 때 너무도 쉽게 종교적 환상에 빠질 수 있음을 알기 때문에 실용주의 노선을 취한다. 그래서 하나님에 관한 진리를 모조리 도덕 강령으로 바꿔버린다. 그러나 시인은 종교 철학자의 조심성과 도덕주의자의 진지함을 우습게 여길 만한 상상력과 대담함을 갖고 있다.

사도 요한은 우리에게 하나님에 관해 말하려고 어휘를 쓰지 않고 우리와 하나님의 관계를 심화시키려고 어휘를 구사하는 시인이다. 그는 우리가 좀 더 정확하게 사고하도록 혹은 보다 바람직한 행실을 하도록 훈련시키려는 게 아니라, 좀 더 무모하게 믿고 보다 유희적으로 행동하게 만들려고 노력한다. 하나님나라에 들어가려면 어린아이와 같이 무모한 믿음과 장난기 어린 소망을 품어야 한다는 말이다. 요한은 무기력한 우리를 흔들어 깨워서 깨어 있는 정신으로 살게 하고, 우리의 눈을 열어 불타는 떨기나무와 불 병거를 보게 하며, 우리의 귀를 열어 견고한 그리스도의 약속과 계명을 듣게 하며, 복음에 대한 지겨움을 떨치게 하며, 우리의 고개를 들게 하고, 우리 가슴을 활짝 열어줄 것이다.

시인 데니스 레버토브는 이런 글을 썼다. "우리가 겪는 모든 경험은 우리의 통각(統覺, 다양한 지각들을 통일하는 의식의 상태-옮긴이) 상태에 도달하기도 전에 너무 빨리 지나가버린다. 우리에게 가장 필요한 것은 그것을 (그만큼 피상적으로) 다시 맛보는 일이 아니라, 본질에 담긴 자율적인 속성을 처음으로 맛보는 일이다. 내가 갖고 있는 1865년판 웹스터 사전은 'translation'을 '한 장소에서 다른 장소로 운반되는 것, 죽지 않고 천국으로 옮겨지는 것'으로 정의하고 있다. 우리에게는 그처럼 가장 심오한 실재인 천국으로 운반해줄 기술이 필요하다. 그렇지 않으면 '우리는 천국을 평생 알지도 못한 채 죽을 수도 있기' 때문이다. 말하자면 우리를 거기로 옮겨놓을 수 있는 기술, 수신자에게 정보를 전달하는 것이 아니라 수신자를 사건의 현장에 산 채로 데려다놓는다는 의미의 기술이 필요하다."[5] 이것이 바로 사도 요한이 하고 있는 일이다. 그는 우리가 당연시하는 창조와 구원, 아버지와 아들과 성령, 세상과 육신과 마귀 등 예전부터 늘 들어오던 것들을 취하여 그것들을 주목하고 실체를 다시(어쩌면 처음으로) 경험하도록 강권하고 있다.

1973년 오든W. H. Auden은 세상을 떠나기 얼마 전에 시가 갖춰야 할 요건에 대해 이런 말을 한 적이 있다. "…2가지가 필요하다.

---

[5] Levertov, *The Poet in the World*, p. 94.

첫째는 그 시에 사용된 언어가 영광스러울 수 있도록 훌륭한 작품이어야 할 것. 둘째는 우리 모두가 공유하는 실재에 관해 의미심장한 것을 말하되 나름의 독특한 관점에서 인식한 것이어야 한다."[6] 사도 요한이 쓴 신학적인 시는 2가지 요건을 모두 충족시킨다. 첫째, 훌륭한 작품이다. 복합적인 구조는 정교하게 잘 꾸며져서 그것을 공부하는 모든 이들의 경이감과 감탄을 불러일으킨다. 그리고 '우리 모두가 공유하는 실재'인 예수 그리스도의 복음을 취해 종말론적 관점, 곧 구원의 모든 세부사항의 완전한 성취라는 '독특한 관점'에서 그것을 제시하고 있다.

사도 요한은 자기 노래를 부르고 자신의 환상을 표현하며 자기 언어의 소리와 의미를 운율적으로 또 예술적으로 배열하고 있다. 그는 많은 이미지를 의외의 방식으로 배열하는데, 이로써 우리는 언제나 거기에 있었던 것을 새삼 보고 듣게 된다(이는 과거에 우리가 진심으로 듣고 보았다면 얼마든지 파악할 수 있었던 것이다). 그는 우리의 지성을 일깨우고 감성을 건드리며 감각을 불러일으킨다.

목회자 요한

하나님에 관해 사유하며 말하고 싶은 사도 요한의 열정, 강력한

---

[6] W. H. Auden, "The Poems of Joseph Brodsky," *The New York Review of Books* 20, no. 5 (April 5, 1973): 10.

언어를 구사하여 그 이미지들이 우리 안에 재생되게 하는 그의 특수한 재능, 우리를 우리보다 더 큰 실재와 연결시키는 그의 능력, 말하자면 그의 신학 및 시적인 은사는 하나님을 믿는 신앙 공동체라는 특별한 맥락에서 발휘된 것이었다. 그가 말하는 내용과 그것을 표현하는 방식은 신앙의 사람들, 곧 눈에 보이지 않는 큰 은혜로 살며 용서를 받아들이며 약속을 믿고 기도에 힘쓰는 공동체 가운데 자리잡고 있다. 사람들은 날마다 위험을 무릅쓰고 행위가 아닌 믿음으로, 절망이 아닌 소망 가운데 미움이 아닌 사랑으로 살겠다고 작정한다. 동시에 그들은 날마다 포기하고픈 유혹을 받는다. 사도 요한은 바로 이런 사람들의 목회자이다. 혹은 그가 말한 대로 "너희 형제요… 에 동참하는 자"(계 1:9)이다.

믿음으로 사는 사람들은 '중간 단계'에 살고 있다는 특별한 감각을 품고 있다. 우리는 하나님이 모든 것의 시작에 있고 모든 인생의 끝에 있다고, 즉 요한의 뛰어난 표현에 따르면 '알파와 오메가'(계 1:8)가 되신다고 믿는다. 우리는 보통 시작이 좋았다고 생각한다("하나님이 지으신 그 모든 것을 보시니 보시기에 심히 좋았더라"). 그리고 끝도 좋을 것이라는 데 이의가 없다("또 내가 새 하늘과 새 땅을 보니"). 이는 좋은 시작과 좋은 끝 사이에 있는 모든 것 또한 좋을 것임을 보장하는 것처럼 보인다.

그러나 사실은 그렇지 않다. 아니, 적어도 우리가 기대하는 대로 되지는 않는다. 언제나 의외의 일이 벌어진다. 우리는 줄줄이 좋은 일만 있을 것으로 기대하지만 시시때때로 중단되기 일쑤다. 이를테면 우리는 한쪽 부모로부터 버림을 받고, 정부의 탄압을 받고, 배우자와 이혼하고, 사회적인 차별을 받고, 타인의 부주의로 부상을 당한다. 이 모든 일이 그 출발은 아주 좋았고 마지막도 하나님의 계획대로 완성될 인생의 중간 단계에서 벌어지는 것이다. 좋았다고 믿지만 기억할 수 없는 출발점과 좋기를 바라지만 상상할 수 없는 종말 사이에 온갖 실망과 모순, 설명 못하는 부조리와 황당한 역설이 존재한다. 모든 것은 하나같이 기대치와는 정반대되는 것들이다.

목회자는 이런 '중간 단계'에 있는 믿음의 사람들과 동행하는 일을 전공으로 삼는 사람이다. 온갖 궂은일과 무의미한 일상과 모욕적인 악행에 시달리는 사람들에게, 바로 너희가 눈부신 시작과 영광스러운 끝과 연결되어 있다고 끈질기게 주장하는 사람이다. 루터는 진정한 목회자를 시험하는 시금석을 이렇게 말한 바 있다. "그는 죽음과 사탄을 알고 있는 사람인가? 아니면 달콤하고 향기로운 장밋빛 인생만 아는 사람인가?"[7]

소설을 읽을 때 우리는 이와 비슷한 경험을 한다. 첫 장을 읽기 시작할 때 이미 마지막 장이 있다는 사실을 알고 있다. 어떤 책을 고르는 순간, 기분이 좋은 이유는 끝이 있을 것임을 확실히 알기 때문이다. 하지만 읽는 도중에 우리는 자주 어리둥절해지고, 마음을 졸이고 예상에서 빗나가는 일들을 경험한다. 그러나 이해하기 힘들거나 공감할 수 없거나 만족하지 못한다고 곧바로 책을 덮어버리지

---

[7] Norman O. Brown, *Life against Death* (Middletown, CT: Wesleyan University Press, 1959), p. 209.

는 않는다. 그런 경우에도 어떤 의미와 전후 관계와 의도가 있을 것이라고 추정한다. 마지막 장에 이르면 소설이 의미한 전체 맥락을 알 것이라고 확신한다. 우리는 이야기가 아무렇게나 중단되지 않고 뿌듯하게 끝날 것임을 믿는다.

혼란스러운 1세기, 전후 관계에 대한 의식을 강화시키는 일이 사도 요한의 소명이었다. 선과 악, 축복과 저주, 안식과 갈등이 뒤죽박죽된 상황에서 요한은 유형과 계획을 분별해낸다. 그는 운율을 듣는다. 질서와 균형을 발견한다. 그는 무엇보다도 강렬한 '종말에 대한 의식'[8]을 전하고 있다. 우리는 단지 종점을 향해 가는 게 아니라 성취되어야 할 목표를 향해 가고 있다. 그는 이런 종말 의식을 서술하되 중간 단계에 있는 사람들이 하나님 안에 있는 선한 것, 곧 모든 일에 의미가 있다는 확신을 품을 수 있도록 해준다.

사도 요한은 천국과 지옥 자체에 관심이 있는 것은 아니다. 자신의 목회 대상과는 무관한 심판과 축복에는 관심이 없다. 그는 사변가나 이론가가 아니었다. 그가 기록한 모든 단어, 숫자, 환상, 노래는 그가 목사로 섬기던 일곱 교회의 회중 사이에서 곧바로 활용되는 것들이다. 그는 그들과 함께 예배와 배교, 순교와 증언, 사랑과 복수 등을 경험하는 자이며, 시작과 끝 사이의 일관성을 유지해줄 전후 관계를 만든다. 사람들은 이런 목사의 섬김 덕분에 그들이 하

---

[8] 이 문구는 Frank Kermode의 책 제목에서 따온 것이다. 이 책은 현대 묵시 문학의 사례들을 논의하면서 이런 사례들은 우리 인간이 아무렇게나 사는 것이 아니라 종말을 생각하며 살아갈 필요가 있다는 것을 입증한다고 말한다. *The Sense of an Ending* (New York: Oxford University Press, 1967).

나님의 길을 걷고 있는 만큼, 의미를 찾지 못할 때라도 참고 견딜 수 있다고 확신할 수 있었다.

계시록이 종말론, 즉 '마지막에 일어날 일들'을 다루고 있다는 것이 일반적인 여론이다. 그런데 모든 종말론이 당장의 목회에 유용하다는 점은 간과되고 있다. 종말론은, 종말이 현재에 어떤 영향을 끼치는지를 보여줌으로써 복음의 진리가 '중간 단계'에 사는 삶 가운데 입증된다. 그런 점에서 계시록은 모든 신학적 관점을 통틀어 가장 목회적인 성격을 지닌다. 이 교리는 신자가 "하루 중 정오가 아니라 새로운 하루가 동터오는 순간, 즉 밤과 낮이 만나고 가는 것과 오는 것이 만나 서로 씨름하는 시점에 놓여 있다"[9]는 사실을 보여준다.

계시록은 의미로 가득 차 있어서 발굴해야 할 진리가 층층이 쌓여 있다. 사도 요한이 사용하는 이미지마다 다수의 의미를 담고 있다. "생생한 이미지를 담고 있는 이 위대한 시"에는 야성野性의 여러 면이 들어 있고 "당대의 신앙세계 전체가 구현되어 있다."[10] 어느 한 개인이나 한 세대든지 복합적인 진리의 일부밖에는 소유할 수 없는 만큼, 처음부터 요한의 독자들은 서로 다른 것을 발견했다며 적대적인 교리를 만들지 않도록 서로 예의를 지키는 일이 중요하다. 바람직한 출발점은 계시록에 나타난 그의 주관심사를 존중하는 것이다. 말하자면 그의 주제는 (난해한 암호 해독이 아니라) 하나님

---

9 Moltmann, *The Theology of Hope* (London: SCM Press, 1967).
10 Austin Farrer, *A Rebirth of Images*, p. 6.

이라는 것과 그의 맥락은 (흥미를 불러일으키는 게 아니라) 목회적인 상황이라는 것을 유념할 필요가 있다. 우리가 요한을 신학자요, 시인이요, 목회자로 받아들이면, 세부사항에 대해서는 틀릴 수 있어도 대체적으로 올바른 방향을 견지할 것이다. 이런 상황을 존중하는 그리스도인은 진리의 다양한 측면들을 강조하고 이전 독자들이 예상치 못했던 진리를 발견하지만, 여전히 해석과 반응의 차원에서 믿음 가운데 그 책을 읽는 모든 신자와 함께 공감대를 유지하게 될 것이다.

상상력의
대가들

2월 말 어느 목요일 아침, 네 살짜리 아이들 열세 명이 예배당 카펫 위에 앉아 있었다. 나는 지난 가을에 새들이 만들었던 둥지를 들고 그들과 함께 앉았다. 우리는 새들이 이 같은 둥지를 지으려고 다시 돌아오는 것에 관해, 그리고 우리에게 곧 다가올 봄에 관해 얘기를 나누었다. 아이들은 넋을 놓고 이야기에 몰두했다.

나는 이런 어린이들과 만나서 이야기를 들려주고, 함께 노래도 부르고, 하나님이 너희를 사랑한다고 일러주고, 함께 기도하는 것을 좋아한다. 우리 교회가 운영하는 유치원에 다니는 이 꼬마들은 격주마다 교사들과 함께 예배당에 들어와서 나와 만나곤 한다. 아이들은 생동감이 넘치고, 한없이 호기심을 느끼며, 마음껏 상상의

---

* *Eternity* (January 1989)에 실렸던 글.

나래를 편다.

겨울이 물러가고 봄이 오는 중이었다. 완연한 봄은 아니지만 여러 징조들이 있었다. 나는 징조들에 관해 얘기하는 중이었다. 먼저 새 둥지로 시작한다. 그것은 회색의 더러운 잡초투성이였지만 자세히 관찰해보니 보이지 않는 장면이 눈에 들어왔다. 남아메리카의 겨울을 피해 북쪽으로 날아오는 새들과 둥지 속 은은한 색채를 띤 점박이 알들. 우리는 플로리다와 노스캐롤라이나와 버지니아 하늘을 나는 새들을 세어보았다. 우리의 시선은 교회의 벽을 관통해 따스해지는 땅을 향했다. 우리는 땅 속 아래 지렁이들이 재주넘기하는 모습을 보았다. 또 크로커스와 튤립과 무스카리 등 다채로운 새싹들이 땅을 뚫고 올라오는 광경을 보기 시작했다. 크고 작은 나무 위의 봉오리들이 부풀어 올라 꽃을 피우려 하고 있었고, 우리는 예전을 기억하고 다양한 색깔을 떠올렸다.

나는 메릴랜드의 봄에 익숙해지지 않아서 매번 놀라곤 한다. 내가 자란 북부 몬태나는 나무들이 1년 내내 같은 색깔이고 봄은 주로 진흙투성이임을 의미한다. 메릴랜드에서 자라는 말채나무와 개나리나무, 박태기나무와 채진목에서 꽃이 만발할 때는 화려한 색깔이 내 시선을 사로잡는다. 그러나 금년에 나와 어린이들은 한두 주 뒤에 쏟아질 온갖 찬란한 선물을 맞이할 준비를 하고 있었다. 우리는 적나라한 새 둥지와 그 색깔을 보고 있었고 노래를 들으며 꽃향기를 맡고 있는 중이었다.

이런 일을 하다 보면 스스로 잘하고 있다는 느낌이 드는 순간이 있다. 그때가 바로 그런 순간이었다. 아이들은 완전히 몰입된 표정이었다. 우리는 시간대를 뚫고 나가 메릴랜드의 봄을 만끽하고 있었다.

그들은 이제 빈 둥지를 보지 않고 철새들과 부화하는 새끼들, 화환용 나무와 이슬 맺힌 꽃을 바라보고 있었다. 그런데 지극히 거룩한 순간에 뜬금없이 브루스가 내게 물었다. "목사님은 왜 머리카락이 없지요?"

어째서 브루스는 모두가 보고 있는 풍성한 광경을 보지 못했을까? 왜 그는 우리와 같이 '보이지 않는 것을 보는' 쪽으로 관심을 돌리지 않았을까? 우리가 다차원적인 진실을 보고 있는 동안에 그가 본 것이라곤 눈에 띄는 내 대머리, 별로 흥미롭지도 않은 실체뿐이었다. 불과 네 살밖에 되지 않았지만 브루스의 상상력은 이미 불구 상태에 빠진 것이다.

보이는 것과 보이지 않는 것

상상력은 하늘과 땅, 현재와 과거, 현재와 미래 등 보이는 것과 보이지 않는 것 사이를 연결하는 능력이다. 보이지 않는 것에 최대한 투자하는 그리스도인들에게 상상력이 반드시 필요한 이유는, 상황에 비추어 전반적인 현실을 볼 수 있는 유일한 수단이기 때문이다. 그래서 "상상력이 현실을 다루는 방식이 곧 우리가 살아가는 현실이다." 이는 《우리 사이에 열린 공간 Open Between Us》에 나오는 데이비드 이그나토우의 문장이다. 나무 한 그루를 눈앞에 두고, 내가 '보는' 것은 대부분 보이지 않는 것들이다. 나는 땅 속 덩굴손을 토양 속으로 내려보내고 옥토로부터 영양분을 빨아들이는 뿌리를 본다. 몇 달 뒤에 나타날 열매를 본다. 응시하고 또 응시하며 다음 겨울의 가혹한 눈과 바람에 벌거벗겨진 가지들을 본다. 나는 이 모든 것을 본다. 꾸며내는 게 아니라 정말로 본다. 그러나 사진으로 찍을 수는 없다. 상상력을 동원해 보기 때문이다. 상상력이 작동하지 않는다면, 만질 수 있고 눈앞에 있는 것만 볼 수 있을 뿐이다.

노벨문학상을 탄 시인 체스와프 미워시는 상상력을 토대로 그리스도에 대한 열정을 품은 인물이다. 그는 〈뉴욕타임스〉 서평(1986년 2월 27일 자)에 나온 한 인터뷰에서 미국인의 지성이 설명을 위한 합리주의에 의해 위험할 정도로 오염되었다고 말한 바 있다. 상상력이 결여된 교육 과정이 단순한 세계상世界像을 남겨주었다고 그는 확신하고 있었다. 그런 견해로 보면 우주는 오직 공간과 시간밖에 없는 곳이다. 가치도 없고 하나님도 없다. "기능적으로 말하면 사람은 우주에 있는 바이러스나 박테리아와 그리 다르지 않다."

미워시는 상상력을 본다. 특히 우리가 접하는 모든 것을 경외할 수 있는 능력이자 우리가 몸담은 세계를 빚어낼 수 있는 능력인 종교적 상상력을 본다. "상상력은 이 세계를 감옥이나 전쟁터로 만들 뿐 아니라 고국으로도 만들 수 있다. 아무도 '객관적인' 세계에 살지 않는다. 오직 상상력을 통해 걸러진 세계에 살고 있는 것이다."

상상과 설명

상상력은 인간이 지닌 가장 영광스러운 능력에 속한다. 상상력이 건전하고 왕성할 때 그것은 우리를 예배와 경탄의 자리로, 하나님의 신비로 이끌어준다. 반면에 그것이 불건전하고 부진할 때에는 수백만 명을 기생충과 모방꾼과 무위도식자로 변모시킨다. 오늘날 미국인의 상상력은 부진하기 짝이 없다. 상상력의 열매로 우리 밥상에 차려진 것이라곤 기껏해야 멜로 드라마와 포르노밖에 없는 실정이다.

이처럼 황폐한 세상에서 기독교가 담당할 중요한 사역 중 하나는 상상력을 회복시키고 발휘하게 하는 일이다. 신앙의 시대는 언제나 상상력이 풍부했던 때였다. 그 이유는 쉽게 알 수 있다. 복음의 구체적 성격(눈으로 보고 귀로 듣고 손으로 만질 수 있는 예수)은 복음의 영적 성격(믿음과 소망과 사랑)에 못지않게 감동적이기 때문이다. 상상력은 우리가 물질적인 것과 영적인 것, 보이는 것과 보이지 않는 것, 땅과 하늘을 연결시킬 때 사용하는 정신적 도구다.

우리에게는 나란히 사용하도록 되어 있는 한 쌍의 정신적 작용, 곧 상상과 설명이 있다. 복음을 건강하게 표현할 때 이 둘은 서로 협력하며 작용한다. 설명은 사물을 명확하게 파악함으로써 우리로 그것을 잘 다루고 이용할 수 있게 해준다. 아울러 순종하고 가르치며 돕고 지도할 수 있게 한다. 상상은 사물을 활짝 열어줌으로써 우리가 성숙한 경지로 자랄 수 있게 해준다. 아울러 예배하고 찬미하며 감탄하고 존경하고 따르고 신뢰할 수 있게 한다. 설명은 제한하고 규정짓고 억제하는 데 비해, 상상은 확장시키고 느슨하게 내버려둔다. 설명은 우리 발을 땅에 닿게 하는 데 비해, 상상은 우리의 머리를 구름 속으로 끌어올린다. 설명은 우리에게 마구馬具를 채우는 데 비해, 상상은 우리를 신비의 영역으로 쏘아 올린다. 설명은 삶을 유용성의 차원으로 축소시키는 데 비해, 상상은 삶을 예배의 차원으로 확대시킨다.

그런데 테크놀로지와 정보에 사로잡힌 우리 시대는 상상력을 잘 라냈다. 복음적인 삶은 모든 것이 우리 눈에 보이지 않는 것에 기원을 두고, 그런 것에 의존하고 있으며, 결국 우리 눈에 보이는 것으로 성취되는 영역인 만큼 상상과 설명은 서로 협조하지 않으면 안 되는 관계다. 그렇다면 지금은 공격적으로 나가야 할 때가 아닐까? 기독교 공동체가 상상의 대가들, 시인들과 가수들과 이야기꾼들을 복음 증거의 동반자로 인정하고 존경하고 위촉해야 할 때가 아닐까? 이렇게 하지 않으면 브루스가 자라면서 어떻게 복음을 들을 수 있겠는가? 그가 어떻게 이사야의 시, 예수의 비유, 요한의 환상을 듣게 되겠는가? 그가 40세가 되어 예배하는 그리스도인들의 공동체에 들어가서도 설교자의 대머리밖에 보지 못한다면 얼마나 슬픈 일인가?

**늑대의
옷을 입은
양**

금세기 최고의 신학적 풍유가로 꼽히는 인물이 안타깝게도 추리소설 작가로 분류되었다. 고정관념이 지나치게 각인된 나머지 아무도 렉스 스타우트Rex Stout*가 지난 50년 동안 네로 울프 탐정 이야기에서 기독교 사역에 대한 복잡한 비유를 정교하게 다듬어왔다는 사실을 모르고 있다.

우리의 입맛은 무척 둔해지고 단조로워서 렉스 스타우트의 소설에서 탐정 이야기밖에 보지 못한다. 스타우트는 《걸리버 여행기》를 쓴 스위프트만큼 모든 면에서 신학적으로 명쾌하게 작품을 썼기 때

---

* *Christian Ministry* (January 1973), 26-28쪽에 실렸던 글이며 허락을 받아 게재했다.
* 렉스 스타우트(Rex Stout, 1886~1975)는 추리소설로 유명한 미국인 작가다. 그가 쓴 〈네로 울프 Nero Wolfe 미스터리〉 시리즈는 세계 최대의 미스터리 대회인 바우처콘 2000에서 20세기 최고의 미스터리 소설로 지명 추천되었으며, 렉스 스타우트는 20세기 최고의 미스터리 작가로 추천된 바 있다. _옮긴이 주

문에 그의 창의적인 추리소설은 베스트셀러 목록에 오르곤 했다. 그가 돈은 많이 벌었을지는 몰라도, 진지한 작가가 완전히 오해받는 것은 은행 잔고와 상관없이 모욕적인 일임에 틀림없다.

사역의 유형

일단 신학적인 의도를 파악한 뒤에는 약간만 추적해도 네로 울프가 교회 사역의 한 유형임을 금방 알 수 있다. 가장 눈에 띄는 특징은 그의 몸이 교회를 닮았다. 그의 거대한 몸집은 '무게'를 보여주며 성경적인 '영광'의 어원을 상기시킨다. 다른 무엇보다도 그는 눈에 띄게 그 자리에 있다. 그는 무시할 수 없는 대상이다. 그는 뚱뚱한 사람일 수밖에 없다. 그리고 교회는 그리스도의 몸이다.

신체적으로 그 자리에 있다는 것과 더불어 그 몸에 매력적인 면이 하나도 없다는 점도 따라온다. 그의 몸은 비방을 받고 농담거리가 되기 일쑤다. 네로의 재능은 그의 지성과 스타일에 있다. 그는 고객들 앞에서 찡그리지도 않고 '접촉'을 요구하지도 않는다('접촉'은 그가 절대로 사용하지 않는 단어다. 언젠가 그는 어떤 사전이 '접촉'을 타동사로 인정했다는 이유로 한 장씩 찢어 불에 태운 적이 있었다). 울프는 사업차 집을 떠나려고 하지 않는다. 말하자면 자기 자신을 세상의 필요에 맞추려고 하지 않는다는 뜻이다. 그는 모든 활동의 중심이자 의지와 묵상의 중심이지만, 그렇다고 권력이나 활동의 중심은 아니었다. 그는 교회 사역을 위한 패러다임을 제공하는데, 평소에는 과묵하지만 필요할 때는 언제나 존재 가치를 표현하기 때문이다. 그는 광고 테크닉이나 홍보 프로그램이 필요 없다. 그가 필요한 존재로 거기에 있는 이유는 세상의 무언가가 잘못되었기 때문이다(살인을 비롯한 극단적인 범죄들). 그는 이 땅에서는 사랑받지 못할 사역, 호감을 사지 못할 사역의 본보기다. 칭찬할 만한 것은 그 기능이다. 그것은 대규모의 핵심적이고 중요한 사역이다. 실은 천재다. 그러나 당신이 굳이 그것을 좋아할 필요는 없다.

모든 이야기 속에는 교회에 대한 은근한 비판이 들어 있다. 오늘날의 교회는 강단에 올라가서 교회를 매력적으로 만들고, 교회를 사유화하고, 교회를 감상적으로 만드는 홍보 전문가들에게 굴복했기 때문이다. 울프는 기독교 사역의 이와 같은 풍조에 책망을 퍼붓는다.

이어서 자기를 변호하는 입장에 대한 경멸이 따라온다. 이는 자신의 신뢰성과 능력을 확신하려는 세상에 대한 '변증'을 피하는 칼 바르트의 입장이다. 이와 같은 물음에 대해 그는 이렇게 응답한다. "나는 당신에게 내 이야기를 줄 수 있으나, 나는 그 가치를 알지만 당신은 모른다. 나는 좋은 믿음을 확립하려고 많은 곤경을 겪기 전에 스스로 몇 가지 점에 만족해야 했다"(《내 죽은 몸을 넘어*Over My Dead Body*》). 교회 사역이 스스로 변호하려고 애쓰거나 세상이 이해할 수 있는 관점에서 스스로 용납하는 것은 자신을 싸구려로 만드는 일이다.

교회의 원형

울프가 보여주는 교회적 특징은 그가 일하는 환경, 곧 교회를 떠올리는 웨스트 34번 가에 위치한 고급 주택이다. 거실은 성단소聖壇所, 즉 최상급 양식과 최고의 대화, 말씀과 성찬을 위해 준비된 장소다("양식과 말씀 중 그가 어느 것을 가장 사랑하는지는 딱 잘라 말할 수 없다" 《갬빗Gambit》). 부엌은 성물실聖物室이다. 집무실은 교인들과 사역자가 서로 만나는 본당 회중석이다. '앞방'은 손님들이 어떻게 참여할지를 결정하기 앞서 대기하는 장소로 나르텍스(narthex, 고대 기독교 회당에서 본당 입구 앞에 위치한 넓은 홀로 참회자와 세례 지원자를 위한 공간을 일컫는다-옮긴이)에 해당한다. 그러나 이 집은 단지 살기 위한 장소가 아니다. 거기에는 가정생활이 없고 한 방에서 다른 방으로 연결되는 활동도 없다. 방마다 나름의 기능을 갖고 있다. 파티도 없고 친구들이 모여 토론하거나 노는 일도 없다. 이는 기독교 사역을 대인관계의 연습이나 사교성의 개발로 해석할 수 있는 여지를 없애 버린다.

기독교 사역을 연상시키는 이미지는 또한 울프의 삶을 지배하는 2가지 의식에 의해 뚜렷이 나타난다. 첫 번째 의식은 난초를 돌보고 키우는 일이다. 하루에 두 차례, 오전 9시부터 11시까지 그리고 오후 4시부터 6시까지 옥상에 있는 식물 방에서 난초를 돌보는 일로 보낸다. 오전 시간과 오후 시간은 다른 일로 방해받아서는 안 된다. "전천후로 그 어떤 환경이라도 그가 옥상에서 난초와 함께하는 하루 4시간은… 불가침의 시간이다"(《겁먹은 사람들 연맹*League of Frightened Men*》). 난초를 돌보는 일은 아침과 저녁에 드리는 기도와 묵상을 상징한다.

외부인으로서는 울프가 왜 그처럼 규칙적으로 중요한 시간대를 새로운 잡종 식물을 배양하고 갓 피어난 꽃을 재배하는 일에 투자하는지 도무지 이유를 알 수 없다. 그는 난초 키우는 일에 관해 다른 난초 재배자들과 편지를 주고받는다. 하지만 잡담을 늘어놓는 것은 아니다. 동시에 그는 자기가 하는 일을 숨기지도 않는다. 옥상에서 내려올 때 종종 꽃을 가져와 책상 위에 놓고는 "다른 모든 일을 쉽게 만드는 고된 작업"의 표시로 삼는다.

기도는 세상의 요구에 의해 좌우되는 활동이 아니다. 외부의 기대에 따른 것이 아니다. 기도는 난초처럼 비실용적이다. 유용성이 가장 적으며, 가장 섬세한 꽃과 같다. 그럼에도 다른 모든 일보다 우선한다.

울프의 두 번째 의식은 식사와 관련된 것으로 교회의 예배 사역을 상징한다. 모든 식사는 빈틈없이 완벽하게 준비된다. 거기에 최대의 기술이 투입된다. 울프의 요리사인 프리츠 브레너는 식견이 풍부하고 노련한 사람이다. 교회가 예배하러 모일 때에는 대충 '패스트푸드'로 해치우는 일이 있어서는 안 된다.

울프의 만찬 식탁에서 사업 이야기를 하지 않는 것은 중요한 의미다. 예배는 당신의 정신에서는 엉뚱한 것을 생각하면서 뒤편에서 참여하는 그런 활동이 아니다. 그것은 무언가 '실용적인' 것을 부추기는 것이 아니라 그 자체로 중요하다. 식사 시간에는 일을 제외한 어떤 관심사를 얘기해도 좋다. 예배 시간에 하는 기도와 설교는 어떤 일을 이루기 위한 플랫폼, 일종의 선전활동이 되어서는 안 된다.

아치는 이렇게 말한다. "…이 울프의 만찬석상의 대화가 지닌 매력적인 점이다. 식사 시간에 그는 세상에 살인 사건과 같은 일이 있었다는 것을 기억하지 않기로 했다"《겁먹은 사람들 연맹》). '실용적인 설교'는 퇴출된다. 날마다 이어지는 훌륭한 식사에 비해 일요일은 훨씬 돋보인다. "이제는 울프가 일요일 아침을 프리츠와 함께 부엌에서 특별한 요리를 준비하는 것이 관례가 되었다"《책에 의한 살인 Murder by the Book》).

사역의 동료

기독교 사역의 상징성은 네로 울프에게만 해당되지 않는다. 그에게는 꼭 필요한 동료가 있다. 그는 '증인'이라고 불리는, 교회 사역의 한 측면을 상징하는 아치 굿윈이다. 울프와 아치가 짝을 이룰 때에만 기독교 사역을 제대로 상징할 수 있다.

이야기를 들려주는 인물은 아치다. 울프는 자신에 대해 얘기하는 걸 좋아하지도 않고 그럴 필요도 없기 때문에 아치 없이 우리는 아무것도 알 수 없다. 역사학자 자크 바준Jacques Barzun은 "아치 Archie는 (꼼꼼하게 읽는 비평가는 그의 이름으로부터 알게 되듯이) 하나의 원형arche-type이다"라고 말했다. 교회 사역은 과거를 회상하고, 권력을 정돈하고, 의지를 집약하는 센터일 뿐 아니라 다른 활동도 한다. 아치는 교회 사역 가운데 세상에 참여하는 측면을 상징한다. 그는 싸움에 뛰어들고, 재치 있게 말하고, 로비와 택시와 술집을 두루두루 아는 인물이다. 또한 남의 말을 잘 들어주고 정보를 잘 입수한다. 그리고 울프에게 잘 보고한다. 하지만 그는 많은 의견을 내놓지 않을뿐더러 이야기의 주인공이 되려는 마음조차도 찾을 수 없다.

그는 자기가 왜 메시지를 전달하는지, 왜 증거물을 수집하는지 이유를 모를 때가 많지만, 그래도 명령에 잘 반응하는 편이다. 그렇다고 항상 흔쾌히 그렇게 한다는 뜻은 아니다. 사실은 이유를 모르는 채 어떤 일을 하라는 지시를 받으면 꽤 짜증을 내곤 한다. 그는 완전한 계획을 알고 싶기 때문에 울프가 자기 마음속에 있는 생각을 밝히지 않으면 불끈 화를 낸다. 울프가 과거에 언제나 충분한 자격이 있음을 입증했지만, 아치는 때때로 그에 대해 의심하곤 한다. 이처럼 의심과 짜증을 번갈아가며 표출하면서도 '증인'으로 맡은 일을 순종적으로 수행한다. 울프에게는 그가 필요하다. 실은 해결책에 도달하는 과정에서 울프는 그의 말과 행위가 필요하기 때문에 그가 없이는 제대로 움직일 수 없는 처지다.

아치의 독립 정신은 그로 손을 놓을 뻔하게 만들 때가 많지만 언제나 재고한(회개한) 뒤에 곧바로 울프의 조수 자리로 되돌아온다. 그러나 그가 단지 지시만 받는 것은 아니다. 아무런 지시가 없는 상황에 처할 때는 자율적으로 움직이는 것이 그의 규칙이다. "울프의 구체적인 지시가 없을 때는 내가 경험에 따른 지성을 활용하는 것이 일반적인 지침이었다"(《갬빗》).

이는 기독교의 증인과 유사한 점이 많다. 증인은 무작정 움직일 때가 많은 편이다. 그는 도처에 미움과 불의와 질병이 만연한 세상에서 사랑과 정의와 건강을 증언하라는 명령을 받는다. 그는 그것을 둘러싼 모든 논리를 결코 깨닫지 못한다. 그리고 '조물주의 마음속'을 들여다볼 수 없기 때문에 의심도 하고 짜증도 낸다.

이 일에서 돋보이는 아치의 창의적 부분은 울프가 계속 일하게 만드는 것이다. ("연필 깎는 일부터 방문객이 총을 겨누기 전에 그를 제압하는 일까지 내가 월급을 벌기 위해 하는 모든 일 가운데 가장 중요한 것은 울프를 압박하는 일이고, 그는 이 점을 알고 있다"(《살인마 삼인방 Homicide Trinity》)). 사소한 범죄들은 그의 관심을 끌지 못한다. 그러나 선과 악의 모든 에너지를 집중시키는 살인은 그가 지닌 최고의 에너지를 불러일으킨다. 이와 비슷하게 기독교 사역 또한 궁극적으로는 죄에만 관심이 있다. 세상에서 일어나는 많은 일이 흥미롭지만 교회는 관심 없다. 이 사역의 전공 분야는 죄와 죄인들이다. 기독교의 증인은 교회에 죄 문제를 제시하며 그에 대해 조치를 취하도록 부추기는 등 교회가 그에 대해 온전히 반응하도록 촉구한다.

음/양

울프와 굿윈(기독교 사역의 음/양)은 뉴욕 시 경찰청의 경관 크레이머와 대조되어 무척 돋보인다. 울프/굿윈 짝은 선행 중심의 인본주의적 사역의 유형인 크레이머와 대조를 이룬다. 후자는 좋은 의도로 올바른 일을 하려고 애쓰지만 결국 그 일은 수포로 돌아간다. 크레이머는 울프/굿윈이 하고 싶은 일, 말하자면 살인의 문제를 해결하기를 원한다. 즉 세상이 왜 잘못되었는지를 알아내어 조치를 취하고 싶어 한다. 그러나 스타일은 완전히 다르다. 크레이머는 행동주의자다. 그래서 지문 채취와 추적, 증거 수집과 실마리를 쫓는 데 수많은 일꾼을 투입한다. 그는 난리법석을 피웠고, 돈을 많이 썼으며, 훌륭하게 일을 처리했다. 울프도 이런 크레이머의 장점을 인정하고 때로는 그런 점에 의존하기까지 한다. 그러나 크레이머는 도움을 받으러 울프의 집으로 와야만 했다.

양자는 뚜렷한 대조를 이룬다. 세상은 좋은 의도를 갖고 있으나 지혜가 없고 해결 능력이 없다. 아무도 크레이머가 식물 방에서 두 시간은 고사하고 2분을 보내는 것조차 상상하지 못한다. 그는 바쁘다. 그는 많은 일을 수행한다. 다른 한편, 교회 사역은 인격 및 인격 형성과 관계가 있다. '의인은 믿음으로 살 것'임을 알기 때문이다. "이 우리에 들지 아니한 다른 양들이 내게 있어…"(요 10:16)라는 예수가 하신 말씀의 뜻을 이해하기 위해 1세기의 사마리아인들로부터 다른 행성이나 은하계에 사는 거주민들에 이르기까지 사람들은 온갖 억측을 감행해왔다. 그러므로 이 말씀을 세속화된 20세기의 세계를 위한 교회 사역의 모델이 되는 '울프의 옷을 입은 양'을 언급하는 말씀으로 보는 것도 개연성이 있다.

커피 잔 사이의 키텔[1]

매주 화요일 11시 30분부터 2시까지 몇몇 메릴랜드 목사들은 설교 준비의 첫 단계로 성경 석의 모임에 참석했다. 설교를 만드는 작업은 거의 이뤄지지 않은 상태다. 모임의 초점은 석의에 둔다. 즉 성경을 정확하게 또 신학적으로 읽으려고 의도적인 노력을 기울이는 것이다.

주최하는 목사는 커피 주전자를 올려놓고 각 사람은 자신의 점심을 가져온다. 이 그룹은 여러 교단에 속한 열세 명 정도의 남녀로 구성되어 있다. 이제까지 10년 동안 존속된 모임이다. 그동안 구성원에 약간의 변화가 있었지만 놀랍게도 스타일과 목적은 거의 변함

---

* *The Princeton Seminary Bulletin* (October 1973)에 실렸던 글.
1 Kittel, 정결을 목적으로 속죄명절에 유대인 남성이 착용하는 겉옷, 수의라고도 한다 - 편집자 주

이 없다. 이는 토마스 만의 글에 나오는 나무꾼과 도끼 같았다. 때로는 도끼자루가 낡아 나무꾼이 그것을 갈고, 때로는 머리가 닳아서 그 부분을 갈지만, 그것은 언제나 똑같은 도끼다.

디트리히 리츨Dietrich Ritschl은 설교에 관한 뛰어난 책, 《복음 선포의 신학The Theology of Proclamation》에서 설교를 준비할 때 '동역자들'을 활용하라고 격려했다. 목사는 장로든 집사든 젊은이든 누구를 막론하고 관심 있는 사람들과 매주 만나서 한 텍스트를 정해놓고 함께 공부해야 한다고 말했다. 그들의 의문과 필요와 통찰력이 강해의 과정에 영향을 준다는 것이다. 이렇게 준비하면 설교는 그저 설교자가 일방적으로 교인에게 말하는 것이 되지 않을뿐더러 성직자와 평신도 간의 분열이 치유될 것이다. 나아가 설교는 훨씬 더 하나님의 백성(목사와 교인들) 모두의 참여를 보다 더 이끌어낼 것이다. 그의 논지인즉, "온 교회가 오직 예수 그리스도만이 보유하고 있는 복음 선포의 직분에 참여하도록 부름을 받았다…"는 것이다. 그렇지만 그런 그룹이 설교 준비의 모든 과정에 참여해야 한다는 뜻은 아니다. 그는 좀 더 기본적인 점을 강조했다. "일차적인 과제는 석의의 재발견이다. … 석의는 설교자가 매주 해야 할 작업이다. 그렇지 않으면 그는 충실한 목사가 아니다."

리츨이 미처 제안하지 못했던 것은 그가 '일차적인 과제'라고 불렀던 석의 작업에서 동역자들을 활용하는 일이었다. 당시만 해도 메릴랜드 목사들 중에는 아무도 그 책을 읽지 않았는데도 동일한 시기(1960년대)에 매주 함께 모여 이 작업에서 서로 돕고 도전하는 법을 배움으로써 석의 작업에 대한 '동역자적' 접근을 개발하고 있었으니, 그것은 우연의 일치라고밖에 볼 수 없을 것이다. 그들은 견실한 석의가 꼭 필요하다고 확신했을 뿐 아니라 홀로 작업하지 않고 서로를 지지하는 가운데 그 일을 수행하는 모임을 발전시켰다.

|

텍스트를 선정할 때는 주로 성구집lectionary을 이용한다. 성구는 계절에 따라 다양하다. 주현절과 사순절에는 복음서를, 부활절에는 서신서를, 오순절에는 구약성경을, 강림절과 성탄절에는 다시 복음서를, 주현절과 사순절에는 서신서를 각각 봉독한다.

그룹에 참여하는 사람은 돌아가면서 리더 역할을 맡는다. 모든 참석자가 준비 작업을 하지만 리더는 더 열심히 준비하도록 되어 있다. 그는 단락을 분석하고, 단어 공부를 하고, 해당 단락과 관련한 해석의 역사를 살펴보고, 석의적인 비평을 제공한 뒤에 특정한 회중의 필요에 비추어 강해할 수 있는 방안을 제시한다. 우리는 텍스트를 탐구하고 토론을 벌인다. 다양한 생각이 오가는 과정에서 나중에 강해할 때 활용할 수 있는 많은 자료가 쏟아져 나온다. 물론 그 자료 가운데는 적실한 것도 있고 그렇지 못한 것도 있다.

모임은 2시에 끝난다. 이후 그룹으로 수행한 석의 작업을 각 개인이 설교 준비에 활용할 수 있는 시간은 무려 닷새나 된다.

사람들이 아주 꾸준히 잘 참석하는 것을 보고 한번은 내가 그들에게 이유를 물은 적이 있다. 그런데 놀랍게도 모든 응답이 석의 작업 이외의 것과 관련이 있었다. 하지만 그룹이 구성된 목적은 어디까지나 석의 작업에 있었다. 그들이 언급한 것은 개인적으로 지지받는 일, 전문가 공동체에의 소속감, 서로를 용납하는 믿을 만한 그룹이라서 개인 및 교회 문제를 마음 놓고 털어놓을 수 있다는 점 등이었다.

그룹은 석의 작업을 하다가 일종의 비공식적인 치료 작업으로 넘어갈 때가 적지 않다. 한 목사는 교회 리더십에 대해 주체하지 못할 정도로 화를 내서 진행되던 석의 분석이 엉뚱한 문제로 중단된 적도 있다. 그럴 경우에는 모든 사람이 석의 작업을 내려놓고 30-40분 동안 그의 감정을 추스르는 데 열중한다. 혹은 가까운 사람과 사별한 목사가 있어서 다른 참석자들의 위로를 받는 경우도 있다. 이처럼 개인적 차원과 전문가적 차원 모두에서 투자할 만한 가치가 충분히 있는 모임이다.

II

그럼에도 모두들 엄밀한 석의 작업에 집중하지 않는다면 그것은 지혜롭지 못할 것이라고 생각한다. 예를 들어보자. 여섯 사람이 가령 1,600킬로미터나 떨어진 목적지를 향해 자동차 여행을 떠난다고 하자. 여행의 목적은 목적지에 도달하는 것이다. 그런데 여행하는 도중 소수의 동반자가 신 나는 이야기꾼이라는 사실을 알고 즐거워한다. 고속도로가 시골을 지나갈 때는 아름다운 경관이 시선을 끌고, 운전사들도 '목표 달성'에 급급하지 않아서 이따금 차를 세우고 초원이나 산을 구경할 수 있는 것을 다행스럽게 여긴다. 여행이 계속되는 동안 여섯 명은 멋진 경치도 즐기고 함께하는 사람들도 즐기고 있다.

드디어 목적지에 도착한 뒤에 인터뷰를 할 때 각 사람에게 여행의 가장 중요한 부분이 무엇이었느냐고 묻는다. 한 사람은 뾰족이 솟아오른 산의 정상을, 또 한 사람은 유별나게 다채로운 꽃을, 또 어떤 이는 동반자들과 나눈 신나는 대화를 각각 언급할 것이다. 질문에 대해 설사 아무도 "여기에 도착한 것이 가장 중요한 부분"이라는 자명한 대답을 하지 않았다고 해도 그것은 충분히 이해할 만하다. 개인적인 인상과 경험이 그 여행의 가장 보람 있는 면으로 다가올 것이다. 그렇지만 그들이 목적지에 도착하지 못했다면 모든 것이 수포로 돌아갔다고 짜증을 내고 불평할 것이다. 그리고 아무도 그런 경험을 되풀이하고 싶지 않으리라.

이 예화는 그룹을 묘사하기에 안성맞춤이다. 사실상 성경의 석의가 그룹의 목적지이고 모두가 작업을 진지하게 여기고 있다. 각 사람은 그것 때문에 그룹에 속해 있다. 각자는 돌아가면서 '운전사'의 책임을 맡고 결국에는 목적지에 도달할 것을 보장한다. 그렇다고 해서 누군가 밖에 나가서 구경하길 원할 경우 잠시 동안 정차하면 안 된다는 뜻은 아니다.

흥미로운 현상은 그룹에 새로운 멤버가 동화되긴 어렵다는 점이다. 앞의 예화로 말하자면 도중에 여행에 편승한 사람은 애를 먹는다는 것과 같다. 물론 겉으로는 방문객에게 예의를 차리지만 신입 환영회를 톡톡히 치른 사람들은 모임을 편하게 느끼기까지 여러 달이 걸린다는 것을 알고 있었다. 이유의 상당 부분은 집단이 가지는 역학의 강도로 설명할 수 있다. 하지만 신참자의 입장에서 목사들이 석의에 대해 그토록 진지하다는 것을 믿기 어렵기 때문에 그럴 수도 있다. 방문객은 '편승 여행자'인 만큼 기존의 멤버들과 동일한 헌신도가 없다. 말하자면 그의 기대치는 로터리클럽 같은 쾌활한 분위기나 '설교 아이디어를 얻는 것' 정도의 수준에 머문다는 뜻이다. 그처럼 진지한 주해 작업에 적응하려면 상당한 시간이 필요하므로, 다수는 그런 필요성을 못 느끼거나 그와 같은 목적을 공유하지 않기 때문에 조용히 빠져나간다.

그룹의 효과성과 응집성은 목회사역에 대한 공통된 관념에서 나온다. 이는 설교를 진지하게 여기고, 탄탄한 해석이 설교에 꼭 필요하다는 것을 알고, 훈련과 동기유발을 위한 동료들의 필요성을 받아들이는 것을 뜻한다. 목사는 주일 오전 설교 시간에 모든 교인 앞에서 가장 눈에 띄는 위치에 서게 된다. 그러나 회중의 삶이나 주변 문화를 보면, 설교가 사실상 목회사역의 핵심이란 확신을 품게 하는 요소는 지극히 적은 반면 그것을 하찮은 것으로 여기게 하는 요소는 상당히 많다. 설교의 목표와 강력한 설교에 필요한 훈련을 중요하게 여기는 목회자들의 모임은 장기적으로 그런 확신을 공급해주는 저수지와 같다.

III

이 모임은 설교를 하려면 석의 작업exegesis과 강해exposition 등 양쪽 모두에 공동체가 필요하다는 점을 입증했다. 강해를 할 때 공동체가 필요한 것은 자명하다. 설교는 청중을 전제로 하는 일이기에 설교자가 홀로 설교한다는 것은 어불성설이다. 그런데 강해를 하는 데 회중이 필요한 만큼 석의 작업에도 공동체가 필요하다. 사회에 기독교적 전제, 다시 말해 사람들 사이에 설교가 중심이라는 여론이 조성되어 있는 동안에는 아무런 문제가 없었다.

설교를 준비하는 과정에서 석의 작업을 수행하는 동안, 목사는 사람들의 기대감을 생각하면 가슴이 뿌듯했다. 설교가 중요하다는 그들의 생각이 목사의 석의 작업을 지지해준 셈이다. 당시의 문화는 석의학자의 편이었다. 반면에 오늘날의 목사는 그런 지지를 받지 못한다. 주일에 설교를 듣는 회중이 많아졌다 할지라도, 주중에 목사로 하여금 사유하고 기도하고 설교 준비를 하도록 지지해주는 공동체는 거의 없다. 세상은 행동주의 색채를 띠며, 문화는 세속적이다. 사람들이 품은 전제는 설교를 가능케 해주는 석의 작업에 무관심하다.

최근 한 신학 저널에 "텍스트에서 설교까지"란 제목이 붙은 글이 연재된 적이 있다. 여러 설교자들이 설교를 만드는 과정을 쓴 것이다. 각 사례마다 석의 작업은 힘겹고 가혹하고 필수불가결하다. 그런데 놀라운 점은 그들 가운데 누구도 공동체를 석의 작업의 일부로 이야기하지 않는다는 것이다. 설교를 준비하는 일은 모든 경우에 개인적인 과업으로 간주되고 있다. 서재에서 홀로 수고하는 설교자의 모습인 것이다. 그러나 이런 종류의 석의 작업, 즉 성경 언어를 다룰 줄 아는 기술, 신학자들에 대한 지식, 타당한 해석 절차를 따르는 인내심 등이 필요한 작업을 교구 목사들이 매주, 해마다 홀로 수행해낼 가능성은 많지 않다. 반면에 여기에서 묘사한 목사들, 즉 한 손에 커피 잔을, 다른 손에는 키텔을 들고 매주 만나는 목사들 사이에는 그런 작업이 계속 이어지고 있다.

고대 이스라엘에서 야훼 신앙이 멸절될 위기에 봉착했을 때 베네 하나빔(*bene hanabim*, 선지자의 아들들)이라 불리는 집단이 있었다. 우리는 주전 9세기와 10세기 이스라엘 왕국의 남부 여러 곳에서 그들을 접하게 된다. 그들이 정확히 무슨 활동을 했는지는 알려진 바가 없지만, 예언을 말할 수 있는 환경을 조성하고 하나님의 백성 가운데 예언자의 직분이 유지될 수 있는 공동체를 이룩했다는 것은 확실하다.

성경적인 설교는 오늘날 그와 비슷한 위기에 처해 있다. 설교자는 사람들의 기대를 한 몸에 받고 있는 상황이 아니다. 성경적 설교의 기본 요건인 석의 작업도 환영받는 분위기가 아니다. 그러나 우리 문화가 설교에 필요한 고된 석의 작업에 관심을 보이지 않는다고 해서 목사가 그 작업을 게을리해선 안 된다. 그런 환경은 그저 몇몇 동료들을 점심식사에 초대하는 것으로 얼마든지 조성할 수 있다. 얼마 안 되는 커피 값으로 목사들은 석의 학교를 창설해 그들의 자존감을 세우고, 그들의 소명을 북돋우고, 진부하기 짝이 없는 텍스트에 신선한 통찰을 공급할 수 있는 것이다.

행사를
주관하는 법

대부분의 목회사역은 그늘진 곳에서 은혜를 찾아내고 지친 인생의 불씨를 살려내는 등 눈에 잘 띄지 않는 곳에서 일어난다.

우여곡절이 많고 모순투성이인 회중의 삶에서 하나님이 당신의 목적을 이루어갈 때(결국에는 그 목적이 드러날 것이다) 목회자들은 매주, 해가 거듭할 때마다 교인들과 함께하며 복음을 선포하고 인도하고, 격려하고 가르치는 일을 수행할 수 있다.

이는 삶의 지루한 일상조차 믿음으로 진지하게 받아들이는 것을 의미한다. 안개와 빗속에서 초월세계를 증언하는 것을 뜻한다. 때때로 깜박거리는 영광의 빛을 보다가도 까닭 모를 긴 터널을 통과해야 하는 사람들 사이에 소망을 품고 사는 것을 의미한다. 이것은

* *Leadership* (Spring 1987)에 실렸던 글.

힘겹고 매력적이지 못한 사역이다.

그런데 사역을 하다 보면 심심찮게 의미심장한 불꽃이 활활 타오르는 사건들이 끼어든다. 떨기나무에 불이 붙었는데 꺼지지 않는 것이다. 그 사건에 의해 사역이 우리를 위해 이루어진 것처럼 느낀다. 이런 행사를 치르는 데 우리가 하는 일은 하나도 없다. 기도회도 없고, 전략적인 기획도 없고, 위원회 사역도 없고, 제단으로의 초청도 없다. 그런 행사들은 불신자들 사이에서도 일종의 경외심을 불러일으키는 의미심장한 것으로 받아들여진다. 일상에 끼어드는 이런 사건들은 위로하고 축하하는 자리로 변모한다. 결혼식, 장례식, 세례식, 봉헌식, 기념식, 졸업식과 같은 인간의 업적을 기리는 행사가 된다. 많은 인생은 의미의 부재를 광란이나 환상으로 보충하려 하지만 이런 경우에는 오히려 의미가 넘쳐난다. 사랑의 황홀경, 죽음의 존엄성, 생명의 경이감, 고상한 업적….

이런 경우들은 일상의 그릇을 터뜨리고 풍성함을 맛볼 수 있는 폭과 여유를 요구한다. 여태껏 그 어떤 사랑도 충분히 기뻐한 적이 없었고, 그 어떤 죽음도 충분히 슬퍼한 적이 없었고, 그 어떤 생명도 충분히 흠모한 적이 없었으며, 그 어떤 업적도 충분히 기린 적이 없었다. 사람들은 시간을 챙겨두고, 장소를 정리하고, 친구들을 부르고, 가족과 친척을 모으고, 공동체를 소집한다. 거의 예외 없이 목사에게 사회를 부탁한다.

그런데 도착해보면 우리는 별로 필요 없는 존재처럼 보이고 거의 눈에도 띄지 않는다. 목회사역의 아이러니 중 하나는 목사가 중심에 있지만 사실상 이런 행사에서 모든 사람이 목사를 변두리 인물로 인식한다는 점이다. 물론 아무도 이 점을 입에 담지는 않지만 다들 사람, 죽음, 탄생, 성취를 축하하는 행사에 몰입해 있다. 아무도 목사에게 행사에 무슨 의미가 있는지 묻지 않는다. 의미는 행사의 중심에 있는 신랑과 신부, 관, 아기, 귀빈을 통해 불 보듯 뚜렷하게 볼 수 있다.

이런 상황에서 목사는 영화 관객의 '다섯 번째 임무'와 같은 존재다. 관례에 따라 필요하지만 행사에는 부수적인 존재, 방관자이지만 중요한 인물이란 뜻이다. 참으로 이상한 노릇이다. 우리는 결코 그런 역할에 익숙해지지 않는다. 아니, 적어도 나는 그렇다. 날마다 눈에 띄지 않는 일을 수행하는 중에 우리가 정말 필요한 존재라고 느낄 때가 종종 있다. 다른 사람들의 눈에 띄지 않을 때라도 우리는 자신을 영향력이 있는 존재라고 확신한다. 이유인즉 우리는 버려진 자리, 사별한 인생, 에스겔이 말하는 무너진 성벽의 '틈'(겔 22:30)으로 올라가서 그리스도의 말씀을 전하고 그리스도의 자비를 증언했기 때문이다. 그러나 식탁의 귀빈석에 앉은 상황에서도 우리는 모든 사람이 보기에 주변적인 인물에 불과하다.

각광받는 자리는 어디인가?

결혼식에서는 사랑이 찬미를 받는다. 결혼식 분위기는 사랑과 존경으로 빛난다. 여기에 가장 멋진 모습을 하고, 서로 사랑하고, 함께 신실한 삶을 살겠다고 첫 발을 내딛는 두 사람이 있다. 그 발걸음이 얼마나 어렵고 또 얼마나 놀라운 모험인지 사람들은 모두 알고 있다. 감정에 북받쳐서 눈물이 나고 웃기도 하고 들뜬 표정을 숨기지 않는다. 잠시 동안 동일한 무대에 가족들과 친구들을 다 함께 끌어들이는 이 고급 드라마에서 사실상 목사는 기껏해야 자그마한 몫을 담당하는, 보이지 않는 존재다. 기하학적으로 보면 우리는 행사의 중심에 있지만 모든 시선은 다른 곳을 향해 있다.

장례식에서는 죽음이 존엄성을 얻는다. 엄숙한 의례는 죽은 자가 거기에 없다는 사실에 초점을 맞춘다. 이 식이 거행되는 동안에는 부재不在가 현존보다 더 강력하다. 통곡으로 표출되든 조용한 울음으로 표현되든, 슬픔의 눈물은 후회와 원한의 감정이 아닌 용납과 감사의 마음으로 흐른다. 목사를 포함한 산 자의 눈동자를 흐리는 눈물은 죽은 자에 대한 감사의 마음을 명료하게 보여준다.

세례식과 유아 봉헌식에서는 생명의 순전한 경이로움이 어른의 세계를 압도한다. 갓난아기가 발산하는 찬란한 빛은 방관자들조차 찬양하게 만든다. 세례식이나 봉헌식에서 유아를 안고 있는 목사는 그보다 몇 배나 더 크고 강하고 지혜롭지만 아기의 빛나는 모습에 가려지고 만다.

기념식과 졸업식, 기공식과 개업식 등 어떤 업적을 공인하고 사업이 출범하는 다양한 공동체 행사에서는 집단적인 칭찬이나 기대가 다른 모든 것을 흡수해버린다. 모든 눈과 모든 귀는 오늘의 주인공,

새로운 프로젝트, 성취된 과업, 쟁취한 승리에 주목한다. 앰프 시설이 잘 작동하는 가운데 조명을 받으며 기도하는 목사는 각광을 받는 존재가 아니다. 그의 기도소리는 허공에 의미 없이 울려퍼진다.

이런 행사들이 열릴 때 목사는 전면에 나서서 기원과 축도를 하고 순서를 주관하고 강연을 하기에 가장 눈에 띄는 위치에 있으면서도 거의 주목을 받지 못하는 존재다.

단 한 가지 필요한 것

목사가 순서를 진행하고 주도권을 쥐는 만큼 주목받아 마땅한데도 아무도 그를 주목하지 않는다면 도대체 어떻게 된 일일까? 이런 행사가 이루어지는 동안 목사는 변두리에 있다. 아무도 그의 말을 들으려고 오지 않았다. 목사는 평소에 필요한 존재라고 생각했는데 여기서는 전혀 그렇지 않다.

어느 누구도 목사에게 모인 사람들을 향해 지금 위대한 일이 일어나는 중이라고 말해달라고 부탁하지 않는다. 이것은 결코 반복되지 않는 유일무이한 행사이고, 여기에 참석하는 특권을 누리는 사람들이라고 선포해달라고 목사에게 요청하지 않는다. 이는 너무도 명명백백해서 완고한 사람이나 마음에 할례를 받지 않은 자라도 놓칠 수 없다.

그러면 우리는 왜 거기에 있는 것일까? 우리는 '하나님'을 말하려고 거기에 있다. 한 가지 이유, 그 단 한 가지 이유 때문에 거기에 있는 것이다. 바로 기도하기 위해서다. 우리는 충만하여 차고 넘치는 기쁨, 슬픔, 즐거움 혹은 감사의 에너지를 잠시나마, 아니 최대한 길게, 하나님께 집중시키기 위해 거기에 있다. 우리는 개인적으로 하나님을 이야기하고, 기도를 통해 그분의 이름을 분명하고 뚜렷하고 당당하게 말하기 위해 거기에 있다. 우리는 우물쭈물하거나 목청을 가다듬거나 얼버무리거나 선전하거나 개종시키거나 교묘히 유도하는 일 없이, 오직 하나님을 말하기 위해 거기에 있다. 그런 행사에서 이밖에는 할 일이 없다. 거기에는 모든 사람이 취할 만한 것들이 이미 충분히 준비되어 있기 때문에 우리가 덧붙일 것은 없다. 단지 위대한 이름, 곧 아버지와 아들과 성령을 말하는 것이 필요하다.

모든 사람은 하나님을 향한 갈증을 품고 있다. 갈증은 여러 모양으로 위장되고 오해되고 있지만 언제나 사람들 마음속에 있다. 누구라도 환경이 그의 의심이나 반항을 극복하게 해주거나, 지루한 일상에서 벗어나게 해주거나 안락한 숙소에서 밀어내기만 하면, "나의 주, 나의 하나님!"이라고 외칠 준비를 하고 있는 것이다. 그런 행사에 참석하는 사람들 중 다수는 교회의 문턱을 밟은 적이 없고, 하나님을 멀리하고자 최선을 다하고, 그리스도를 주님이자 구원자로 고백할 생각을 품은 적이 없다. 사람들은 목사 근처에 있는 것이 어색하고, 적지 않은 이들이 목사들에게 공손을 가장한 경멸을 보낸다. 그렇기 때문에 어쩌면 우리가 변두리 인물로 보이는 것이 당연할 수도 있다. 하지만 그런 행사 자체는 놀라운 은혜Grace, 눈부신 설계Design, 불굴의 소망Hope, 용감한 신실함Faithfulness을 의식할 수 있는 계기를 마련해준다.

의식하는 것이 필요하되 그것만으로는 충분하지 않다. 의식의 고양은 서문에 불과하다. 의식 자체는 금방 종교적 감상주의나 낭만적인 눈물로 변질되거나, 애국적인 오만이나 바리새인 같은 속물근성으로 굳어지기 마련이다. 우리가 할 일은 그런 의식을 유도하되 이런 주관적 감정을 지나서 공공연한 장소로 나와 하나님을 말하도록 하는 것이다.

하나님을 입에 담는 한, 이런 행사에서는 가급적 적게 말하는 것이 낫다. 목사는 행사 자체가 전하는 설교에서 주의가 산만해지지 않도록 주제넘는 언행을 삼가야 한다. 목사가 할 일만 하면 된다. 위대한 이름을 공표하고 갈증을 이야기하는 일이 그것이다. 그런데 주의가 산만해지기 너무 쉽다. 너무나 많은 일이 진행되고 있고, 보고 듣고 말할 것도 무척 많다. 온갖 감정도 넘쳐흐른다. '기회'에 대해서도 많이 생각한다. 그러나 목사에게 주어진 과제는 '단 한 가지 필요한 것', 곧 눈에 보이지 않는 고요한 중심인 하나님과 관계가 있다.

이런 행사에서는 폴란드의 유대교 랍비 나프탈리의 충고를 듣는 것이 최선이다. 서론은 간단하게, 결론은 갑자기 끝내되, 그 중간은 텅 비어놓으라는 충고….

이 정도로 억제하는 일은 쉽지 않다. 우리도 모르는 사이에 달갑

잖은 변두리 위치에 분개해 자신을 전면에 밀어 넣고 남의 주목과 인정을 받겠다고 나서기가 쉽다. 보통은 귀에 거슬리는 소리, 감상적인 태도, 근사한 모습 등 어떤 태도나 말투로 그렇게 한다. 물론 마치 우리가 대표하는 하나님의 지상권을 높이 드는 것처럼 생각하며 그분의 이름으로 그렇게 한다.

이런 행태는 목사들이 자주 보이는 모습이다. 그러나 이런 자세는 하나님께 영광을 돌리지 못한다. 오직 성직자의 허영심만 선전할 뿐이다. 이는 무모한 짓에 불과할뿐더러 그것조차 그리 성공적이지 못하다. 우리가 비록 예복을 입은 눈부신 '목사님'이라 할지라도, 목회자는 기도를 부탁받은 행사를 성사시킨 사람들이나 이벤트에 비교할 만한 존재는 아니다.

금송아지 나라에서

한편으로 이런 의례와 행사에서 우리가 가장자리를 지켜야 할 또 다른 이유가 있다. 이곳은 금송아지 나라다. 종교적 정서는 고조되고 있으나 시내 산에서의 가르침과 갈보리 사건에서 너무도 동떨어진 방식으로 나가고 있다. 모든 사람에게 하나님을 향한 깊은 갈증은 있지만 우리 중 어느 누구도 그분에 대한 큰 열망은 없다. 정말로 원하는 바는 스스로 신이 되는 것이고, 주변에 어떤 신들이 있든 이 일에 도움을 받고 싶을 뿐이다. 비그리스도인들뿐 아니라 그리스도인들도 그렇다.

우리 땅은 에덴의 동쪽에 있으므로 이 땅에서는 자아Self가 왕 노릇 한다. 우리가 자라면서 배운 문답은 거의가 일인칭으로 되어 있다. 나는 어떻게 그것을 만들 수 있을까? 나는 어떻게 잠재력을 극대화할 수 있을까? 나는 어떻게 은사를 계발할 수 있을까? 나는 어떻게 핸디캡을 극복할 수 있을까? 나는 어떻게 손실을 줄일 수 있을까? 나는 어떻게 영원토록 행복하게 살고, 수명을 늘리며, 이대로 영원한 세계에 이를 수 있을까? 이런 질문들에 대한 대답을 살펴보면 대부분, 인생길을 걸으며 신앙을 좀 갖는 것도 괜찮다는 생각이 깔려 있다.

우리를 일상생활에서 벗어나게 하는 모든 행사는 이런 질문에 약간의 강도를 더한다. 목사들은 보통 그런 행사에 참석하고 종교 문제의 전문가란 평판을 갖고 있는 만큼, 사람들은 종교적 차원에서 그들의 열망을 정당화시켜주길 기대한다. 그러면 목사는 사람들의 기대에 부응하고 싶어진다. 우상숭배에 잘 빠지는 인간의 성향을 잊어버린 채 점잖은 기도의 자리를 떠나고, 사람들이 자원해서 가져오는 감정적이고 종교적인 보석으로 금송아지 신, 낭만적인 사랑, 사랑의 추억, 순결한 삶, 감탄할 만한 업적을 만들고 '여호와의 절기'(출 32:5)라고 선포한다. 무슨 짓을 하고 있는지도 모른 채 목사는 사람들의 종교적 열망과 행사의 종교적 역학을 융합시켜 모든 사람을 만족시키려고 애쓴다.

칼뱅은 인간의 마음을 우상을 끊임없이 생산하는 효율적인 공장으로 보았다. 사람들은 흔히 목사를 공장에서 품질을 관리하는 엔지니어로 본다. 목사는 그런 자리를 받아들이는 순간, 소명에서 이탈한다. 사람들은 일이 더 잘 돌아가길 원하고, 좀 더 흥미로운 삶을 원하고, 어려운 때에 도움을 원하고, 그들의 사업에서 의미를 찾고 싶어 한다. 어느 의미에서 그들은 하나님을 원하지만 그 하나님은 '질투하는 하나님'도 아니고 '우리 주 예수 그리스도의 아버지'도 아니다. 대체로 그들은 그들 자신의 신이 되어 주도권을 쥐고 싶어 하면서도 어려운 부분에 대해서는 하나님의 도움을 기대한다.

인간은 그리스도의 주 되심에 헌신하지 않고도 얼마든지 종교적이 될 수 있고, 사람들은 방법을 훤히 알고 있다. 어린 시절부터 더 높은 생활수준에 이르는 과정에서 식별 있는 소비자가 되는 훈련을 우리는 많이 받아왔다. 그러므로 그들이 목사를 통해 그런 일에 도움을 받을 것을 기대한다고 해서 놀라서는 안 된다. 그러나 우리가 그런 기대에 편승하는 것은 일종의 배교 행위다. "모세가 아론에게 이르되 이 백성이 당신에게 어떻게 하였기에 당신이 그들을 큰 죄에 빠지게 하였느냐"(출 32:21). 아론의 변명은 서툴기 짝이 없지만, 우리가 그런 행사를 최대한 활용하기 위해 기도의 포기를 정당화시키는 모습과 그리 다르지 않다.

우리의 진정한 임무

교회와 공동체는 이런 행사를 주관하는 의무를 목사에게 맡기는 만큼 책임을 잘 수행해야 마땅하다. 그런 경우에 목사는 가급적 옳게 행동하고 말하고 준비하고 담당해야 한다. 일거수일투족이 모두 중요하다. 목사의 행동은 은혜를 전달하고, 말투는 경외심을 담아야 하며, 태도는 분위기를 좌우하고, 준비 작업은 경이로워야 한다. 그런즉 모든 면에서 노련해지기 위해 부지런히 노력해야 한다.

그러나 목사에게 기도할 의지, 고집스럽고 신실한 태도로 하나님의 행위와 존재에 집중하는 마음이 없다면 우리는 또 하나의 금송아지를 만드는 것이다. 이런 경우에 가장 중요한 것은 하나님의 말씀과 현존에 주의를 기울이는 일이다. 우리는 위대한 이름을 말하기 위해 이곳에 있고, 그것을 말함으로써 슬픔이나 자기 연민에 빠지지 않고 그리스도가 내려갔던 심연으로 향하게 하는 것이다. 또한 그 위대한 이름을 말하기 위해 이곳에 있고, 그것을 말함으로써 기쁨이 소란스러운 잡담으로 빠지지 않고 하나님을 찬양하는 쪽으로 향하게 한다.

성직자가 참석할 필요가 있는 모든 행사에서 목사가 맡은 임무는 바로 기도다. 다른 사람들이 알든 모르든, 기대하든 그렇지 않든 상관없이, 목사는 기도의 사람으로 거기에 도착한다. 그리고 변두리는 그런 의도를 품기에 가장 적합한 위치다. 목회자의 소명은 하나님이 그런 중요한 순간에 주시는 말씀에 반응해 그저 소금과 누룩으로 그 자리에 있는 것이다. 우리의 기도는 대부분 거기에 모인 사람들의 귀에 들리지 않을 것이다. 우리는 그들에게 감명을 주려고 기도하는 것이 아니라(그들은 이미 충분히 감명을 받은 상태다) 그들을 위해 중보기도를 드리는 것이다. 이런 기도로 하나님의 활동은 더욱 활발해지고 그 행사가 끝난 뒤에도 오랫동안 참석자들의 삶에서 계속 이어진다.

행사는 보통 한 시간 남짓이면 끝나지만 기도는 계속된다. 이것이 우리의 진정한 임무다. 계속 이어지는 기도의 공동체 안에서 결혼과 죽음, 성장하는 인생과 영구적인 업적을 하나님 앞에 올려드리는 것이다.

돌보는 법과
돌보지 않는 법을
가르치소서

그리스도인의 소명에 관해 말하고자 한다. 그리스도인이 되고 난 직후, 때로는 한참 뒤 우리에게 일어난 일이 소명으로 표출될 필요가 있다는 사실을 깨닫는 시점에 이른다.

나만 구원받은 것으로 충분치 않고 구원받은 삶을 나누고 싶은 지점에 이른다. 우리는 구원받은 삶에 내재된 책임을 떠맡고 하나님의 길과 사람의 길이 교차하는 지역 공동체에서 어떤 지위를 담당한다. 사람들은 길을 잃고 좌절하고 지치고 혼란스러운 상태로 이런 교차로에 나타난다. 교차로에서 그리스도인들이 수행할 임무는 길을 걷는 사람들에게 방향을 알려주고, 그들을 격려하고, 날씨와 도로 상태에 관한 정보를 제공하고, 다과를 대접하는 일이다. 그

---

* *Crux* 28, no. 4 (December 1992)에 실렸던 글.

곳은 자동차들이 맹렬히 돌진하는 엄청나게 바쁜 장소이고, 사고도 많고 부상도 잦은 곳이라 많은 돌봄이 필요하다.

그리스도인이 베푸는 사람이라는 것은 말할 필요가 없다. 폰 후겔 남작(Baron von Hugel 1852~1925: 이탈리아 출생으로 영국에 귀화한 가톨릭 신학자이자 철학자-옮긴이)은 "돌봄은 위대한 일이다. 기독교는 우리에게 돌봄을 베풀도록 가르쳤다"고 말하곤 했다. 그리스도인들은 돌보는 사람들이다. 만일 그렇지 않다면 그 신분을 오래도록 유지할 수 없을 것이다. 혹은 믿을 만한 존재로 오랫동안 남을 수 없을 것이다. 돌봄이란 단어는 우리 공동체 전통의 중심에 있다. '영혼의 치유 cura animarum'란 말은 우리 역사에 거듭 나오는 어구다.

이 말은 따로 떼어놓은 의미들을 함께 묶어준다. 당신이 우리 문화와 같은 곳에 살고 있다면 사물이 깨어지는 것을 볼 수 있다. 이곳은 의미들이 깨어진 장소 중 하나다. '쿠라 cura'라는 단어는 치유 cure와 돌봄 care의 합성어이다. 치유는 한 사람이 건강을 회복하도록 돌보는 일이다. 돌봄은 궁핍한 사람에게 동정적인 동반자가 되는 일이다. 치유하기 위해선 우리가 하고 있는 일을 잘 알아야 한다. 응용 지식은 필요하지만 그것으로 충분하지 않다. 감정이입적인 배려는 필요하지만 그것으로 충분하지 않다. 쿠라는 두 가지 측면, 곧 치유하는 것과 돌보는 법을 묶어준다. 그러나 사전에 나오는 단어의 정의를 제대로 안다고 우리가 그렇게 행한다고 보장되는 것은 아니다. 주변을 살펴보면 분명히 알 수 있다.

여기에 커다란 아이러니가 있다. 우리는 여태껏 지구상에 살았던 그 어떤 세대보다 돌봄에 관해 더 많이 알고 있다. 과거에 비해 지금은 돌보는 기술을 전문적으로 훈련받고 그런 전문직에 종사하는 사람들이 훨씬 많은데도 불구하고, 날마다 현장에서 전해지는 보도는 사방에서 돌봄이 무너지는 소식이다.

사람들은 돌봄을 받는 대신에 학대와 착취, 강탈과 괴로움, 업신여김과 갈취를 당하고 있다. 물론 새로운 현상이 아니다. 돌봄이 필요한 사람은 상처받기 마련이고, 이런 취약성을 이용해 치명적인 죄를 범하게 만든다. 이제까지 수천 년에 걸쳐 사제들과 의사들, 간호사들과 상담사들이 양의 옷을 입고 미소를 머금은 채 우리 공동체를 활보하며 탐욕스러운 짓을 했다는 이야기가 전해지고 있다. 단테와 초서Chaucer는 돌보는 직업이 지닌 악행의 측면을 상당히 많이 다루는 이야기를 들려주었다. 그래서 이 같은 측면에 대해 더 이상 할 말은 없고 할 일도 그리 많지 않다. 하지만 단 하나, 몇몇 감시인을 세워 약한 자를 이용하는 범죄자를 잡는 일은 필요하다.

그런데 나는 돌봄의 붕괴에 나타난 다른 측면에 관해 얘기하고 싶다. 이 문제는 우리 문화 전반에 퍼져 있는 것 같지는 않다. 말하자면 기독교 공동체에 국한된 문제, 좀 더 미묘하고 나쁜 의도보다 좋은 의도가 훨씬 많이 관련된 문제를 다루고 싶은 것이다. 이에 대한 조치를 취하자면 나쁜 행동을 하는 사람들을 제거하는 것으로 충분하지 않다. 우리가 누군지, 다른 사람을 보살필 때 우리는 무엇을 하고 있는지 다시 생각하는 등 상상의 영역을 혁신하는 일이 필요하다. 우리는 소명에 따라 영위하는 직장생활의 광대함과 건강과 신성함을 회복할 필요가 있다. 달리 말하면 다른 이들과 관계를 맺는 직업 공동체에서 진정한 신앙적인 삶을 살아내야 하는 것이다.

이제 나는 몇 걸음 물러나 다른 방향에서 이 문제에 접근할까 한다. 먼저 T. S. 엘리엇으로부터 "우리에게 돌보는 법과 돌보지 않는 법을 가르치소서"라는 문장을 빌려오고 싶다. 이는 엘리엇이 회심한 뒤에 쓴 〈재의 수요일Ash Wednesday〉이란 시에 나오는 문구다. 이 기도는 기독교로 전향한 경험 속에 새겨져 있다. 엘리엇은 우리가 지금 다루고 있는 문제를 직접 경험했고 또 이에 대해 예언자적 목소리를 표명한 바 있기 때문에 이 문제에 관한 한 설교자의 자격을 충분히 갖고 있다.

그를 유명하게 만든 〈황무지Wasteland〉란 시에서 그는 하나님도 공동체도 전통도 없는 세계의 혼돈과 무미건조함을 보여주었다. 그것은 니체가 "하나님은 죽었다"는 표어로 지지 캠페인을 벌였던 세계였는데, 엘리엇은 이를 시로 표현했을 뿐 아니라 몸소 경험하기도 했다. 황무지는 그의 내면에 내재된 장소였고, 시로도 표출되었던 것이다.

물도 없고 나무도 없는 이런 땅에서 엘리엇은 날마다, 해마다 살아야 했다. 결혼은 그에게 끊임없이 굴욕과 죄책감을 안겨주었다. 가족과 고향으로부터의 소외는 정서적 유대와 유기적인 장소 감각을 단절시켰다. 이후 그는 그리스도인이 되었다. 그의 회심은 기독교를 경멸하는 교양인들 사이에서 일종의 스캔들이었고, 과거에 그가 권위 있는 저서로 대변했던 세련된 절망이란 새 종교에 등을 돌리는 배신이었다. 그는 막 싹트기 시작한 기독교 신앙과 소망을, 과거에 비기독교적인 회의감과 절망을 표현했던 시절보다 더 노련한 솜씨를 발휘해 새로운 시로 표현하기 시작했다.

먼저 그는 하나님의 죽음과 세계의 공허함을 선포한 〈황무지〉를 썼고, 회심한 뒤에는 우리가 지금 텍스트로 사용하는 이 기도를 드리는 〈재의 수요일〉을 썼으며, 이어서 금세기 가장 위대한 기독교 시로 꼽히는 〈4개의 사중주The Four Quartets〉를 썼다. 이 작품은 단편적인 경험들과 진리의 조각들과 깨어진 삶을 모아 놀랄 만큼 감동적인 시와 기도로 엮어낸 것이다. 그는 우리가 임무를 부여받은 길모퉁이, 하나님을 모르고 영혼을 부정하는 운전자들 사이에 충돌과 사고와 파멸이 발생하는 모든 교차로에서 겪는 경험을 취해 하나의 세계를 만든다. 이 세계는 하나님이 창조하고 구속한 곳이기에 황무지가 아니라 실은 장미 정원으로 그려지고 있다.

장미 정원은 우리가 살고 있는 세계를 묘사하는 은유로서 황무지를 대체한다. 저널리스트와 학자가 우리가 몸담고 있는 세계를 황무지라고 학문에 빗대어 얘기한다고 할지라도 사실은 그렇지 않다. 모든 사람이 엘리엇을 〈황무지〉를 쓴 시인으로 알고 있을 뿐 극소수만이 〈네 개의 사중주〉를 쓴 시인으로 알고 있다는 사실은 심히 유감스럽다. 그들은 그의 회심을 건너뛰고 싶고 그 대목을 빠뜨리고 싶은 것이다. 그러나 그의 예언자적이고 시적인 상상을 따라가 보면, 거기에 이사야의 능력에 버금가는 강력한 힘이 담겨 있어서 우리는 이 세계의 현실을 새롭게 인식할 수 있게 해준다.

　우리의 돌봄이 곤경에 처한 주된 이유, 즉 돌보는 삶이 타락한 상태에 빠진 이유는 돌봄이 황무지에서 일어난다는 그릇된 가정을 품고 그 일을 행하기 때문이다. 이런 잘못된 전제에서 벗어나려면 이 세계를 다시 배워야 한다. 그리고 엘리엇은 금세기에 어느 누구 못지않게 황무지를 철저히 탐험했고 그러던 중에 기도와 참회를 통해 정원을 발견했기 때문에 나에게는 그가 최상의 안내자이고, "우리에게 돌보는 법과 돌보지 않는 법을 가르치소서"라는 텍스트는 기도의 정수인 것처럼 보인다.

　"우리에게 돌보는 법을 가르치소서." 우리는 가난함을 깨닫는 것으로 시작한다. 우리가 돌봄이라고 입으로만 말하며 기도 없이 관여하는 행위는 사실상 돌봄이 아니다. 그것은 연민이요 감상感傷이자 자선일 뿐이다. 그리고 교회의 식민주의이자 종교적 제국주의일 따름이다. 겉으로는 고상하고 칭찬할 만한 것처럼 보이는 돌봄의 행위라도 그것을 꼴사납고 파괴적인 행위로 왜곡시키는 환경에 의해 시작되기도 한다. 그런 조건은 필요하다. 한 어린이가 울부짖고, 한 여성이 눈물을 흘리고, 한 남성이 저주하고, 한 젊은이가 반감을 행동으로 표출한다. 거기에 종종 우리 중의 한 사람이—보살핌의 소명을 발견한 그리스도인으로서 전문가든 아마추어든—있다. 우리는 도움을 준다. 거기까지는 좋다. 어린이의 고통, 여자의 눈물, 남자의 분노, 젊은이의 혼란이 모두 실재하고 있는 만큼 그런 반응을 보일 필요가 있다. 누군가 거기에 있어서 기꺼이 돌본다면 그것은 축복이 아닐 수 없다.

　그러나 이 시나리오에는 흔히 놓치는 또 다른 요소, 즉 아무도 몰래 돌봄에서 치유를 짜내어버리는 요소가 있다. 그 요소는 바로 죄다. 상처받은 무릎을 가진 어린이는 죄인이다. 자기를 학대하는 자를 저주하는 여자는 죄인이다. 직장에서의 실패를 한탄하는 남자는 죄인이다. 사회의 위선에 걸려 넘어지는 젊은이는 죄인이다. 우리를 돌봄의 행위로 부르는 조건, 즉 필요조건은 외적인 순수함으로 우리를 방심하게 만든다. 울부짖음과 저주와 눈물과 혼란은 계획적이 아니라 자연스러운 것이기 때문이다.

　돌봄을 불러오는 상황은 시급하고 순수하지만 명확해야 할 한 가지 요소를 모호하게 만든다. 인간은 단순히 주변 상황을 극복하는 것 이상으로 처한 곤경 속에서도 많은 것을 얻어내는 탁월한 기술을 일찍부터 배운다. 원하는 무언가를 얻기 위해 그런 곤경까지도 이용하게 된다는 말이다. 우리는 도움이 필요한 상황을 지렛대로 이용해 원하는 것을 얻는 법을 배운다. 건강, 성숙, 평안, 정의, 구원만이 아니라 우리의 이익도 챙기는 것이다. 약삭빠르게 자기중심적이 되는 성향 혹은 사물과 사람이 자기를 섬기도록 조작하는 성향을 우리는, 적어도 우리의 신학 교재는, '죄'라고 부른다. 이를 아우구스티누스는 '자기 안으로 구부러진 인생 *incurvatus in se*'이라고 묘사했다.

　우리는 열린 존재가 되도록 창조되었다. 하나님에 대해 열려 있고 우리 이웃에게 활짝 열려 있어야 온전하고 건강한 사람이 될 수 있다. 어려움에 처할 때, 우리 힘으로는 온전한 존재가 될 수 없다는 것을 직접 체험할 때, 우리는 좀 더 진실한 의미의 인간이 될 가능성이 있다. 필요는 우리를 싸고 있는 껍질에 틈을 만들어 우리를 이웃에게 열어놓는다. 필요는 자기 충족의 지붕에 구멍을 뚫어 우리를 하나님에게 열어놓는다. 하지만 반드시 그런 것만은 아니다.

고집 센 자아는 쉽게 포기하지 않기 때문이다. 이런 자아는 필요가 낳은 구멍을 밖으로 나가는 통로로 사용하지 않고, 도우려는 사람을 끌어당겨 자기를 섬기게 하고 이웃을 자기 마음대로 이용하려고 한다. 방심할 경우 돌봄을 베푸는 사람은 이기심을—이것이 바로 죄다—충족시키는 쪽으로 포섭되고 만다.

여기에는 큰 아이러니가 있다. 돌봄을 베푸는 손길이 오히려 죄를 부양한다는 점이다. 우리 사회에서 이 점을 조금이라도 알고 있는 유일한 집단이 있다면 어린 자녀를 둔 부모들이다.

부모는 아이들이 순진하지 않다는 사실을 알고 있다. 몇 주 동안, 길어야 몇 달 동안 도움을 요구하는 아이들의 신호에 무조건 반응을 보이지만, 이후 엄마와 아빠는 영리해지기 시작해서 요구사항을 걸러내고 아이의 울음을 꼬치꼬치 따지기 시작한다. 만일 이렇게 하지 않으면 수년 내에 조치를 취하기가 너무 늦었다는 걸 깨닫게 될 것이다. 이유인즉 그들이 무릎에 붕대를 감아주고, 눈물을 닦아주고, 유명 브랜드 청바지를 사주고, 깨어진 감정을 무마하는 동안 동시에 자존심을 키워주고 탐욕을 부추기고 정욕을 북돋우고 질투심을 길러왔기 때문이다.

그러나 자녀양육의 환경에서 벗어나면 사람들이 교활한 속성을 잘 인식하지 못하는 것 같다. 누구든지 "도와줘요!"라고 외치면, 사람들이 돌보려고 달려오기 때문에 우리는 모든 것의 중심이 되고 중요한 존재가 되어 얼마든지 죄를 지을 기회를 갖게 된다. 말하자면 하나님도 이웃도 아랑곳하지 않고 우리 마음대로 할 수 있는 길이 열린다는 뜻이다. 사실상 사람들이 자초한 질병과 불행과 곤경과 고통이 얼마나 많은지 모른다. 언제나 하나님의 사랑을 배우고 이웃 사랑을 실천해야 하는 힘겨운 훈련을 받지 않고도, 통제권을 쥐고 중요한 존재가 되고, 하나님 같은 특권을 누릴 수 있기 때문이다.

그런데도 이런 교활함을 분명히 알지 못하는 이유는 황무지 같은 세상에서 죄의 실재를 고려하지 않기 때문이다. 황무지에는 죄가 존재하지 않는다. 황무지에는 하나님이 존재하지 않는다. 거기에는 궁핍이나 가난이나 불운은 있어도 죄는 없다. 그리스도인들은 죄의 실재에 대해 집요하고도 설득력 있게 주장하는 책(성경)을 가까이하며 살아가기 때문에 이 문제에 대해 순진하거나 무지할 수 없는 법이다.

체스터턴G. K. Chesterton이 언젠가 지적했듯이, 죄는 경험적으로 검증 가능한 유일한 주요 기독교 교리다. 그런데 죄의 본성을 심각하게 여기지 않기 때문에 수많은 돌봄의 손길이 자기애와 자기 연민, 자기 파괴와 자기 탐닉을 지원하는 일종의 협력 행위가 된다. 실로 자아는 이런 식으로 한없이 꾸며낼 수 있는 존재다. 어느 날 아침 잠에서 깬 뒤에 가난한 사람들에게 우리 자신을 쏟아 부었는데도 그들은 전혀 나아지지 않고 있다는 사실을 깨닫는다. 그래서 돌봄의 행위에 문제가 있다는 것을 알고 이렇게 기도한다. "우리에게 돌보는 법을 가르치소서. 이제까지 황무지에서 보살피려고 애썼고, 나는 여태껏 그것을 잘못 행해왔습니다. 나는 처음부터 다시 배울 필요가 있습니다. 우리에게 돌보는 법을 가르치소서."

이생이 다른 사람들에게 중요하다는 것을 알고 그들에게 손길을 뻗쳐야겠다는 소명감을 느끼는 그리스도인으로서 우리가 행할 가장 중요한 일은 그들에게 기도하는 법을 가르치는 것이다. 하나님께 다가가서 그분과 친밀한 관계를 누리는 삶이야말로 그리스도인의 진수다. 바로 이 때문에 그리스도인으로서 치유와 사랑을 받는 삶을 사는 것이다. 남을 돌보는 기회를 기도를 위한 학교로 활용하지 않는다면, 우리는 가장 중요한 관심사를 포기하는 셈이다. 우리 중에 누구도 이 모든 일을 홀로 할 수는 없다. 돌봄은 많은 사람이 개입하는 공동체적 행위이기 때문이다.

돌봄은 복합적인 행위이므로 가능한 모든 도움을 받을 필요가 있지만, 그리스도인이 거기에 있는 목적은 기도하기 위한 것이어야 하고, "우리에게 돌보는 법을 가르치소서"라고 기도할 때 돌아오는 소식과 계획들은 모두 기도와 관련이 있다. 도움을 요청하는 자아의 상처, 자기 안으로 구부러진 자아의 그 상처는 우리가 하나님의 말씀을 듣고 그분께 응답할 수 있는 통로다. 그러한 상처는 단순한 상처 이상의 것이기 때문이다. 그것은 외부에, 하나님과 타인에게 접근하는 통로다. 살육이 벌어지는 교차로에 서 있는 그리스도인들은 이런 상처가 단순한 상처 이상의 것이고 그것이 하나의 접근통로임을 아는 자들이다. 상처에 가능한 빨리 붕대를 감아서는 안 된다. 그것은 청음초이며, 자신이 규정한 좁은 세계를 벗어나서 하나님이 규정한 넓은 세계로 들어갈 수 있는 기회이기 때문이다.

물론 사람들을 위해 기도하는 것도 포함되지만 단지 이것만 뜻하는 것은 아니다. 내가 말하고자 하는 바는 그들에게 기도하는 법을 가르치고, 그들로 하나님이 말씀하시는 것을 듣도록 도와주고, 적절한 반응을 보이도록 도모하는 것이다. 사람들에게 기도를 가르친다는 것은 삶에서 마주치는 모든 경우를 하나님의 선물을 받는 제단으로 여기도록 가르치는 것을 뜻한다. 사람들에게 기도를 가르친다는 것은 하나님이야말로 궁극적이고 일반적인 의미에서뿐 아니라 세세한 부분까지 우리와 관계하는 분임을 가르치는 것이다.

사람들에게 기도를 가르치는 것은 특별히 어려운 일은 아니다. 누구라도 몇 편의 시편과 주기도문을 사용해서 가르칠 수 있다. 그러나 꾸준히 실행하는 것은 어렵다. 우리 가족과 친구들이 우리에게 "무슨 행동이라도 취하라"는 식으로 줄곧 요구하기 때문이다. 그리고 도움을 요청한 사람을 꾸준히 기도하게 만드는 일 역시 어렵다. 교차로에는 하나님을 추월해 더 빠른 결과를 약속하는 등 지름길로 돌봄을 제공하겠다는 다른 많은 사람이 있기 때문이다. 우리 모두에게 그 일이 어려운 이유는 황무지 교통의 혼란과 소음에 둘러싸여 죄와 하나님이 내 삶에 큰 영향을 준다고 확신하기가 힘들기 때문이다.

그러나 어렵든 어렵지 않든 이것이 우리의 소명이다. 붕대를 감아주고 지휘하고 필요한 것을 주는 일 등 우리가 하는 다른 모든 일은 우리의 손과 발과 정신으로 하는 것이다. 하지만 그들로 하나님 및 이웃과 접촉하여 사랑과 은혜를 받게 하는 것이야말로 우리가 맡은 가장 중요한 일이다. 이런 경우를 사람들에게 기도를 가르치는 계기로 삼지 않는다면 치유가 없는 돌봄의 압력에 굴복하게 된다.

때로는 삶에서 일어나는 한 사건이 당신의 눈을 뜨게 하는 중요한 계기가 되기도 한다. 내 경우는 브렌다였다. 그녀는 병원에 입원한 상태였다. 목사인 나는 병문안을 갔다. 그녀는 남편과 두 아들을 둔 사회복지사로 예배를 충실히 드리는 교인이었다. 내가 그 교회의 목사가 된 지 5-6년 정도 되었을 때였다. 나는 그녀에게 어떻게 해서 입원하게 되었느냐고 물었다. 검사를 받으려고 입원했는데, 일이 순조롭게 풀리지 않았고, 의료진은 문제를 파악할 수 없었다. 나는 그저 형식적으로 기도한 뒤에 떠났다.

며칠 후에 다시 찾아가서 그동안의 일을 물었더니 신체적인 문제는 없었고, 의료진은 신체 외적인 문제가 있을지 모르니 정신과 의사를 만나라고 제안했다고 했다. "아마 그들의 판단이 옳을 거예요"라고 그녀가 말했다. 그런 경우에 내가 흔히 하는 대로라면 "브렌다, 그 문제에 관해 나에게 얘기해줄래요?"라고 말했을 것이다. 당시는 상담과 심리학이 한창 붐이었던 60년대였기에 우리 세대에 속한 목사들은 훌륭한 훈련을 받은 상태였고, 나는 그런 사역에 적성이 맞았으므로 심리 상담을 좋아하는 편이었다.

우리 지역사회에는 정신과 의사나 치료사가 없었다. 나는 우리 교인들뿐 아니라 그들의 친구들까지 상담하고 있는 중이었다. 참으로 보람 있는 일이었다. 나는 목사의 신분만으로는 기대할 수 없는 과분한 존경을 받게 되어 기분이 좋았다. 그런데 그 일은 나를 지치게 만들었다. 내가 브렌다의 침대 곁에 있는 순간 나로서는 또 다른 복잡한 정서의 문제를 감당할 자신이 없었다. 물론 그녀는 내가 상담사의 입장으로 자신을 보살펴주기를 기대하고 있었지만 나는 너무 지쳐 있었기 때문에 몸을 사렸다. 그래서 그녀의 상담사가 되는 대신 기도를 일종의 도피구로 이용한 뒤 자리를 떠났다.

이후 나는 죄책감을 느끼기 시작했다. 나는 그녀를 낙심하게 만들었다. 나는 돌봄을 베풀지 않았다. 두어 주가 흐른 뒤에 죄책감을 못 견딘 나는 그녀에게 전화를 걸어 "브렌다, 피터슨 목사예요"라고 말했다. 상투적인 대화를 조금 나눈 후, "내가 당신을 위해 할 수 있는 일이 있나요?"라고 물었다. 한참 침묵이 흐르는 바람에 나는 안절부절못했다. 이후 그녀는 "예, 있어요. 그동안 많이 생각해봤는데, 저한테 기도하는 법을 가르쳐주실래요?"라고 말하는 것이었다.

전혀 예상하지 못한 응답이었다. 당시는 목회사역을 시작한 지 7년차였지만 그때까지 아무도 나에게 기도하는 법을 가르쳐달라고 부탁한 사람이 없었다. 사실은 내가 목사가 되었을 때 이런 부탁을 받을 것으로 예상했는데 아무도 관심이 없어 보였기에 나는 교인들이 요청하는 일에만 반응하기 시작했다. 그들은 결혼관계와 자녀들, 감정과 부모 문제, 성경에 관한 의문 등을 들고 와서 도움을 청했기에 나는 거기에 대한 도움을 주었다. 그들이 설정한 것에 따라 돌봄을 베푼 셈이다. 그 일을 하는 동안 물론 하나님을 무시했던 것은 아니다. 그들을 돕고 치유하기 위해 기도했지만, 그들이 가진 문제와 도움을 부탁했던 어려움들, 내가 그들로 파악하도록 도운 필요들에 따라 움직인 것은 사실이다. 이런 의미에서 필요에 초점을 맞추고, 문제를 푸느라 쫓아다니고, 해결책을 모색했던 셈이다. 그리고 나는 하나님의 도우심을 구했다.

그러나 대체로 나는 이 세계를 하나의 황무지, 즉 하나님이 아닌 필요가 왕 노릇 하는 곳으로 받아들이고 있었고, 나도 모르게 그들의 자기중심적 세계를 강화시키는 협력자요, 죄의 본성을 잊어버리는 건망증 환자가 되고 말았다. 그들이 눈에 띄는 죄, 즉 도둑질, 간음, 은행털이 같은 죄를 짓지 않는다고 방심한 것이었다.

"저한테 기도하는 법을 가르쳐주실래요?"라는 브렌다의 부탁은 나를 본향으로 되돌려놓았다. 하나님을 지향하고, 신비에 주목하고, 순종할 태세를 갖춘 땅으로 돌려놓은 것이다. 사람들 사이에서 내가 담당할 핵심 사역은 그들의 문제 해결을 돕는 일이 아니었다. 그들로 하여금 문제가 어떻게 그들을 해결하도록 도움을 줄 수 있는지 보게 하고, 그들이 신비로운 자신의 정체성을 수용하도록 자극하고 인도하는 역할을 하고, 그들의 동반자가 되어 기도의 언어, 곧 하나님이 창조하고 그리스도가 침범하고 성령이 움직이는 이 세계의 언어를 가르치는 것이 내 사역이었다.

내 인생에서 일어난 이야기이긴 하지만 목사들에게 새삼스러울 일도 아니다. 이것은 모든 그리스도인의 소명이고 그리스도인이 하는 일이다. 텍스트에 나오는 기도는 "우리에게 돌보는 법을 가르치소서"이다. 브렌다는 내게 기도하는 법을 가르쳐달라고 부탁했고, 나는 그렇게 해서 돌보는 법을 배웠다.
　하나님의 현존과 활동 안에서 우리의 삶이 회복될 때, 돌봄은 그저 또 하나의 돌봄이 되지 않고 기도의 연장이 된다. 이런 경우에는 우리의 돌봄이 죄로 왜곡된 필요와 이기적인 속셈이 모든 것을 좌우하는, 엘리엇이 했던 문화적이고 영적인 황무지, 돌봄에서 치유를 뽑아내어 고갈시키는 그 황무지에서 벗어나게 된다.

*

　이제 "우리에게 돌보지 않는 법을 가르치소서"를 살펴보자.
　"우리에게 돌보는 법을 가르치소서"란 기도는 "우리에게 돌보지 않는 법을 가르치소서"란 기도로 균형이 잡힌다. 돌봄의 사역에는 우리가 행하는 법에 대한 것도 있지만 동시에 행하지 말아야 하는 법을 배울 필요가 있는 것도 있다. 행하지 말아야 할 것은 행해야 할 것만큼 중요하다. 오늘처럼 돌봄의 사역을 무너뜨린 중요한 원인은 한계를 수용하고 경계선을 존중함으로써 돌보지 않는 법을 배우기를 거부하는 현상이다.
　서방문화와 동방문화를 막론하고 돌봄의 전통을 살펴보면 말을 삼가고 초연하고 자제하고 그냥 놓아주라는 충고가 자주 나온다.

"너무 많은 일을 하지 마라." 그러나 우리 시대는 그런 충고를 존중하지 않는다. 그토록 많은 지식과 테크놀로지를 갖고 있기에 그런 것을 철저히 이용하고 활용하지 않는 것은 도무지 생각할 수 없다. 우리는 최대 속력으로 질주한다. 우리에게 지식이 조금만 더 있어도 더 유능한 존재가 될 것이고, 기술이 발전하면 새로운 차원이 열릴 것이고, 예산이 좀 더 확보되면 성공할 확률이 높을 것이고, 무엇이든 할 수 있는데도 하지 않는 것은 우리가 생각할 수 없는 일이라고 확신하고 있다.

그런데 말을 삼가라는 충고를 주는 이유는 곤경에 처한 사람을 돕는 돌봄의 행위가 이미 생명으로 요동치는 환경, 에너지와 생기와 아름다움이 풍부한 환경에서 일어나기 때문이다. 창조의 산물인 이 세상은 우리의 이해력을 훨씬 뛰어넘는 지극히 복잡한 것이다. 세상에 관해 아는 것보다 모르는 것이 훨씬 많다. 우리가 여태껏 많은 것을 탐구하고 발견한 결과, 세계의 작동 방식에 대한 엄청나게 많은 정보를 얻었음에도 불구하고, 아직도 우리가 아는 것보다는 알지 못하는 것이 훨씬 더 많은 편이다. 그리고 그 안에서도 인간은 가장 놀랍고 복잡하고 신비로운 존재다.

우리는 인간에 관해 많은 것을 알고 있다. 몸, 정신, 감정, 영혼, 소화 계통, 죄책과 용서, 신장 기능, 사랑, 믿음, 도덕적인 힘, 정신분열증, 성장 호르몬, 그리스도 안에서의 성장, 태아 발달, 성품 형성, 뇌에서의 염색체 접합, 심장 병변 등에 관해 말이다. 그런데도 누구든지 인간 앞에 서면 그에게 일어나는 대부분의 현상은 우리의 지식을 뛰어넘는다. 이 때문에 무언가 귀중한 것을 파괴하지 않기 위해서라도 모르는 것을 여기저기 찔러보지 않는 편이 낫다. 우리 주변의 세상과 사람들에게는 잘못된 점도 많지만 옳은 점은 훨씬 더 많다. 잘못된 모든 것은 놀랄 정도로 눈부시게 살아 있고 굉장히 아름다운 환경 속에서 일어나고 있는 것이다.

모든 상황에서 그리스도인이 맨 먼저 할 일은 예배다. 당신과 주일 아침 교회에 가서 "다 함께 하나님을 예배합시다"라고 말하는 소리를 들으면 우리는 즉시 모든 일을 중단한다. 자리에 앉고, 일어서거나 무릎을 꿇고, 찬송 몇 곡을 부르거나 "아멘"이라고 말하는 것 말고는 한 시간 동안 입을 다물고 있다. 예배를 드리며 그동안 우리가 너무 바빠서 알아채지 못했던 것을 의식하게 된다.

내가 알기로는 여태껏 어느 누구도 '헤아릴 수 없는 선善'에 대해 얘기한 적이 없는 것 같다. 매주 수많은 목사들이 길거리에서 사람들을 교회로 불러 모아 "다함께 하나님을 예배합시다"라고 말하며 한 시간 동안 예배를 드리는 일이 주는 유익 말이다.

우리가 돌보는 일을 한 시간 동안 그만두기 때문에 범죄율이 급속히 떨어지고, 사고가 줄어들고, 오염도 감소한다. 우리는 아무 일도 하지 않고 아무것도 주관하지 않는다. 이것이 예배의 가장 의미심장한 면이다. 우리의 눈을 뜨고, 입은 다물고, 그저 보고 듣기만 할 뿐이다. 그렇다고 마비 상태에 빠진 것은 아니다. "하나님을 찬양하라"든가 "감사합니다"라고 말하고 노래도 부른다. 하지만 이런 행위는 전혀 쓸모가 없으며 우리는 아무 일도 하지 않는다. 일리엄 제임스가 말했듯 "거기에는 현금 가치가 전혀 없다." 우리는 돌봄을 베풀지 않고 있으며 "우리에게 돌보지 않는 법을 가르치소서"라는 엘리엇의 기도에 응답하고 있는 중이다.

그래서 우리는 때때로, 보통은 매주 한 번씩 예배하는 자리, 아무 일도 아무 말도 하지 않고 돌봄도 베풀지도 않음으로써 무슨 일이 일어나는지를 보고 무슨 말이 들리는지를 듣는 자리에 들어간다. 지금 당장 일어나는 일 중에서 가장 중요한 것은 하나님이 하고 있는 일이다. 우리는 말을 너무 많이 해서 그분을 방해한다. 지금 당장 하는 말 중에서 가장 중요한 말은 하나님이 하시는 말씀이고, 바로 지금 놀라운 일을 말씀하고 있는 중이다. 그런즉 보라. 들으라.

우리 그리스도인들은 길모퉁이와 교차로를 비롯한 모든 장소에 서 있고 사회 전역에 흩어져 있다. 우리는 "아, 보라고. 저것을 들어봐"라고 말할 기회를 가진 자들이다. 만일 우리가 그냥 끼어들어 이런저런 행동을 하기 시작하면 그저 소음에 데시벨을 높일 뿐이다. 하나님이 행하신 일과 현재 행하고 계신 일이 당신이나 내가 행할 그 어떤 일보다 훨씬 더 의미 있다. 하나님이 말씀하신 것과 현재 말씀하고 있는 것이 당신이나 내가 말할 그 어떤 것보다 훨씬 더 중요하다.

우리가 끊임없이 하나님의 거대한 차원을 의식하고 하나님의 엄청난 존재에 주목하는 훈련을 받지 않는다면, 마치 황무지에 있는 것처럼 실제 상황을 무시하고 행동하고 말할 것이다. 우리는 장미 정원 안에 있다. 우리가 아무리 순수한 동기를 품었다 할지라도, 만일 환경보다는 하나님께 응답하는 행동을 하지 않는다면, 결국 선善보다는 해害를 더 많이 끼치게 될 것이다. 우리는 거룩한 땅에 살고 있다. 우리는 신성한 공간에 거주하고 있다. 거룩한 땅은 침범당하기 쉽다. 신성한 공간은 끊임없이 모독당하고 있다. 그래도 상관없다. 거룩함이, 신성함이 거기에 있다. 만일 우리 삶의 모양이, 이 경우에는 돌보는 삶의 모양이 거룩한 동기로 빚어지지 않고 침범과 모독에 반응하여 빚어진다면, 그것은 잘못된 형태를 갖게 된다. 우리는 잘못된 환경, 거짓된 환경, 황무지 환경에 반응을 보이는 중이다. 하지만 우리는 쓰레기 수거인이 아니라 정원사로 부름을 받았다.

수년 전 나는 아내와 세 자녀를 데리고 최초의 국립공원인 옐로스톤 국립공원에 머문 적이 있다. 나는 국립공원을 교회와 나란히 성소로 생각할 때가 종종 있다. 교회는 십자가와 언약과 구원을 위한 성소다. 국립공원은 창조세계를 위한 성소다. 국립공원은 창조세계를 착취로부터 보호하는 장소, 우리가 이 땅의 충만한 모습을 관망하는 장소, 그래서 창조주를 경배하고 그분의 창조세계에 경외심을 품는 장소이다. 옐로스톤은 대륙에서 이렇게 구별된 최초의 장소였다.

내가 국립공원 형성에 관심을 보이는 이유는 몬태나 주 변호사였던 코넬리우스 헤지스가 그 계획에 관여했기 때문이다. 국립공원으로 지정하자는 것은 사실 그의 아이디어였다. 그는 루스벨트 대통령을 그곳에 초빙해 퍼 홀과 매디슨 강 사이에 있는 작은 섬인 삼각

지대에서 대통령과 함께 캠핑하며 그 지역을 국립공원으로 지정해야 한다고, 야생지와 풍경을 사슬 톱과 불도저로부터 보호해야 한다고 설득했다. 당시에 나는 코넬리우스 헤지스 학교에 다니던 학생이었다. 나는 그동안 이 이야기를 마음에 품고 있으면서, 창조세계의 성소를 마련한 데 큰 자부심을 품고 있던 코넬리우스 헤지스에게 깊이 감동했다.

우리 가족은 옐로스톤 공원의 초원을 걷던 중에 30여 미터 앞에서 네댓 살 된 아이가 술이 달린 용담을 꺾는 모습을 보았다. 용담은 고산식물에 속하는 아주 멋진 꽃이다. 당신도 알다시피 국립공원에서 꽃을 꺾는 것은 금지되어 있다. 아이들은 미국의 환경보호단체인 시에라 클럽의 모토, "사진 외에는 아무것도 가져가지 말고, 발자국 외에는 아무것도 남기지 마라"를 요한복음 3장 16절 만큼이나 아주 잘 알고 있었다(우리 아이 중 하나는 몇 년 전에 그 모토를 성경에 나오는 구절로 생각했다고 말한 적이 있다). 그런데 여기에 자그마한 소년이 초원에서 꽃을 꺾고 있었다. 나는 거룩한 땅을 모독하고 있는 그를 보자마자 너무나 화가 나서 "야, 꽃을 꺾지 마" 하고 소리 질렀다. 그는 얼떨결에 눈이 휘둥그레져서 몸을 일으켰다. 크게 겁을 먹은 표정이었다. 그러고는 꽃을 떨어뜨리고 울기 시작했다.

다음에 무슨 일이 일어났는지 상상해보라. 아내와 아이들, 특히 우리 아이들은 온통 나를 공격했다. "아빠, 아빠가 한 짓은 저 애가 한 짓보다 훨씬 나빠요! 그냥 꽃을 몇 개 꺾고 있는 아이에게 어떻게 그렇게 난폭할 수 있죠? 아이는 크게 상처받았을 거예요. 지금은 표가 안 나더라도 훗날 쟤는 상담을 받아야 할지도 몰라요." 아이들이 옳았다. 소리치는 걸로 사람들을 거룩하게 만들 수는 없다. 위협으로 사람들을 신성하게 만들 수 없다. 내 고함이 꽃을 꺾는 행위보다 거룩한 장소를 훨씬 더 침해한 것이다. 훗날 우리 아이들이 자주 이 사건을 얘기하는 바람에 나는 스스로 반성할 수 있는 기회가 참 많았다. 신발을 벗고 거룩한 땅에 무릎을 꿇고 주변 사람들을 함께하도록 초대하기보다는 하나님의 거룩한 실재를 위한답시고 야단을 치고 고함을 지르는 경우가 더 많다.

플라톤은 모든 진정한 철학은—여기에다 신학도 포함시킬 수 있다—경이감에서 시작된다고 주장했다. 실존은 굉장히 아름답고, 놀랍도록 선하고, 장엄하고 참되다. 우리는 오른쪽 신발을 벗는 것으로 경배를 시작할 수 있다. 진정한 것은 무엇이든 경이감에서 시작된다. 만일 경배로 시작하지 않는다면 시작은 한없이 작아질 것이다. 만일 우리가 문제를 제기하거나, 필요를 발견하거나, 필요한 일을 해야 하거나, 프로그램을 위해 시작한다면, 우리 앞에 놓인 현실을 우리가 할 수 있는 것이나 남들에게 시킬 수 있는 것으로 축소하는 것과 같다.

우리가 만일 이 세계와 그 안에 있는 사람들을 우리 지식에 따라 측정한다면 대부분의 자료를 빠뜨리게 된다. 여기서 가장 중요한 자료는 하나님이다. 그런데 우리 환경과의 접촉을 잃고 진정한 세계를 인식하지 못한다면 어떻게 치유와 온전함과 축복을 가져오는 일을 할 수 있겠는가?

그러므로 우리가 곤경에 처한 영혼과 병든 몸과 혼란스러운 공동체를 돌보는 일을 시작할 때, 누군가 자주 끼어들어 우리에게 "함께 하나님을 예배합시다"라든가 이에 버금가는 말을 하는 것이 필요하다. 이는 신호등이 녹색일 때 길을 건너려고 서두르는 바람에 우리가 무시했던 상황 앞에서 우리의 주목을 끄는 소리이기 때문이다. 그러면 우리는 사람들을 사회적으로 원만한 인물로 만들겠다는 생각 때문에 미처 보지 못했던 새로운 측면, 즉 하나님이 창조한 측면을 주목하기 시작한다.

"주님, 우리에게 돌보지 않는 법을 가르치셔서 당신과 당신의 종들이 행하고 돌보는 일을 보고 들을 수 있게 하소서." 황무지에는 거룩한 장소가 존재하지 않는다. 그런 장소는 선물이다. 우리가 황무지에서 돌봄을 베풀고 있다고 생각하면 언제나 우리가 가진 모든 것과 함께 그렇게 할 것이다. 거기에는 경이로운 것이 하나도 없다. 황무지에서는 우리가 무슨 일을 하든지 기존의 것을 향상시킬 따름이다. 그러나 만일 우리가 장미 정원에 있다면, 하나님이 창조한 이 정원은 아무리 지저분하고 심지어 맥주 깡통이 장미덤불에 떨어져 있더라도 여전히 장미 정원이며, 아무리 보고 또 보아도 우리의 경이감과 우리의 예찬이 바닥나지 않을 것이다.

이처럼 엘리엇은 기도와 시로 하나님의 창조 리듬 속으로 우리를 인도한다. 이는 구속된 창조세계요 희생당한 그리스도가 십자가의 능력으로 그의 뜻을 이루어감에 따라 항상 빚어지고 있는 창조세계인 만큼 우리는 주변을 돌아보기 시작한다. 우리는 일을 아예 그만두는 게 아니라 예전의 전제에 의거하여 예전만큼 서두르지 않는다. 하나님은 은혜로운 분이고 우리에게 정원에서 수행할 책임을 맡기신다. 그런데 만일 우리가 거룩함에 대한 감각을 잃어버리면, 그리고 우리가 신성함에 대한 인식을 상실하면 단지 돌봄의 붕괴 현상에 기여할 뿐이다. 우리에게 경종을 울리는 슬픈 현상은 기독교 공동체 내에 이런 방대한 돌봄의 붕괴가 진행 중이라는 점이다. 우리는 기도에 대한 감각을 잃어버렸고 신성함에 대한 감각도 상실했다. 우리는 세상에서 가장 선한 뜻을 품고 일하러 나갔으나 환경에 대해 무지하다. 사실은 장미 정원에서 일하고 있는데 황무지에서 일하고 있다고 생각한다. 그래서 사태를 낫게 만드는 게 아니라 오히려 장미를 짓밟고 사태를 악화시키고 있다.

*

우리에게 돌보는 법을 가르치소서. 우리 손길이 필요한 이 모든 경우를 하나님께 나아가고 이웃에게 접근하는 기회로 삼도록 우리를 가르치소서. 우리에게 기도하는 법을 가르치심으로써 돌보는 법을 배우게 하소서. 그리하여 인간의 필요를, 이생에서 행하는 하나님의 활동 속에 들어가고 그 실재를 포용하는 계기로 삼게 하소서. 그리하여 섬기는 대상이 우리의 돌봄을 통해 더욱더 인간적인 존재가 되게 하소서. 우리에게 돌보는 법을 가르치시되 자기중심성을 부추기는 자가 아니라 하나님을 함께 탐구하는 동반자가 되게 하소서. 우리가 돌봄의 손길을 뻗칠 때마다 그것이 한 편의 기도가 되어 돌봄을 받은 사람이 업신여김이 아닌 존엄성을 경험하고, 구원에 참여하고 있고 하나님의 축복과 치유를 받고 있다는 영광을 깨닫고, 더 이상 자아의 황무지로 깊이 빠지지 않게 하소서.

그리고 돌보지 않는 법을 가르치소서. 우리의 손길이 필요한 모든 경우에 우리로 경외심을 품게 하시고, 이미 오래전부터 당신이 이들을 창조하고 사랑하고 구원하고 찾고 계셨다는 것을 알게 하소서. 우리에게 돌보지 않는 겸손함을 가르치셔서 누군가의 필요를 이용하여 구원자의 사역을 억지로 만들어내는 작업장으로 삼지 않게 하소서. 우리가 창조세계의 아름다움과 구원의 영광 앞에 경외감을 느끼게 하시고, 특히 스스로를 더럽혀지고 멸시당하고 배척받은 존재로 생각하는 사람들을 대할 때 긍휼함을 주소서. 우리에게 말을 삼가고 나서지 않는 법을 가르치셔서 선을 행하려는 열정 때문에 무지하게 당신의 돌봄에 끼어들지 않게 하소서. 우리에게 돌보지 않는 법을 가르치셔서 모든 일이 거룩한 땅에서 그리고 당신의 이름으로 이뤄진다는 것과, 가난한 사람들과 공동체들이 우리를 보며 믿음 없는 황무지가 아니라 묵상하며 일하는 장미 정원이라 느낄 수 있도록 우리에게 시간과 공간과 힘을 주소서.

우리가 거짓으로 스스로를 조롱하지 않게 하소서.

우리에게 돌보는 법과 돌보지 않는 법을 가르치소서.

우리로 이 바위들 사이에 가만히 앉아 있게 가르치소서, 아멘.

뜻밖의 동맹

목회사역은 너무나 벅찬 일이라서 많은 도움이 필요하다. 다행스럽게도 많은 도움의 손길이 있는데, 그중에서 상당 부분은 책을 통해서 온다. 신학자들과 상담사들, 학자들과 컨설턴트들이 나 같은 목회자를 위해 글을 쓴다. 나는 그들의 지식에서 정보를 얻고 그들의 자문을 길잡이로 삼는다.

그러나 나를 도우려고 계획하지 않은 작가들에게 가장 큰 도움을 받는다. 나의 가장 소중한 사역 동맹군은 소설과 시를 쓰는 작가들이다. 그 이유를 나는 알고 있다. 창조 작업은 생물학에서든 믿음에서든 삶의 중심에 있기 때문이다.

매일 아침 목사들은 이런 창조 작업이 진행되는 중에 깨어난다.

---

* *Christianity Today* (February 1985)에 실렸던 글.

우리는 또한 비창조적이고 비공개적인 책임에 둘러싸인 채로 깨어난다. 이런 일과는 가장 눈에 띄는 내 삶의 일부다. 나는 설교를 준비하고 교인들을 심방하고 프로그램을 진행한다.

대다수의 책은 이처럼 눈에 띄는 영역에서 나를 돕는다. 그런데 나는 눈에 보이지 않는 부분, 곧 창조적인 센터에서도 도움이 필요하다. 하나님의 영광을 위해 살게 하는 창조와 재창조는 복음의 핵심이고, 성령사역의 중심이며, 목회사역의 정수다.

하지만 중심이 종종 변두리로 밀려나고 '창조적'이란 말이 기껏해야 '흥미로운' 혹은 '혁신적'이란 뜻을 지닐 뿐이다. 과연 누가 나로 하여금 창조의 본질, 창조 작업에 들어가는 일, 창조할 때의 느낌을 인식하게 해줄까?

나의 동맹군은 소설가들과 시인들, 곧 나에게 무언가를 말해주지 않고 무언가를 만들어주는 작가들이다.

*

소설가들은 실존하는 자료를 있는 그대로 취해 의미의 세계를 만든다. 나 역시 이야기를 만드는 직업에 종사하고 있다. 하나님은 내 주변에 있는 사람들을 끌어들여 구원의 플롯을 엮어내신다. 이야기에서는 말과 몸짓과 행동 하나하나가 모두 의미심장한 역할을 한다. 이와 같은 현실 창조에 참여하려면 한없는 인내와 주의력이 필요한데, 나는 언제나 지름길을 취하고 있다. 성품의 발달에 도움을 주기보다는 서둘러 범주를 정해놓는다. 적극적인가 소극적인가, 구원을 받았는가 받지 못했는가, 제자인가 신앙에 등을 돌린 사람인가, 핵심 지도자인가 믿을 만한 추종자인가, 지도자 감인가 그저 그런 사람인가. 내가 마주치는 각 사람을 유일무이한 인물로, 다시는 반복될 수 없는 눈부시게 은혜로운 이야기로, 은혜와 죄가 독특한 방식으로 극적인 긴장 관계에 있는 전례 없는 사례로 보기보다는, 나는 딱지를 붙이고 내 일과를 효율적으로 완수하려고 애쓸 뿐이다. 일단 딱지를 붙이고 나면 그 사람을 더 이상 주시할 필요가 없게 된다. 그들을 어떻게 이용할지 알기 때문이다.

나는 도스토예프스키, 윌리엄 포크너, 앤 타일러, 워커 퍼시 등의 작품을 읽고 창조 작업에 헌신한 예술가가 가장 평범하고 가망 없는 인간을 어떻게 접근하는지 살펴본다. 이들은 평범한 것 안에서 뜻밖의 깊이를 발견하고 진부한 것에서 선과 악을 행할 수 있는 능력을 찾아낸다!

효율성만 중시하는 나의 피상적인 모습을 깊이 반성한 뒤에 나는 진절머리가 나서 기도와 설교의 대상에서 제쳐놓았던 사람들에게 되돌아가고, 성령이 창조한 세계, 곧 다루기 힘든 엉망진창의 세계에서 증인과 종의 역할을 다시 떠맡는다.

*

시인은 언어가 해악과 착취와 남용을 당하지 않도록 지켜주는 관리인이자 목자다. 언어는 어떤 것을 의미할 뿐 아니라 그 자체가 소리와 운율을 지녔다.

시인은 일차적으로 우리에게 말을 걸거나 어떤 일을 시키는 사람이 아니다. 언어 훈련을 받아 언어를 돌봄으로써 우리로 하여금 그들이 우리 앞에 놓은 언어와 실재를 더욱 존중하도록 이끌어준다.

나는 또한 말을 사용하는 직업에 종사하고 있다. 말로 설교도 하고 가르치기도 하고 상담도 한다. 사람들은 혹시 하나님이 내 말을 이용해 그들에게 말씀하실지도 모른다고 생각하며 특별한 주의를 기울일 때가 많다. 나는 말을 정확하게 또 잘 사용할 책임이 있다. 하지만 쉬운 일은 아니다. 내가 사는 세상에는 말을 함부로 하는 사람들과 교묘하게 하는 사람들이 있기 때문이다.

생각나는 것이면 무엇이든 말하고, 그런 공허한 말을 목사의 역할로 보상하기가 쉽다. 다른 사람을 치켜세우거나 조종하는 말로 상대방을 마음대로 좌우하기 쉽다. 목사는 미묘한 방식으로 말을 오염시킬 위험이 있다. 이 때문에 나는 자주 친구 시인들, 제라드 맨리 홉킨스, 조지 허버트, 에밀리 디킨슨, 루시 쇼 등과 함께 몇 시간을 보내는 것이다. 이들이야말로 언어에 신경을 쓰고, 언어 사용에 정직하고, 언어의 압도적인 힘을 존중하기 때문이다. 이런 만남이 끝날 때면 나는 언어를 함부로 쓰지 않고, 언어에 대한 경외감이 살아나고, 하나님의 말씀이 되살아나는 것을 경험한다.

성경에 나오는 선지자들과 시편 기자들이 시인이었다는 사실은 얼마나 의미심장한지 모른다. 그런데도 선지자적 사역(설교)과 시적인 사역(기도)을 통합하는 일을 하는 수많은 목사들이 시인들에게 무관심한 모습을 보면 참으로 의아하다.

나는 설교 예화를 얻으려고 소설을 읽는 것이 아니다. 또 인용할 만한 문구를 찾으려고 시를 읽는 것도 아니다. 내가 소설과 시를 읽는 것은 창조 행위를 느끼기 위함이고, 언어를 갖고 일하는 사람들과 성령의 일을 서로 연관시키기 위해서다.

이처럼 무언가를 창조하는 세계는 목사의 본향과 같다. 하지만 그곳은 어렵고 외로운 거처다. 이보다는 설명하는 사람과 권면하는 사람들 사이에 서로 친한 동지애가 훨씬 더 많다.

친구들이 "나는 필독서를 읽느라고 정신이 없어. 소설이나 시를 읽을 시간은 없거든"라고 말할 때 내 마음은 슬퍼진다. 그들의 말은 늘 반복되는 일과에 신경 쓰느라 창조적인 일에는 무관심하겠다는 뜻이다.

필독서란 존재하지 않는다. 우리가 스스로 읽을 것을 선택할 뿐이다. 먹이지 않으면 자라지 못하는 법이고, 뒷받침하지 않으면 서지 못하는 법이며, 키우지 않으면 발달하지 못하는 법이다. 예술가들은, 우리로 하여금 이 본질적인, 하지만 쉽게 외면되는 창조적인 일에 계속 관여하게 만드는, 더없이 소중한 사람들이다.

소설가,
목회자
그리고 시인

아침에 일어나 자신이 지음 받은 사람임을 깨닫는 자는 자신이 언어를 사용하는 것도 알게 될 것이다. 우리는 놀랄 만큼 광대한 창조세계에서 이런 행위를 하는 유일한 피조물이다. 순무는 언어 사용이 없이도 꽤 복잡하고 유용한 생명 주기가 있다. 장미는 말 한마디 없이 놀라운 아름다움과 향기로 세계를 수놓는다. 개는 말없이 충실하고 발랄하게 인간과 함께하며 만족감을 안겨준다. 새는 우리의 귀에 아주 우아한 음악을 들려주고, 기분을 북돋우고, 행복감을 선사하지만, 모두 언어 능력 없이 이루어지는 일이다.

언어 없이 우리 주변에서 일어나는 일을 보면 참으로 감동적이다. 대양의 조류, 높고 높은 산, 폭풍이 몰아치는 날씨, 성운의 움직

---

* *Crux* 26, no. 4 (December 1990)에 실렸던 글.

임, 유전자 코드, 철새의 이동…. 사실상 우리 주변에서 보고 듣는 것 대부분은 믿기 어려울 정도로 복잡하지만 언어가 없다. 그리고 우리 인간들만 언어를 갖고 있다. 우리는 언어를 사용할 수 있다. 우리는 만화경처럼 펼쳐지는 지질학과 생물학과 천문학의 세계에서 언어를 사용하는 유일한 피조물이다. 우리가 다른 피조물과 공유하는 것은 상당히 많다. 발밑의 흙, 주변 동물, 하늘의 별 등 주위에 있는 모든 것과 많은 공통분모를 갖고 있고, 복잡하게 연결된 친밀함을 갖고 있다. 그러나 방대한 우주에서 우리가 누구인가 하는 정체성을 이해하는 문제에 이르면, 언어를 구사하는 존재이고 상황을 인식하는 존재라는 사실을 발견하게 된다.

한 사람이 그리스도인이 될 때는 언어에 대한 관심이 배가된다. 그것은 우리가 언어를 사용할 뿐 아니라 하나님도 언어를 사용하신다는 사실을 발견하기 때문이다. 우리에게 하나님을 계시하는 분은 '말씀Word'이라고 불린다. 언어를 사용하는 신비롭고도 독특한 능력을 지닌 우리 인간의 본성은 하나님의 본성과 닮은 점이 있다. 하나님은 말씀하신다. 하나님에 대한 우리 관심을 가리킬 때 사용하는 용어인 신학theology은 두 단어를 나란히 놓은 뒤에 서로 합친 것이다. *theos*는 하나님을 뜻하고, *logos*는 말을 뜻한다. 하나님은 말하는 능력이 있다. 말은 하나님의 특징이다. 이어서 닮은 점이 얼마나 중요한지를 새삼 깨닫는다.

우리도 말하는 능력이 있고, 하나님은 말로 자신을 계시하신다. 하나님의 완전한 계시가 주어졌을 때 말씀은 육신이 되었다. 이미

육신적인 존재인 우리는 말이 되고, 말을 하고, 그렇게 함으로써 인간이 된다. 언어는 우리가 공유하고 있는 것이다. 우리가 무슨 말을 하든 상관없이 말하는 행위 자체를 통해 하나님과 관계하고 있다. 이에 따른 결과의 하나는 그리스도인들이 언어 사용에 보통 이상으로 헌신하고 있다는 점이다. 말은 귀중한 선물이고 언어는 놀라운 것이다. 우리는 순전히 언어의 실체 앞에서 경외심을 요구하고 또 그것을 습득한다. "하나님이 친히 우리와 함께 계시니 우리 모두 그분을 경배하고, 경외함으로 그분 앞에 나가세. 하나님은 그분의 성전에 계시니 모두 잠잠하고 경외함으로 그분에게 절하세."

특히 언어를 사용하는 자들이 언어를 모독할 때는 당혹스럽다. 신성모독, 곧 모독하는 언어의 사용은 언제나 말과 말씀을 사랑하는 사람들에게 혐오스러운 것이었다. 거짓말, 곧 밝음으로 해방시키는 것이 아니라 감추거나 속이는 언어의 사용은, 흰개미가 헛간에 치명적인 것처럼 인간의 조건에 위험한 것으로 알려져 있다. 거짓말을 그대로 내버려두면 우리의 기초는 파괴되고 구조는 무너진다. 뒷공론과 상투어 역시 언어의 모독이다. 함부로, 비인격적으로, 경솔하게 내뱉은 말도 언어 모독의 한 측면이다. 오늘날은 뒷공론과 상투어가 흘러넘치는 시대인 것을 감안하면, 특히 리더십 위치에 있는 그리스도인들은 언어에 경외심을 품고 언어를 정확하게 사용하도록 특별히 신경 쓸 필요가 있다.

경외심과 정확성을 유지하는 한 가지 자명한 방법은 소설가와 시인 등 언어의 대가들과 늘 사귀는 것이다. 나는 언어를 참되고 유연

하고 참신하게 지켜온 소설가와 시인에 관해 얘기하고 싶다. 소설가는 제임스 조이스 James Joyce이고 시인은 예레미야다.

소설가

나에게 개인적으로나 직업적으로 의미 있게 다가왔던, 목회적 돌봄과 관련된 최초의 책은 제임스 조이스의 소설 《율리시스 *Ulysses*》였다. 우여곡절이 많은 이야기를 3분의 2가량 읽었을 때, 내가 목사로서 가정과 병원을 방문하고 사람들을 만나고 길거리에서 그들과 얘기하는 일상을 보내면서 무슨 일을 할 수 있고 또 무슨 일을 해야 할지 깨달았다.

《율리시스》 앞에서 내가 행하는 일들이 그리 창조적이라고 생각한 적이 없었다. 그 일이 중요하다는 것은 알았고, 좋아하든 않든 그것을 수행해야 한다는 것은 받아들였지만, 이따금 겪는 초자연적인 경험을 제외하면 그리 흥미로운 일이 아니었다. 오히려 다른 많은 일들 설교하기, 기도하기, 글쓰기, 가르치기, 행정 업무에 나는 지성과 상상력과 영성을 훨씬 더 쏟아 부었고, 나의 최고 역량을 발휘했으며, 나 자신을 최대한 활용했다. 그러나 분수 근처에서 누군가와 잠깐 얘기하는 일, 외로운 성도를 방문하는 일, 입원한 성도를 찾아가는 일, 죽어가는 사람과 함께하는 일 등은 내가 그냥 수행했던 일과에 불과했다. 이런 일은 약간의 요령과 연민과 성실성을 투입하면 만족스럽게 해낼 수 있었다. 성실성이란 그냥 모습을 드러 내기만 하면 되는 큰일이었다.

내가 《율리시스》를 읽기 전까지는 그랬다는 말이다. 611페이지에 이르자 지진이 내 발밑의 땅을 갈라놓는 바람에 그 틈으로 평범하다고 생각했던 내 사고는 완전히 함몰되었다. 목회적 돌봄이란 이름이 붙은 그 모든 일과가 이제는 전혀 평범한 일과가 아니었다.

제임스 조이스 이야기에 나오는 율리시스인 레오폴드 블룸은 아주 평범한 남자였다. 그의 삶에는 단조로운 평범함에서 벗어나는 비범한 구석이 하나도 없었다. 그가 살고 있던 더블린 역시 우울할 정도로 평범해서 돋보이는 것이라곤 전혀 없는 도시였다. 평범한 무색 도시에 사는 평범한 무색 인간이 소설 내용을 제공한다. 제임스 조이스는 단 하루 동안 더블린의 유대인 레오폴드 블룸의 삶에 일어난 일을 이야기한다. 그의 생애 중의 단 하루, 주목할 만한 일이 하나도 발생하지 않은 그날을 아주 상세히 묘사한다. 그러나 상상력이 풍부하고 예민한(목회적인!) 돌봄과 함께 관찰한 세부내용이 쌓여감에 따라 평범한 그것들이 모두 인간 특유의 것이라는 깨달음이 생기기 시작한다. 그리고 옛 신화, 곧 호머의 그리스인 율리시스가 온 나라를 여행하며 온갖 경험을 하다가 마침내 집으로 돌아온 위대한 모험 이야기를 떠올린다.

나는 잠에서 깼다. 조이스는 나를 깨워 평범한 날에 평범한 사람의 제한된 영역 속에 무한한 의미가 있다는 것을 깨닫게 해주었다. 사고팔고, 얘기하고 듣고, 먹고 배변하고, 기도하고 모독하는 레오폴드 블룸은 거대한 신화적 인물이다. 우리에게 볼 눈과 들을 귀만 있다면, 호머의 율리시스가 걸었던 20년에 걸친 트로이에서 이타카까지의 항해가 각 사람의 삶에서 24시간마다 반복되고 있다는 것을 알 수 있으리라.

이제 나는 내 세계를 알았다. 이것이 바로 목사가 하는 일이라고. 조이스가 레오폴드 블룸을 바라볼 때 품었던 상상력과 통찰력과 포괄적인 눈으로 내 교구에 속한 교인들 하나하나를 바라보고 싶었다. 물론 이야기의 줄거리는 다르다. 내 눈 앞에 펼쳐지는 이야기는, 만일 그것을 볼 수 있을 만큼 오랫동안 깨어 있을 수만 있다면, 그리스의 율리시스 이야기가 아니라 예수님의 복음 이야기이기 때문이다. 도구 역시 다르다. 조이스는 연필을 사용하는 작가였고 나는 기도를 하는 목사이기 때문이다. 하지만 우리는 똑같은 일을 하고 있는 중이다. 특정한 날, 특정한 사람의 삶에서 역사와 성性과 종교와 문화와 장소가 서로 얽히는 놀라운 광경을 목격하고 있는 것이다.

나는 이제 두 이야기 세트를 확실히 짚고 넘어가야 한다는 것을 알았다. 먼저 복음 이야기는 이미 잘 알고 있었다. 나는 복음 메시지를 선포하는 설교자였다. 이야기의 원어들도 배웠고, 교육 기관을 통해 이야기의 오랜 발달 과정에도 몰두한 적이 있었고, 이야기를 오늘의 언어로 번역하는 법도 가르쳤다. 나는 정신을 건전하고 정직하게 유지해준 신학에도 열중했고, 균형 잡힌 관점을 제공해준 역사 또한 잘 알고 있었다. 강단에서 그리고 성경 낭독대 뒤에서 새로운 주가 올 때마다 변함없이 이야기를 읽고 들려주었다.

나는 이 일을 좋아했고, 복음 이야기들을 읽고 묵상하고 설교하는 것을 즐겼고, 그것을 서로 다른 정체政體 아래서 서로 다른 기후에 또 서로 다른 문화에 속한 사람들에게 전하는 것을 애호했다. 이는 실로 영광스러운 특권이다. 내가 목사가 될 때 기대했던 일이고, 이 일을 위해 나는 적절한 훈련을 받았다.

그런데 다른 이야기 세트 또한 확실히 짚고 넘어가야 했다. 다름 아니라 레오폴드 블룸, 벅 물리간, 잭 틴데일, 메리 본, 낸시 라이언, 브루스 매킨토시, 올라프 오데가르드, 아비가일 데이비드슨 등이 등장하는 이야기다. 예수 이야기는 이날, 이 도시에 사는 사람들 각각의 삶에서 재생산되고 다시 경험되는 중이었다. 그리고 나는 여기에서 그런 일이 구현되는 것을 목격하고, 그렇게 구현되도록 도와주고, 그들의 말을 경청하고, 행동을 관찰하고, 인물과 플롯을 분별하고 있다. 나는 코이네 그리스어로 기록된 마태복음을 읽을 때만큼 코이네 미국어로 말하는 에릭 매튜즈의 말을 경청할 때 그것을 진지하게 해석하겠다고 결심했다. 제임스 조이스가 율리시스 이야기를 갖고 레오폴드 블룸과 그의 더블린 친구들과 이웃들의 삶에서 그것을 재생했던 만큼 나 역시 이 지역에 사는 우리 교인 각자의 삶에서 예수 이야기가 재생되는 것을 보고 싶었다.

예수회 소속 시인이었던 제라드 맨리 홉킨스는 목회사역에 도움을 주는 텍스트를 선물해주었다.

그리스도는 자기 것이 아닌

사랑스러운 눈과 사랑스러운 팔다리로
수많은 곳에서 놀이하시니
사람들의 용모를 통해 아버지께로 가노라.

그 순간부터 지금까지, 가정과 병원을 방문하는 일, 길거리에서 나누는 대화, 외로운 자를 찾아가는 일, 죽어가는 사람과 함께하는 일은 이 사역, 곧 이런 이야기에 접근하기 위해 시간을 투자하는 우선적인 과업이 되었다. 이제는 요령과 연민과 성실성을 넘어서는 많은 것이 필요하다. 그냥 '모습을 드러내는 것' 이상의 일이 필요하다. 나는 뉘앙스에 귀 기울이고, 연관성을 찾고, 기억하고, 고대하고, 동사가 어떻게 작동하는지("저것은 미완료시제인가, 부정문 과거시제인가, 완료시제인가?")를 관찰하고, 속죄와 화해("저것은 지금 당장 이루어지고 있는 칭의인가?")와 성화를 가리키는 징표를 찾는다. 마치 조이스가 타이프라이터 앞에 앉았듯이 나는 사람들 앞에 앉아서 어떤 이야기가 창조되는지 주시하고 있다.

질병이나 연약함으로 인해 일인용 병실에 갇혀 있는 상태, 세상의 모든 교류가 차단되고 세상의 패션과도 무관한 상태는 정신을 집중시키며 올바른 인식을 불러일으키는 한계 상황을 제공해준다. 어떤 이들은 그런 생활을 지루하다고 말하지만, 대다수의 작가는 스스로 그런 지루한 환경에 처해 집중한다. 창밖에서 너무 많은 일이 일어나면 당신은 결코 아무 글도 쓸 수 없으리라. 죽어가는 사람이 있는 병실은 우리가 주목할 대상을 제한하여 코앞에 있는 것에 주의를 기울이게 한다.

  세월이 흐르다 보면 목사가 섬기는 교인 가정들 가운데 이런저런 질병이나 감금이나 죽음을 겪지 않는 가정이 거의 없다. 조이스 덕분에 내가 회심한 이래, 교인을 찾아가는 심방을 더 이상 목회자의 의무로 생각하지 않고, 살아 계신 그리스도가 그들의 삶에 미친 영향에 관한 이야기를 연구 조사하는 기회로 삼는다. 때로는 그 이야기에 내가 한 문장이나 마침표나 세미콜론을 덧붙인다. 내가 이런 교인을 찾아갈 때는 이사야의 예언이나 바울의 복잡한 논증을 연구할 때와 똑같이 호기심을 품고 부지런히 임한다.

  마가복음에는 이 일과 관련된 놀라운 텍스트가 나온다. "그가 살아나셨고… 예수께서 너희보다 먼저 갈릴리로 가시나니 전에 너희에게 말씀하신 대로 너희가 거기서 뵈오리라"(막 16:6, 7). 나는 심방을 하거나 누군가를 만나기에 앞서 조용히 이 구절을 인용하는 습관이 생겼다. "그가 살아나셨고… 예수께서 너희보다 먼저 갈릴리로 가시나니 전에 너희에게 말씀하신 대로 너희가 거기서 뵈오리라." 내가 모습을 드러낼 때마다 부활한 그리스도가 먼저 가서 나를 기다리고 있었다. 그분은 무엇을 하고 있을까? 그분은 무슨 말씀을 하고 있을까? 지금 무슨 일이 일어나고 있는가? 내가 어느 방에 들어갈 때는 무슨 행동을 할지 혹은 무슨 말을 할지 생각하지 않고 이미 부활한 그리스도가 행하신 일과 하신 말씀을 생각한다. 나는 이미 진행 중인 이야기, 부활과 관련된 어떤 것에 참여하게 된다. 때때로 나는 딱 맞는 말을 한마디 할 수 있고, 기분을 북돋울 수 있고,

중요한 기억을 되살릴 수 있지만, 언제나 부활한 그리스도가 이미 추진하고 있는 일, 이미 발생시키고 있는 일을 다루고 있는 것이다.

작가들이 글쓰기에 관해 얘기하는 것을 들어보면, 그들은 어떤 이야기를 꾸며낸다기보다 그 이야기가 그들에게 오게 하는 것이라고 말하곤 한다. 그들은 자신이 예전에 전혀 몰랐던 내용 혹은 적어도 그들이 알고 있다는 것을 전혀 '알지' 못했던 내용을 쓴다. 이미지들과 플롯들이 그들의 의식 속으로 들어오는데, 그것들은 어딘가에서 발현되는 것이다. 이처럼 오고가는 신비로운 현상에 열린 태도를 발전시키면 그들은 진정한 작가가 된다. 그들은 경청하는 사람이 된다. 이것이 모든 창조적인 일의 토대에 해당한다.

이는 또한 영성의 토대이기도 하다. 우리가 언어를 사용하는 것은 부활한 그리스도가 그들의 삶에서 하고 계신 일을 의식하게 하고, 거기에 이미지와 어휘를 제공하기 위해서다. 제임스 조이스는 더블린에 사는 얼마나 많은 레오폴드 블룸들에게 그들의 율리시스 이야기를 되돌려주었는가? 나는 우리 회중 가운데 얼마나 많은 교인들에게 그들의 예수 이야기를 의식하도록 할 수 있을까?

목회자

언어는 복음을 선포하고 이야기를 들려줄 때 사용하는 도구다. 모든 언어가 복음을 선포하는 이야기를 들려주는 것은 아니지만 얼마든지 그럴 수 있다. 모든 언어가 말씀the Word으로부터 나온다는 것을 알면 모든 언어가 그 말씀으로 되돌아가고, 말씀을 증언할 수 있다는 것도 알게 된다. 그러나 언어는 종종 그 말씀으로부터 단절된다. 소설가들은 목사인 나에게 양자를 다시 연결하는 법, 이야기를 만드는 법, 언어를 혼란스러운 상업적 광고와 뒷공론과 상투어에서 끌어내 그것으로 온전한 무언가를 창조하는 법, 복음 이야기 곧 예수 이야기를 가르치는 법 등을 보여주는 귀한 교사다.

언어는 대충 2가지 범주로 나눌 수 있다. 의사소통에 사용되는 언어와 교제에 사용되는 언어다. 교제용 언어는 이야기를 들려주고, 사랑을 속삭이고, 친밀감을 더해주고, 신뢰를 심어주기 위해 사용되는 언어다. 의사소통용 언어는 주식을 사고, 양배추를 사고, 교통정리를 하고, 수학을 가르치기 위해 사용되는 언어다. 2가지 범주 모두 필요하지만, 교제를 위한 언어는 목회자의 전공 분야다. 목회자들이 사람들에게 의사소통의 대가大家로 접근한다면 우리는 결혼식장에 있는 창녀처럼 엉뚱한 자리에 있는 것이다. 우리는 친밀감을 팔기 위해 여기에 있는 것이 아니다. 우리는 친밀해지기 위해 여기에 있는 것이다. 이를 위해 우리는 거룩한 교제의 언어를 사용한다.

양로원을 방문할 때마다 나는 종종 어린 딸 카렌을 데리고 갔다. 딸애는 성경보다 나았다. 양로원에 사는 노인들은 아이가 방에 들어가면 금방 얼굴이 환해지고 딸애의 미소에 기뻐하면서 여러 질문을 던지곤 한다. 그리고 피부를 만져보기도 하고 머리칼을 쓰다듬기도 한다.

한번은 중증 치매에 걸린 헤르 부인과 함께 있었다. 부인은 말이 많은 사람이었는데 온통 카렌에게만 말을 거는 것이었다. 어린 카렌을 보는 순간 옛날 생각이 나서 어린 시절의 이야기를 들려주었다. 그 이야기가 끝나자 금방 똑같은 이야기를 처음부터 다시 시작하더니, 계속해서 반복하는 것이었다. 20여 분이 지난 뒤에 나는 카렌이 불편해하고 무슨 일인지 몰라 헷갈려할까 봐 걱정스러웠다. 그래서 내가 부인 이야기에 끼어들었고, 그녀에게 기름을 부어주고 안수하고 기도한 뒤에 그곳을 떠났다. 집으로 돌아오는 차 안에서 나는 카렌이 인내심과 주의력을 발휘한 것을 칭찬했다. 카렌은 되풀이되는 이야기를 들으면서도 안절부절못하거나 지루해하는 기색을 전혀 보이지 않았기 때문이다. 나는 카렌에게 "카렌, 헤르 아줌마의 머릿속은 우리랑 조금 다르단다"라고 말했다. 그때 카렌은 이렇게 반응했다. "아, 아빠. 그건 이미 알고 있었어요. 아줌마는 우리에게 무언가를 얘기해주려는 게 아니라 자기가 누군지를 말해주고 있었지요."

아홉 살인 카렌은 그 차이점을 알았다. 헤르 부인이 의사소통이 아니라 교제를 위해 언어를 사용하고 있다는 것을 알았던 것이다. 이보다 더 잘 알았어야 할 카렌의 아버지는 아무런 의사소통도 이루어지지 않는다고 해서 노심초사했었는데 말이다. 이것은 우리 문화가 거의 주의를 기울이지 않는 차이점이며, 목회자들은 반드시 주의를 기울여야 할 차이점이다.

세상에는 언어를 단추처럼 찍어내는 엄청난 규모의 커뮤니케이션 산업이 있다. 언어는 텔레비전, 라디오, 전보, 인공위성, 케이블,

신문, 잡지를 통해 전달된다. 그러나 이런 언어는 인격적이지 않다. 엄청난 커뮤니케이션 산업에 내재되어 있는 것은 엄청난 거짓말이다. 내용인즉 우리가 소통을 키우면 삶이 향상될 것이라는 거짓말이다. 그런 일은 여태껏 일어나지 않았고 앞으로도 일어나지 않을 것이다. 우리는 어떤 사람의 '할 말'이 무엇인지를 알고 나면 그를 더 좋아하지 않고 오히려 덜 좋아하게 되는 경우가 많다.

더 많은 커뮤니케이션은 종종 국제관계를 더 악화시킨다. 국가와 종교의 차원에서 우리는 과거 어느 때보다 서로에 대해 더 많이 알고 있는데도 서로를 덜 좋아하는 것 같다. 상담사들은 부부가 좀 더 분명하게 의사소통하는 법을 배우면 화해로 이끌 확률만큼 이혼으로 결론날 것을 알고 있다.

언어의 선물은 교제를 위한 것이다. 우리는 교제의 본질을 배울 필요가 있다. 그렇게 하려면 나 자신의 일부를 노출할 위험을 감수해야 한다. 내가 누군가 하는 신비를 어느 정도 드러내야 한다는 말이다. 내가 여기서 입을 다물고 있으면, 당신은 나에게 무슨 일이 일어나고 있는지 알 길이 없다. 당신은 나를 쳐다보고 측정하고 달아보고 테스트할 수는 있지만, 내가 입을 뗄 때까지는 내 속에 무슨 일이 일어나는지, 내가 진정 누구인지는 알 수 없다.

당신이 귀를 기울이고 내가 진실을 말한다면 무언가 놀라운 일이 발생하기 시작한다. 이는 전혀 새로운 사건이다. 이전에는 거기에 없었던 일이 생기는 것이다. 하나님은 우리를 위해 바로 이런 일을 행하신다. 하나님이 이런 일을 행하시기 때문에 우리도 그것을 배운다. 그러면 새로운 일이 발생한다. 구원이 생기고 사랑이 생긴다. 교제도 생긴다. 이런 식으로 사용된 언어는 신비를 정의하기보다는 심화시킨다. 즉 이미 알고 있는 것을 넘어서 미지의 경지로 들어가는 것이다.

성찬식은 가장 단순한 말 "이것은 나의 몸이요, 이것은 나의 피다"라는 말을 사용해 우리로 하여금 상상력을 자극하는 계시 행위에 뛰어들게 한다. 이는 우리가 결코 파악할 수는 없지만 들어가게 되는 어떤 것이다. 이런 말은 묘사하는 게 아니라 가리키고 손을 뻗치고 안아준다. 내가 병든 자, 죽어가는 자, 외로운 자에게 갈 때마다, 거기서 중요한 말은 교제의 언어라는 것이 분명해진다. 그런데 이런 언어가 얼마나 적게 사용되는지를 알면 슬프기 짝이 없다.

때로는 다음과 같은 식으로 언어를 사용하려고 애쓴다. 병든 자와 죽어가는 자와 외로운 자가 겪는 시련 중에는 끝없이 쏟아지는 상투적인 말을 들어야 하는 것도 포함된다. 의사는 진단 결과를 전달하기 위해, 가족은 염려를 전달하기 위해 그리고 친구들은 그날의 세상 이야기를 전달하기 위해 제각기 그들의 방에 들어간다. 물론 그들 모두가 그렇게 하는 것은 아니며 또 언제나 그런 것도 아니지만, 이처럼 병들고 외롭고 죽어가는 사람들이 있는 곳에서, 길거리에서, 사무실에서, 일터에서, 학교에서 진정한 교제가 행해지는 경우가 그리 많지 않다는 것이 슬픈 현실이다. 그러므로 그리스도인이 교제의 언어를 잘 사용하는 전문가가 되는 것은 정말 시급한 일이다.

시인

대다수의 사회는 언어의 중요성 때문에 시인들을 존경해왔다. 마르틴 하이데거는 철학자들을 "존재의 목자들shepherds of being"이라고 부르곤 했다. 나는 시인들을 "언어의 목자들shepherds of words"이라고 생각한다. 그들은 사랑으로 언어를 지키고, 언어가 상처를 입으면 싸매어주고, 언어가 길을 잃으면 찾으러 가고, 언어의 이름을 알고 있기 때문이다. 나는 언어와 밀접한 관계가 있는 목사들이 지금보다 시인을 더 좋아해야 마땅하다고 늘 생각해왔다. 그래서 친구 목사들이 시인에 대해 무관심하거나 적대적인 태도를 취하는 모습을 보게 될 때는 깜짝 놀라곤 한다. 우리 성경의 절반 이상이 시인들의 작품이다. 만일 어떤 것이 우리에게 전달되는 형식이 중요하다면-사실 그렇다-육신이 된 이 말씀을 위해 어떤 식으로든 기독교 메시지를 전달할 책임이 있는 사람이라면 시와 시인을 깊이 고려하지 않으면 안 된다.

첫째, 시인은 우리의 속력을 늦추는 작업을 한다. 시는 속독할 수 없다. 시는 다시 읽을 필요가 있다. 지면을 활자로 꽉 채우는 산문과는 달리 시는 많은 여백을 남겨두며, 소리처럼 침묵도 중요하다고 말한다. 그리고 침묵은 시어詩語를 이해하는 데 필수적인 요소다. 우리는 서둘러 시를 읽을 수 없다. 전후관계를 알아보고 운율을 느끼며 공명을 듣는다. 이 모든 일은 시간을 필요로 한다. 보고 느끼고 감지할 것이 무척 많다. 우리가 시 앞에 앉는 것은 마치 꽃 앞에 앉아서 형태와 관계와 색채에 주의를 기울이는 것과 같다. 우리는 시가 감정을 움직이도록 허용한다. 우리가 산문을 읽을 때는 자신에게 통제권이 있는 것처럼 느끼지만, 시를 읽을 때는 통제권이 없는 것처럼 느낀다.

딱 집어서 말할 수 없는 무슨 일이 일어나고 있을 때 우리는 조급증에 시달리다가 신문 칼럼을 읽는 경우가 적지 않다. 산문을 읽을 때는 정보를 얻고 지식을 획득하는 등 무언가를 추구하게 된다. 우리가 원하는 바를 최대한 빨리 얻어 잘 활용하기 위해 그런 글을 읽는다. 만일 필자가 글을 잘 쓰지 않으면, 그러니까 우리가 그의 글을 금방 이해할 수 없으면 우리는 조급해져서 책을 덮고선 왜 이렇게 알기 쉬운 문장을 쓰지 않는지 의아해한다. 그러나 시를 읽을 때는 다른 입장을 취한다. 우리는 골치가 아프지만 다시 돌아가고 기다리고 깊이 생각하고 귀를 기울일 준비가 되어 있다. 이 같은 주의력, 기다림, 경외하는 태도 등은 믿음, 기도, 예배, 증언의 삶의 중심에 있는 것이다. 너무 서둘러 말하려 하면 우리는 왜곡하는 죄를 범하게 된다. 시인들은 우리의 속력을 늦추게 하고 우리를 멈추게 한다. 그 시를 다시 읽고, 다시 읽고, 다시 읽으라.

내가 소설가 제임스 조이스와 나란히 다루고 있는 시인은 예레미야다. 예레미야는 우리의 믿음뿐 아니라 세상의 생명과도 관련된 위대한 시인이다. 그는 자기 이름과 같은 제목의 책을 한 편의 시로 시작한다.

여호와의 말씀이 내게 임하니라. 이르시되
"내가 너를 모태에 짓기 전에 너를 알았고
네가 배에서 나오기 전에 너를 성별하였고
너를 여러 나라의 선지자로 세웠노라" 하시기로
내가 이르되 "슬프도소이다. 주 여호와여 보소서,
나는 아이라 말할 줄을 알지 못하나이다" 하니
여호와께서 내게 이르시되
"너는 '아이라' 말하지 말고
내가 너를 누구에게 보내든지 너는 가며
내가 네게 무엇을 명령하든지 너는 말할지니라.
너는 그들 때문에 두려워하지 말라.
내가 너와 함께하여 너를 구원하리라.
나 여호와의 말이니라" 하시고
여호와께서 그의 손을 내밀어 내 입에 대시며
여호와께서 내게 이르시되
"보라 내가 내 말을 네 입에 두었노라.
보라 내가 오늘 너를 여러 나라와 여러 왕국 위에 세워
네가 그것들을 뽑고 파괴하며
파멸하고 넘어뜨리며
건설하고 심게 하였느니라" 하시니라.

여호와의 말씀이 또 내게 임하니라. 이르시되

"예레미야야 네가 무엇을 보느냐?" 하시매

내가 대답하되 "내가 살구나무 가지를 보나이다."

여호와께서 내게 이르시되 "네가 잘 보았도다.

이는 내가 내 말을 지켜 그대로 이루려 함이라" 하시니라.

예레미야서 1장의 첫 페이지에 나오는 이 시와 관련해 몇 가지 논평을 하고 싶다. 예레미야는 다른 시인들처럼 언어를 사용하는 우리에게 상당한 영향을 주는 고전적인 시인이다. 선지자일 뿐 아니라 시인이기도 한 그는 단어와 언어에 관심을 갖고 언어가 어떻게 작동하는지 보여준다.

여기서 내가 주목하는 첫 번째 사항은 말씀이 첫째라는 것, 말씀이 원초적인 존재라는 점이다. "내가 너를 모태에 짓기 전에 너를 알았고 네가 배에서 나오기 전에 너를 성별하였고 너를 여러 나라의 선지자로 세웠노라." 하나님은 예레미야보다 앞서 알고 성별하고 세우는 분으로 묘사되어 있다. 이는 모두 언어적 행동이다. 말씀은 다른 모든 것보다 먼저 존재한다. 우리가 모태에서 잉태되기 전에 우리는 말씀에 의해 존재하게 된다. 말씀이 첫째다. 해와 달과 별이 있기 전에 (창세기를 보면) 말씀이 존재한다. 나무와 꽃과 물고기가 있기 전에 말씀이 존재한다. 정부와 병원과 학교가 있기 전에 말씀이 존재한다. 말씀이 '우선적인 위치'를 잃어버리면 모든 것은 엉망이 되고 만다. 말씀이 둘째나 셋째나 넷째로 밀려나면 우리는 창조에 작동하는 원초적인 신적 리듬과의 접촉을 잃어버린다. 만일 길이 정도正道에서 밀려나서 행동과 프로그램의 종으로 전락하면, 우리는 말씀으로부터, 육신이 된 그 말씀으로부터 나오는, 구속을 이루는 방대한 내면의 샘과의 연결고리를 상실하고 만다. 말씀이 경솔하게 또 아무렇게나 취급되면, 우리는 하나님이 말씀을 사용해서 창조하는 본질적이고 개인적인 친밀감에서 멀어지게 된다. 그렇기 때문에 언어의 중요성을 진지하게 여기는 '말씀의 사역자들'이 있는 것이다. 시인은 우리로 하여금 사역의 본질에 주목하도록 도와준다. 그것은 다름 아닌 말씀, 곧 하나님 말씀을 섬기는 말씀 지킴이, 말씀 섬김이의 역할이다.

예레미야는 하나님의 말씀을 들었을 때, 그 말씀에 응답했다. "슬프도소이다. 주 여호와여 보소서, 나는 아이라 말할 줄을 알지 못하니이다." 이것은 일종의 자기 변명이기는 했지만 그래도 하나의 응답이었다. 그는 꿀 먹은 벙어리처럼 가만히 서 있지 않았다. 말은 당신이 세상이나 세상 사람들의 내용물을 파악하기 위해 상자에 붙이는 딱지가 아니다. 말은 개인적인 것이다. 우리가 어떤 말을 들으면 그 말에 응답할 필요가 있다. 갑자기 무언가가 창조되었다. 바로 예레미야다. 그는 이름을 가진 어떤 사람이며, 하나님이 그에게 말씀하고 있고, 그는 그분께 응답하기 시작한다. "슬프도소이다. 주 여호와여." 우리가 남은 생애 내내 아침부터 밤까지 하나님의 존재에 대해 깊이 생각하더라도 우리의 삶이 조금도 변하지 않을 수 있다. 우리가 평생토록 시험을 보고 음식을 먹고 게임을 하더라도 생물학적 변화 외에는 아무것도 변하지 않는다. 그러나 말씀이 발해지고 그에 응답할 때는 무언가 새로운 것이 창조된다. 하나님이 저 바깥에서 말씀으로 창조하는 우주가 아니고, 여기에 앉아서 멋대로 바보 같은 짓을 하는 내가 아니라, 에너지와 변화와 발전과 사랑으로 충만한 어떤 관계가 탄생한다. 하지만 예레미야는 아직 그것을 믿지 못하고 있다. 아직도 무슨 일이 벌어지고 있는지 모르고 있다. 즉 그는 겸손하고 하나님의 말씀이 그의 말과 어떤 관계를 맺을 수 있는지 알지 못하고 있다. "나는 아이에 불과해 말을 잘할 줄 모릅니다. 나는 하나님이 사용하시는 것과 똑같은 언어를 사용할 수 없고, 내가 사용하는 언어는 하나님이 사용하시는 언어와 아무런 관계가 없습니다." 그러나 하나님은 그렇지 않다고 말씀하신다. "예레미야야, 우리는 동일한 언어를 말하고 있으니 네가 아이에 불과하다는 말을 하지 마라." 말씀으로 온 세계를 창조하시는 하나님, 말씀으로 우리 존재를 창조하시는 하나님과 우리 인간, 곧 감자를 더 먹고 싶다는 말을 하거나 호텔 직원에게 브로콜리 값으로 3,000원을 더 청구받았다고 말하는 사람 사이에 대화가 있을 수 있다. 달리 말하면 하나님의 말씀과 우리 말은 양립 가능하다는 뜻이다.

시인들은 우리가 이룰 수 없다고 생각하는 일을 해낸다. 그들은 서로 양립할 수 없고 어울리지 않는 것처럼 보이는 두 세트의 언어를 묶어놓고 양자가 동일한 대화의 일부임을 보여준다. 이는 하나님이 말씀하시고 나도 말하는 대화와도 같다. 하나님의 형상이라는 말의 의미 중 하나는 언어를 갖고 있고, 우리의 신비로운 내면과 하나님이라는 신비로운 존재를 이어주는 말을 하고 들을 수 있는 능력이 있다는 것이다.

이어서 주님은 그의 손을 내밀어 예레미야의 입술, 곧 말을 만들고 행동이 시작되는 곳에 대신다. 이러한 언어적 행위로부터 에너지가 흘러나온다. 세 쌍의 단어들, 곧 여섯 개의 동사가 열거된다. 뽑고 파괴하며, 파멸하고 넘어뜨리며, 건설하고 심는다. 각각은 말에서 생기는 일이다. 이런 현실과의 관계를 잃어버리는 일은 너무도 쉽게 벌어진다. 우리는 무력과 힘, 돈과 마력, 핵무기의 위력에 겁을 먹을 때가 많다.

시인 예레미야에 관해 살펴볼 사항이 하나 더 있다. 그것은 시의 또 다른 측면으로, 어쩌면 가장 중요한 것인지도 모른다. "여호와의 말씀이 또 내게 임하니라. 이르시되 '예레미야야 네가 무엇을 보느냐?' 하시매 내가 대답하되 '내가 살구나무를 보나이다.' 여호와께서 내게 이르시되 '네가 잘 보았도다. 이는 내가 내 말을 지켜 그대로 이루려 함이라.'"

하나님이 우리에게 말하도록 주시는 말씀은 하나님이 만든 세계 속에서 확증된다. 말은 물질과 비슷해서 하나님이 주시는 말씀은 하나님이 창조하는 세계 속에서 확증된다. 말과 세계 사이에 상호일치성이 있는 것이다. 그런데 상호일치성은 죄와 반역에 의해 자주 파괴된다. 시인의 과업은 그것을 다시 회복하는 것이다. 예레미야는 그의 시에서 이 과업을 이루기 위해 동음이의의 기술과 시각을 사용한다.

하나님은 예레미야에게 무엇을 보고 있는지 묻는다. 예레미야는 창밖을 보고는 "살구나무를 봅니다"라고 응답한다. 아마 봄이었던 것 같다. 살구나무는 우리 주변의 사과나무에 피는 흰 꽃송이와 비슷한 꽃이 만발하는 나무다. "저는 꽃이 만발한 살구나무를 보고 있습니다." 하나님은 동음이의어의 말장난으로 대답하신다. "네가 잘 보았도다. 이는 내가 내 말을 지켜 그대로 이루려 함이라." 영어(혹은 한국어)로는 이 말장난을 재생할 수 없다. 히브리어로는 이런 식으로 들린다. "예레미야야, 네가 무엇을 보느냐?" "저는 샤케드(Shaqed, 살구나무)를 봅니다." "맞다, 예레미야야, 나는 내 말이 실현되는 것을 쇼케드하고(Shoked, 보고) 있다."

여기서 무슨 일이 일어나고 있는지 이제 알겠는가? 말을 사용하는 사람은 누구나 그 말과 함께 무슨 일이 일어나는지 궁금해한다. 그 말은 하나님이 세상에서 하고 있는 일과 조화를 이루는가? 남은 생애 내내 예레미야는 봄이 될 때마다 살구나무의 꽃이 만발하는 모습을 보며 "내가 내 말을 지켜 그대로 이루려 함이라"라는 말씀을 들을 것이다. 이 말씀은 주목을 받고 지켜지고 확증되고 유효한 것으로 인정된다.

"내 말은 헛되이 내게로 되돌아오지 아니하리라." 이것이 바로 시인들이 하는 일이다. 그들은 우리에게 말과 형태가 서로 일치하는 모습을 보여준다. 그는 살구나무를 볼 때마다 말씀이 실현된다는 소리를 듣는다. 말과 세계 사이에, 선포된 말과 일어나는 현상 사이에 하나님이 이루는 내적인 유기적 연결 관계가 회복된다.

말을 사용하는 사람들, 즉 목사, 교사, 그리스도를 섬기는 온갖 증인들은 말과 성찬, 우리가 보는 것과 일어나는 현상 사이에 이런 연결성이 있다는 것을 믿을 필요가 있다. 꽃이 만발한 살구나무는 서너 달이 지나면 살구송이들이 된다. 하나님은 당신의 말씀에 주목하여 그것이 실현되게 하시기 때문에 말은 그저 듣기 좋은 말로 끝나지 않고 무엇인가가 된다. 그분은 말씀의 목자이시므로 말씀 중 한마디도 되돌아오지 않게 하신다.

말은 결코 단순한 말이 아니다. 말은 우리를 애타게 하고, 삶을 빚어내고, 우리를 뒤집어놓는다. 우리는 말을 사용하여 무언가를 전달하고 설파하고 가르치고 선언하고 노래하고 기도하고 묵상한다. 말이란 것은 그것으로 끝나지 않는다. 하나님은 계속해서 이 말을 주시하고 돌보고 관리하신다. 그리고 우리가 하나님을 주시하면 그분이 말씀을 주시하는 모습을 보게 된다. 그저 구경꾼으로서가 아니라 양떼의 목자로서, 자녀의 부모로서, 연인과 친구로서 은혜의 징표를 주시하고, 기쁨의 순간을 주시하고, 다시금 말이 육신이 되는 것을 보여주는 증거를 주시하는 모습을 보게 된다.

소설가들과 시인들은 우리로 하여금 언어를 존중하도록 도와주고 언어가 우리 삶에서 작동하는 방식을 보여주는 동역자가 될 수 있다. 당신이 어떤 이야기를 들을 때와 경청할 때는 하나님의 말씀이 그 모든 말 속에 존재하고 계셔서 육신이 될 수 있음을 알아야 한다.

목사와 소설

가볍게 대화를 나누던 중 우연찮게 나온 이야기다. 내가 아는 목사에게 《미들마치 Middlemarch》(영국 소설가 조지 엘리엇이 1871-1872년에 발표한 장편소설-옮긴이)를 다시 읽는다고 언급한 적이 있었다. "다시 읽는다고? 아니, 그런 소설을 도대체 왜 읽는 거지?" 그가 보인 반응이다. "그런 걸 읽기에 나는 너무 바빠. 나는 깊이 있는 책만 읽거든." 그의 말투에는 소설을 깔보는 듯한 뉘앙스가 묻어 있었다. 바로 그 순간 다른 친구가 끼어들더니 당시에 진행되던 월드 시리즈 야구의 6회 스코어를 알려주는 것이었다. 친구는 경기와 관련된 이슈에 대해 아주 진지한 의견을 내놓았고, 덕분에 《미들마치》는 어디론가 사라져버렸다. 그래서 나는 안도의 한숨을 쉬었다. 만일

---

* Theology, *News and Notes* (December 1991)에 실렸던 글.

대화가 계속되었더라면 나는 진지하지 못한 목사, 별 볼일 없는 목사로 낙인이 찍혔을 터이다.

대화를 하다 보면 나는 임기응변이 부족해서 금방 재치 있는 대답을 잘 못하는 사람임을 실감한다. 하지만 나중에 성소와 같은 내 서재에서 글로 써서 복수한다. 비록 내가 여기서 다루는 장본인은 이 글을 읽지 않을 가능성이 매우 많지만 그래도 최후의 한마디를 쓰는 일은 상당한 만족감을 준다. 이 경우 최후의 한마디는, 소설을 읽는 일은 목사가 할 수 있는, 보다 진지한 활동 중 하나라는 것이다. 소설 읽기를 무시하는 목회자는 전반적으로나 부분적으로 진지함이 부족한 사람이다. 성경은 확실히 읽어야 한다. 신학책은 물론이고, 주석 역시 부지런히 읽어야 한다. 그리고 소설도 반드시 읽어야 한다.

나는 목회자가 소설을 읽어야 할 이유를 말하려고 한다. 개인적 이유가 아니라 직업적인 이유들이다. 목회자로서 우리가 하는 일과 그 일을 둘러싼 상황과 관련된 이유를 들고 싶다. 목회자는 특정한 장소에서 특정한 사람들에게 그리스도 안에서 이루어진 하나님의 구원 이야기를 선포한다. 여기서 선포의 측면은 대체로 도전을 받지 않는다. 세상은 목회자를 무시하면서도 일요일마다 우리가 강단을 지키며 설교하기를 기대한다. 강단에 서기를 빼먹으면 무슨 문제가 있는지 의아해할 것이다. 그러나 목회자가 사역하는 세상의 환경은, 마치 숲속의 산성비처럼 목회사역의 잎사귀와 꽃을 조용히 죽이고 말 것이다.

끊임없이 부슬부슬 내리는 산성비와 같은 세상은 우리 이야기와 정체성과 장소를 빼앗아간다. 반면에 우리가 일하는 상황을 구성하는 것은 특정한 장소에서 특정한 사람들을 향한 구원의 이야기다. 만일 복음의 메시지가 줄거리도 없이 '미국에 사는 아무개'에게 전해진다면 사역이 지닌 목회적 특징은 사라지고 만다. 다른 한편 수많은 소설가들은, 모든 존재는 이야기로 빚어진다는 것을 보여주고, 각 사람의 고유한 정체성을 역설하고 구체적 장소에 담긴 의미를 주장한다. 그리고 그런 상황에 대처하기 위해 날마다, 해마다 열심히 일하고 있다.

목회적 소명의 독특한 상황-이야기, 사람, 장소-을 진지하게 여기는 사람이라면 이런 소설가들을 친구로 환영하고 그들과 기꺼이 시간을 보낼 것이다. 그렇다고 모든 소설가가 동역자는 물론 아니다. 분별력을 발휘해야 하겠지만, 상당수의 소설가들이 목회자를 피폐하게 하는 세상의 환경에 반대하는 입장을 취하고 있다.

이야기

존재는 이야기의 모양을 갖는다. 세계를 말로 묘사하는 가장 적합한 방법은 이야기를 들려주는 것storytelling이다. 이야기는 가장 비전문적이고 가장 포괄적인 언어 형태다. 모든 것은 이야기로 표현될 수 있다. 그리고 어떤 것이든 이야기 속에 있는 순간에 의미를 갖게 되고, 플롯에 참여하며, 이런저런 중요성을 지니게 된다. 성경의 계시는 이야기 형태로 우리에게 다가온다. 하나님과 창조에 관한 진리, 혹은 인간과 구속에 관한 진리는 이야기가 아니면 그 방대함과 복잡성을 도무지 전달할 수 없다.

죄가 언어에 미친 영향 중 하나는 이야기를 파괴하거나 복잡하게 만들고, 이야기를 서로 분리된 일화들로 쪼개놓고, 이야기를 잡담으로 바꾸고, 이야기를 해체해 목록이나 공식이나 규율로 만드는 것이다. 오늘날 우리에게 전달되는 대부분의 언어는 텔레비전과 신문과 잡지를 통해서 오는 것이다. 거기에는 사건과 발언과 사고가 있을 뿐 이야기는 없다. 거기에는 과거와 연결시켜주고, 미래로 뻗어가고, 깊이를 측량하고, 높은 곳으로 솟아오르는 면이 하나도 없다. 그런 언어는 우리를 현실과 더 가깝게 연결시켜주기보다 오히려 그로부터 분리시켜서 사건과 논평의 쓰레기장에 내버려둔다.

누군가 어떤 이야기를 들려주되 그것을 진실하게 잘 들려줄 때는 언제나 복음에 기여하게 된다. 이야기를 만드는 언어는 사건과 사고의 와중에 빛과 응집성과 연결성, 의미와 가치를 가져다준다. 만일 어떤 이야기가 존재한다면, 거기에는 어쩌면, 아니 틀림없이 이야기꾼storyteller이 있을 것이다.

월리스 스테그너Wallace Stegner는 내 생애에 만난 가장 뛰어난 이야기꾼 중 한 사람이었다. 나는 일종의 무정부주의와 포퓰리즘의 분위기가 팽배한 서부에서 자랐다. 우리는 권위에 별로 영향을 받지 않았고 과거와의 연속성을 감지하지도 못했다. 내가 태어나서 자란 곳은 불과 40년밖에 안 된 마을이었다. 나는 전통에 대한 의식이 없었다. 조부모가 살았던 스칸디나비아는 지구 반 바퀴나 떨어져 있었고, 내가 자란 골짜기의 원주민이었던 쿠테나이 인디언과 살리쉬 인디언은 아무리 생각해도 내 조상은 아니었다.

사람들은 '더 유리한 곳'을 찾아 자주 이동했다. 우리 가족만 해도 나의 성장기에 열 번이나 이사했다. 그것은 무척 진한 경험이었고 때로는 멋진 경험이기도 했지만, 스케일이 크거나 역사적인 면모는 없었고, 그 결과 복음에 대한 이해도 한시적으로 '유리한 고지'를 점령하는 차원으로 축소되었다.

스테그너는 소설 《거대한 바위산 캔디*The Big Rock Candy Mountain*》에서 내 인생의 재료를 가지고 이야기를 엮어낸다. 그는 우리 마을과 별로 다르지 않은, 우리 마을에서 320킬로미터 가량 떨어진 마을에서 (나보다 30년 앞서) 자라났다. 미국/캐나다의 서부와 그곳 주민에 관한 소설을 읽으면 내가 자랄 때 함께했던 사람들, 내가 품었던 정서, 내가 배우고 사용했던 언어, 방랑벽과 외로움, 뿌리와 종교가 없는 가난과 번영이 자연스럽게 떠오른다. 나는 어른이 된 뒤에 내가 생각한 기독교 문화 때문에 나머지 모든 것을 부정하고픈 위기에 처해 있었다.

스테그너는 내 경험, 그 땅과 기후, 은어와 관습, 날림으로 지은 마을과 한시적인 일거리 등을 재료로 삼아 이야기를 만들어냈다. 그는 한 우주를 창조해 그 고장과 주민들에게 호머의 그리스나 마가복음의 갈릴리에 못지않게 하나의 플롯과 일관된 이야기를 만들어낼 수 있음을 보여주었다.

나를 위해 작업을 수행한 사람이 내가 속한 교회의 목사나 내가 다닌 신학교의 교수가 아니라 소설가였다는 사실, 내가 상상력을 발휘해 주변의 모든 것을 받아들이도록 나를 훈련하고 그것이 창조주Author의 주목을 받을 만큼 가치가 있다는 것을 깨닫게 해준 사람이 소설가였다는 사실은 무척 의미심장하다. 이런 도움은 나에게만 필요한 것이 아니라 주변에 있는 사람들, 내가 섬기고 있는 교인들에게도 필요하다. 그들 역시 스스로를 창조주의 주목을 받을 만한 가치가 없는 존재로 느끼고, 이야기가 될 만큼 흥미롭거나 중요한 존재가 아니라고 생각하기 때문이다.

그래서 나도 모르게 이런 사람들에 대한 기자적 관점, 이런 사람들은 사고에 연루되거나 어떤 상을 받을 경우에 한하여 한 시간 남짓 주목할 만한 존재에 불과하다는 관점에 물들지 않기 위해 소설을 자주 그리고 진지하게 읽어서 대화를 할 때나 복음을 선포할 때 이야기를 하는 습관을 기르곤 한다.

인물

복음 이야기를 듣는 사람들은 제각기 독특한 인물이다. "사람들 사이에는 복제품이 없다"고 바론 프리드리히 폰 휴겔은 즐겨 말하곤 했다. 학창 시절, 우리는 똑같은 눈송이가 없고 똑같은 참나무

잎사귀도 없다는 것을 배우며 놀란 적이 있다. 눈송이와 잎사귀로부터 우리는 서서히 이동해 인간이 지닌 독특성을 파악하기에 이르다. 우리는 창조계의 다른 부분들과 상당한 공통점을 갖고 있으면서도, 존재에 관한 한 비슷한 피조물이 존재하지 않음을 깨달았다. 그리고 나는 다른 모든 인간들과 상당한 공통점을 갖고 있으면서도, 나라는 존재에 관한 한 나는 다른 모든 사람과 다르다. 복음을 진정으로 경청하는 일은 언제나 개인적인 차원에서 이루어지는 법이다. "나는 너를 지명하여 불렀다"는 것은 구원의 경륜에서 가장 본질적인 요소다.

다른 세상 쪽의 환경은 각 사람의 구체적인 독특성을 침식시켜 특색이 없는 편편한 평지로 일반화시키려고 늘 노력하고 있다. 그래서 내성적인 유형—노인, 마르고 키가 큰 형, 구제 불능형, 무식욕증 환자, 양극형, 편부모, 당뇨병 환자, 십일조 내는 사람, 좌뇌 발달형 등—으로 딱지를 붙이는 것이다. 이런 딱지는 인간 상태의 어떤 측면을 이해하는 데는 유용하지만, 한 사람을 전체적으로 파악하는 도구로 이용되는 순간 우리 목회자들이 가장 관심을 두는 면, 곧 하나님이 부르시는 전례 없고 반복 불가능한 인간이라는 측면을 가리고 만다.

누군가의 이름을 불러줌으로써 그 사람이 한 명의 고객으로, 환자로, 투표자로, 장로교도로, 죄인으로서가 아니라 독특한 인간으로 대우받고 있다고 느낄 때마다 복음은 증진된다. 구원에 이르게 하는 사랑은 언제나 일반적인 인간이 아니라 구체적인 개인을 대상으로 삼는다. 그리스도의 자비는 언제나 특정한 역사에 맞춰지는 것이지, 추상적 개념으로 승화되는 법이 없다.

앤 타일러는 꼬리표 너머를 볼 수 있는 눈과 상투어 있는 소리를 들을 귀를 내게 선물해주었다. 그녀의 소설에 나오는 등장인물들은 사회에 딱 들어맞지 않는, 약간은 괴짜에 해당한다. 교회에서 이런 사람들을 만나면 나는 언제나 조급증을 내며 그들을 낯익은 범주에 끼워 맞춤으로써 그들을 아는 데 더 이상 시간을 들이지 않으려고 애쓴다. 어쨌든 나에게는 할 일이 많이 있으니 어쩔 수 없다. 교회는 다양한 필요를 가진 사람들을 대상으로 프로그램을 운영하고 있는 만큼 사람들을 이런저런 범주에 맞출 필요가 있다고 생각한다. 대다수의 사람은 병원과 학교, 쇼핑센터와 복지기관 등이 제공한 범주에 맞춰지는 데 익숙해져서 교회가 그렇게 취급해도 반론을 제기하지 않는다. 그러나 그들이 그것을 묵묵히 따르는 한, 하나님이 이루고자 하는 일을 깨닫지 못하게 된다. 이는 어떤 프로그램에 맞춰지는 존재로 전락하지 않고, 효율성의 이름으로 비인격화되지 않고, 본래 창조되고 구속된 당신의 자아를 찾아가는 것, 곧 신성한 자아를 찾는 과정을 뜻한다.

나는 앤 타일러를 통해 성품이 형성되는 방식을 배움에 따라 우리 교인들을 존경하는 태도로, 심지어는 경외심을 품고 대하게 되었다. 내가 편한 방식에 그들을 끼워 맞추고 조직에 유용한 존재로 취급하는 게 아니라 있는 그대로 대하게 된다. 예배 후 커피를 마시는 시간에 내가 다루기 불편한 괴짜에게 다가갈지 망설이고 있을 때, 앤 타일러는 그의 괴팍한 성격을 있는 그대로 수용하고, 그런 년에도 불구하고가 아니리 그런 면 때문에 그를 사랑하도록 훈련시킨다. 감정의 기복이 커서 청소년 사역을 하기엔 부적합한 성도에 대해 앤 타일러는 주님의 은혜를 가로막는 방해물이 아니라 은혜를 베푸는 계기로 삼도록 나를 훈련시킨다.

모든 유능한 소설가들은 우리에게 전무후무한 성격을 가진 인물들을 보여주고, 인간의 상태는 한없이 변신 가능하고, 각각의 변신은 하나의 기적에 해당한다는 것을 일깨워준다. 그 가운데서도 앤 타일러는 최고의 대가인 것 같다. 《꼭두각시 Morgan's Passing》에 나오는 모르간, 《우연한 여행자 The Accidental Tourist》에 나오는 마콘, 《종이시계 Breathing Lessons》에 나오는 마기 등 등장인물들의 특징은 나에게 그와 비슷한 교인들을 무시하지 않고 오히려 잘 파악하도록 해주는 에너지의 원천이 되었다. 앤 타일러 덕분에 나는 그들에게 꼬리표를 붙이지 않고 그들을 제각기 독특한 이름을 가진 인물로 알게 되었다. 나는 그들의 이름을 부름으로써 그들에 대해 있는 그대로, 하나님이 보시기에 소중한 존재임을 알게 되고, 다른 누구도 차지할 수 없는 구원의 자리를 갖고 있음을 깨닫게 된다.

나와 잘 맞지 않는 사람에 대해 짜증을 내고 조급증을 느낄 때면, 나는 언제나 앤 타일러가 쓴 또 다른 소설을 집어들어 성품을 인정하고 개인적인 이름을 부르는 훈련에 돌입한다.

장소

구원사역은 언제나 특정 장소에서 일어나는 법이다. 지리는 신학의 일부인 만큼 복음의 일부이기도 하다. 땅과 물, 별과 행성, 나무와 산, 초원과 꽃의 창조는 섭리로 인한 축복과 구원의 신비가 임할 토대와 환경을 마련해준다. 언약은 언제나 창조를 맥락으로 삼는다. 성경에서 영적인 양식은 물질을 떠나서는 공급되지 않는다. 창조, 성육신, 성례 등 이 모든 것은 복음의 불가결한 요소들이다. 하나님은 '온 세상'을 위해 보편적인 복음을 고안했을 때, 몇 평방마일에 불과한 팔레스타인의 언덕과 골짜기에서 성육하셨다. 복음 선포에서는 정확한 주소가 세계 지도보다 훨씬 더 중요한 것이다.

그러나 세상의 환경은 지방을 중요시하는 것을 달가워하지 않는다. 평범한 장소, 평범한 거주지와 일터는 '벽지', '촌구석', '외딴 시골', '지방', '벽촌' 등과 같은 말로 가볍게 여겨진다. 칭송을 받는 장소는 버뮤다처럼 여행하고 싶은 곳이나 디즈니월드처럼 즐거운 곳이다. 이국적인 풍경과 신나는 놀이는 장소에 가치를 부여하지만, 평범한 곳은 답답하게 갇혀 있는 장소일 뿐이다.

마귀와 그의 부하들은 하나님의 창조세계를 우리 영성의 목에 걸린 맷돌로 믿도록 설득하는 데 크게 성공해, 장소에 가치를 부여하기 위해 우리는 엉뚱한 편법을 강구하기에 이르렀다. 그래서 조지 워싱턴이 잤던 침대를 보유하고 있는 집, 200년 전에 전쟁이 일어났던 전쟁터, 특정 축구팀이 승리한 장소 등을 소중히 여기는 것이다. 세상의 환경이 우리 상상력을 전락시켜 장소를 평가절하하게 만들면, 우리는 더 이상 예수 그리스도를 믿는 데 필요한 맥락을 가질 수 없다. 믿음은 저 멀리 떨어진 이국적인 것을 위해 비축해두고 이따금 찾아오는 황홀경에만 국한되기 때문이다. 그렇게 되면 우리가 실제로 살고 일하는 장소가 구원과 성화와 같은 중요한 영적 사역을 뒷받침하기에 적합하다는 생각은 결코 하지 못할 것이다.

그러므로 우리는 특정 장소를 사랑하는 마음을 회복할 필요가 있다. 이 거리, 이 나무들, 이런 습도, 이 집들을 사랑하는 마음 말이다. 특정 장소에 대한 경외심이 없으면 순종은 추상적인 구름 위에 떠다닐 뿐이다. 어떤 바위에 이름을 붙이고, 어떤 꽃을 작명하고, 어떤 집의 호수가 정해지고, 어떤 길거리를 걷고, 세부적인 사항을 간파하고, 그 짜임새와 색채를 관찰하고, 그 특수성을 주장할 때마다 복음은 커진다. 왜냐하면 또 다른 성육신의 속편은 작은 마을과 시골 길에서 결정적인 모습을 드러냈던 만큼 그럴 수 있는 공간과 장소가 깨끗하게 준비되었기 때문이다.

목회자들은 제한된 지역 안에서 복음을 책임지고 있다(비록 자동차로 인해 경계선이 상당히 넓어지기는 했지만). 우리는 특히 구체적인 장소를 평가절하하기 쉽다. 그것은 우리가 엄청난 관념을 전달하고, 복음을 온 세상에 선포하고, 해외의 용감한 선교사들의 이야기를 들려주는 데 익숙한 나머지 할인상품을 구입하고 사회보장연금을 계산하기 위해 날마다 신문을 훑어보는 교인들과 긴장관계에 있기 때문이다. 그들은 저 골목을 돌아 세 번째 집에 사는 홍길동 씨가 간음 문제에 연루되어 있다는 소문을 주고받는다. 그런데 만일 우리가 구체적인 장소와의 접촉을 잃어버리면, 이런 사람들이 그리스도 안에서 풍성한 생명을 얻을 가능성이 있는 유일한 장소와의 접촉점을 잃게 된다.

소설가들은 특히 우리로 하여금 장소와의 접촉을 유지하도록 도와준다. 나는 그들을 활용해 내 지역과의 접촉을 계속 유지하고 있다. 그들이 향기와 색채와 모양의 세세한 부분에서 얼마나 신중한지를 나는 주시한다. 사람들이 사는 물건, 뒷마당에 떨어지는 것, 깨진 유리에 비치는 아름다운 장면….

웬델 베리Wendell Berry는 장소를 중시하는 면에서 전문가에 가깝다. 그는 노련한 소설가들이 그렇듯 특정한 장소를 탄생시킬 뿐 아니라 그 장소에 대해 놀라고 우리 발밑에 있는 흙, 즉 이 장소의 흙의 모습에 대해 얘기한다. 더군다나 지구를 살 만한 장소로 존중하지 않고 착취할 자원으로 여기는 사람들에 의해 지구가 황폐해지고 있는 시대에 그런 글을 쓰고 있다. 그의 소설, 《나단 쿨터Nathan Coulter》와 《지구상의 한 장소A Place on Earth》는 이런 세계적 환경에 대한 강력한 해독제 역할을 해왔다. 그의 작품 덕분에 나는 장소가 얼마나 소중한지, 창조주가 우리에게 돌보고 경작하라고 주신 땅이 얼마나 신성한지 그리고 모든 장소는 지역성을 갖고 있다는 것을 알게 되었다. 그저 '일반적인' 장소란 존재하지 않는다.

그는 인간과 부식토 사이에 일어나는 미묘하고 영적인 교류를 존중한다. 장소란 단지 우리가 마음대로 일할 수 있는 텅 빈 공간이 아니다. 그것은 나름대로 창조된 본질을 갖고 있으므로, 우리는 하나님이 좋다고 말씀하시고 우리 조상들이 거룩한 곳으로 경험한 것을 침해하지 않도록 존중해야 한다. 나는 웬델 베리가 3만 평에 달하는 켄터키의 언덕에 관해 쓴 글을 읽으며 우리 교회를 둘러싼 기후와 땅에 대한 감사의 마음이 더욱 깊어진다. 이런 것이 바로 나와 교인들이 죄를 범하고 용서를 받는 환경이다. 이곳이 바로, 어느 날에는 찬양이 흘러넘치고 또 다른 날에는 절망의 한숨이 흘러나오는 장소다. 나는 다시금 이 장소에서 나는 냄새와 소리에 몸을 담근다. 그러면 적어도 한동안은 추상적인 관념과 냉담한 태도에서 벗어날 수 있다.

목회자들이 이야기와 사람과 장소에 주목하도록 만드는 데 소설가들이 반드시 필요한 것은 물론 아니다. 많은 목회자들은 그들 없이도 잘해나가는 듯이 보인다. 이야기와 사람과 장소로 가득 찬 놀라운 책인 성경만 읽어도 충분히 그렇게 될 수 있다. 그러나 이와 같은 현실의 기본 요소들을 은근히 갉아먹는 세상의 풍조를 간파하기 어려운 점을 감안하면, 소설을 통해 자신을 묘사하는 노련하고 유쾌한 동역자들을 활용하지 않는 것은 일종의 직무유기 쯤으로 보인다.

나는 일터에서 거룩함을 느끼는 감각을 지니고 있었습니다.
일터는 하나님에 관해 얘기하고 기도하는 장소이자 언어였습니다.

대 화

유진 피터슨과의 대화
_마이클 쿠식Michael J. Cusick

오늘날처럼 마케팅 효과, 카리스마, 자기 발전을 위한 새로운 비결 등이 본질적인 요소보다 더 가치 있는 것으로 받아들여지는 기독교 출판 문화에서, 유진 피터슨은 평범한 위치에 그친다. 그러나 영성과 고결함과 예술과 상상을 중시하는 세계에서 피터슨은 일반 대중이 첫손에 꼽는 인물이다.

오랫동안 목회자들을 위한 목회자로 알려져 있던 그는 최근 《메시지》 신약판을 출간했다. 성경을 의역해 펴낸 〈메시지〉는 30년 가까운 목회사역에서 연마된 깊이 있는 해석력과 그만의 시적 감성이 풍성하게 녹아 있다.

"목사라는 직분이야말로 당신이 진정으로 창조적인 삶을 살 수

---

* *Mars Hill Review*, issue 3 (Fall 1995), 73-90쪽에 수록된 글. *Mars Hill Review*의 허락을 받아 여기에 게재했다(1-800-990-MARS).

있는 드문 자리 중의 하나"라고 피터슨은 말한다. 실로 이 사람은 창조적인 인생을 살아왔다. 이제까지 18권의 책과 수많은 책에 실린 기고문들, 수십 개의 저널과 잡지에 쓴 글들을 모두 감안하면 실로 다작多作의 작가라는 말로밖에 설명할 길이 없다. 더군다나 메릴랜드의 벨 에어에 위치한 그리스도 우리 왕 장로교회에서 29년 동안 목회를 하면서 그토록 많은 글을 집필했다는 것은 실로 대단한 일이다.

피터슨은 글쓰기와 가르치는 일에 더 많은 시간을 투자하기 위해 1991년 목회직에서 은퇴했다. 현재 그는 캐나다 밴쿠버에 소재한 리젠트 칼리지에서 영성신학 교수로 재직하고 있다.

목사님은 현재 리젠트 칼리지의 영성신학 교수입니다. 영성신학은 전통적인 신학 공부와 어떻게 다른지요?

영성신학은 기독교인다운 삶에 관해 생각하는 대신 그런 삶을 실제로 사는 것과 관계 있습니다. 이 신학은 종교개혁 이전과 이후의 긴 역사를 갖고 있지요. 또한 학문적인 전통도 가지고 있습니다. 여기에는 기도, 영성 지도, 신앙에 대한 신학적인 이해 등이 포함됩니다. 종교개혁 이전의 신학은 말 그대로 신학이었습니다. 신학자들은 기도를 하고 생각도 했지요. 당시에는 기독교인다운 삶을 사는 것과 그에 관해 생각하는 것이 따로 분리되지 않았습니다. 그러나 스콜라 철학의 부활과 종교개혁에서의 논쟁이 등장하면서 둘은 분리되었습니다. 그래서 조직신학자는 학자가 되었고 영성신학자는 교목이나 군목이 되었습니다. 로마 가톨릭 계통의 학교에는 언제나 영성신학과 예배와 기도 분야에 강한 리더십이 존재했습니다. 프로테스탄트 교회에서는 그런 리더십이 대체로 사라져버렸고 개인에게 기도생활의 책임을 맡기고 말았지요.

사람들은 종종 "아니, 형용사를 왜 붙이지? 모든 신학이 영적이지 않나?"라고 말하곤 합니다. 사실 리젠트 칼리지에서는 영성을 다루는 내 과목만큼이나 히브리어 과목에서도 영성을 배우는 것이 쉽습니다. 영성신학의 목표는 양자를 통합시켜서 모든 사고방식이 기도로 채색되게 하는 것입니다.

어떤 연유로 영성의 부활과 영성 지도에 대한 강한 관심이 생겼다고 보십니까?
부분적인 이유는 이른바 모더니즘 시대가 종결된 데 있습니다. 그 이유가 전부는 아닙니다. 합리주의가 제대로 작동하지 않았습니다. 그리고 행동주의도 마찬가지입니다. 그래서 복음주의 교회는 거룩함을 회복하려고 애쓰는 중이지요. 우리는 기도와 영성 지도와 전례 같은 옛 전통에 훨씬 많은 관심을 갖기 시작했습니다. 그렇다고 단순히 묵상하는 시간을 갖는 것처럼 개인적인 행위로 축소시키는 것은 아닙니다.

이유는 우리가 스스로 얄팍하다고 생각하기 때문인 것 같습니다. 이제야 아주 본질적인 것을 빠뜨렸다는 사실을 깨닫고 있는 중이지요. 놀랄 만큼 큰 에너지와 함께 시작되는 복음주의 운동에 탄력이 붙으면 그 운동은 오랫동안 계속됩니다. 그러나 지금은 그런 상황이 아닙니다. 갑자기 사람들은 얄팍하고 빈약하다고 느끼면서 우리의 영적 조상이 누렸던 풍부한 자원을 되찾을 필요가 있다고 깨닫게 됩니다. 다행스럽게도 우리는 지금 그 자원을 회복하는 중입니다.

현대의 상담 운동이 사람들에게 초월적인 무엇을 제공하는 데 실패했기 때문에 이처럼 영성에 대한 관심이 커졌다고 생각하시는지요?

그것도 이유가 될 수 있을 겁니다. 교회 안의 상담 운동조차 심리학의 색채가 너무 강해서 아예 치료학으로 굳어졌습니다. 성도들에게 어떤 문제가 생기면 상담가를 찾아가보라고 이야기할 정도니까요. 사람들은 더 이상 문제를 스스로 처리하지 않게 되었지요. 대부분의 경우 상담은 성경적인 계시 안에서 설 자리를 잃어버렸습니다.

그러나 영성 지도는 문제와 함께 시작하지 않습니다. 영적인 것을 다루기 전에 반드시 문제를 갖고 있어야 하는 건 아닙니다. 영성 지도는 그리스도인의 건전한 거룩함과 정체성을 바탕으로 삼는 면이 훨씬 강합니다. 그렇습니다, 이와 같은 영적인 관심은 초월성을 다루지 못한 것에 대한 명백한 반응입니다.

목사님은 다른 글에서와 같이 여기서도 거룩함을 언급하는데, 그럴 때마다 보편화된 복음주의적 정의와는 달리 매우 참신하게 묘사하고 있습니다. 거룩함을 어떻게 정의하시는지요?

거룩함이란 성숙한 그리스도인의 삶을 말합니다. 삶의 모든 영역에서 하나님께 순종하고 반응하면서 열성적으로 사는 것입니다. 거룩함은 강렬하고 원기 왕성한 것입니다. 현대 교회가 거룩함에 대한 흥미를 잃어버린 이유를 찾자면 부분적으로 지나치게 프로그램 중심적이 되었기 때문입니다. 의롭게 되는 일은 믿음으로 말미암는다고 확고히 믿지만, 거룩하게 되는 일은 훈련과 노력과 정돈에 의해 가능해집니다. 그런데 이제 거룩은 규칙과 암시, 규정과 테크놀로지에 속박을 당하게 된 것입니다. 거룩은 폐소공포증처럼 아주 따분하고 답답한 것이 되어버렸습니다.

따분하고 답답하다는 표현은 《메시지》에서 담고 있는 내용과 반대되는 것입니까? 메시지에서 거룩이란 하나님과의 관계를 누릴 때 삶에서 자연스럽게 자라나는 것이라고 말씀하신 바 있지 않습니까?

그렇습니다. 하지만 거룩함이 삶에서 자연스럽게 나온다고 말하고 싶진 않습니다. 오히려 삶에서 행하시는 성령 사역이라고 말하고 싶군요. 이는 의식적이고 의도적인 참여와 순종이 있는 사역입니다. 우리가 믿음의 삶이나 의롭게 되는 삶을 사는 것과 똑같은 신학적 환경에서 성령의 삶을 사는 것입니다. 불행히도 우리는 삼위일체적인 온전함, 관계상의 온전함에 대한 감각을 상실하고 말았습니다. 이는 우리 문화의 분열 현상, 각기 다른 분야에서 전문화되는 문화가 낳은 결과라고 생각합니다. 프로테스탄트인 우리는 종교개혁에서 나오지 않은 것이면 무턱대고 염려하는 경향이 있습니다.

우리가 관계상의 온전함을 상실한 것이 교회에는 어떤 영향을 미쳤습니까?

교회를 매우 바쁘게 만들었지요. 만일 하나님 안에 있는 큰 맥락을 감지하지 못한다면 미친 듯이 쫓아다니게 됩니다. 할 일이 너무 많기 때문에 서둘러 일을 착수하는 편이 나은 거지요. 아울러 교회가 비인격적인 관계를 도모하도록 만들었습니다. 우리는 이제 기능에 의해 규정됩니다. 예를 들어 모범적인 주일학교 교사, 열정적인 선교사와 같은 행위와 사역들이 삼위일체적인 영성을 대체하게 된 것입니다.

   삼위일체는 아주 능동적인 개념입니다. 이런 특성을 잃어버리면 결국 교리밖에 남지 않습니다. 하나님에 관한 교리, 칭의에 관한 교리 등 삶에서 계속해서 활성화시켜야 할 명제들만 남는 것이지요.

   전통적인 기독교 영성은 이런저런 교리의 단편들을 취하여 활용하는 것을 뜻하지 않습니다. 영성은 이미 작동하고 있는 하나님의 생명 속으로 들어가는 것입니다. 삼위일체 속에 이미 움직임이 일어나고 있는 것이지요. 이는 현재 일어나는 일에 대한 당신의 이미지를 바꾸는 문제입니다. 좋은 성경구절과 텍스트를 고르며 영적인 바자회를 누리고 있습니까, 아니면 이미 일어나고 있는 일에 들어갈 수 있는 가정, 곧 성부와 성자와 성령을 따르는 집 안에 있는 것입니까? 우리는 순종하는 법을 배우고, 참여하고, 사랑을 받고 또 사랑을 줄 수 있습니다. 하지만 그것은 우리의 집이 아닙니다. 우리는 그것을 주관하는 자들이 아니기 때문입니다.

그러면 삼위일체 교리 회복과 함께 잃어버린 것을 일부라도 되찾을 수 있습니까?
회복이 물 건너간 것은 결코 아닙니다. 교회는 언제나 구출이 필요한 이런저런 지점에 처해 있는데, 우리는 지금처럼 지나치게 물질 지향적인 문화로부터 빠져나올 필요가 있습니다. 지금은 모든 것이 상품화되고 있고 우리 역시 예외는 아닙니다. 현재 삼위일체 교리가 많이 회복되는 중이지만 목사와 지도자, 교사의 수준까지 내려가서 영향을 주는 정도는 아닌 것 같습니다.

리젠트 칼리지는 자칭 '신학교가 아닌 학교the un-seminary'입니다. 오늘날의 신학교에 대해서는 어떻게 생각하십니까?
리젠트 칼리지는 평신도를 위한 학교로 출발했습니다. 본래 국제적인 기독교 대학원이 되는 것을 목표로 삼았지요. 언젠가부터 학생들이 "우리는 리젠트에서 목회 리더십을 위한 준비과정을 밟고 싶다"고 말하기 시작했습니다. 리젠트 교수진이 워낙 탁월하기 때문에 전 세계에서 학생들이 몰려왔습니다. 그래서 목회학 석사M. Div. 과정을 개설했고, 벌써 10년이란 세월이 흘렀네요. 그러나 리젠트에는 성직자의 전문화에 반발하는 네 기류가 강합니다. 직장 사역과 교회 사역과 선교단체 사역 사이에 평형을 유지하려는 노력이 늘 기울여지고 있지요. 이와 같은 사역들은 하나같이 하나님의 소명에 따른 동등한 지위를 갖고 있습니다. 리젠트 칼리지에서 광고는 내보낼 때 굳이 신학교라 내세우지 않고 학교라고 언급하는 이유는 이런 의도 때문이라고 생각합니다. "이곳은 당신이 교회 지도자가 되는 법을 배우는 직업학교가 아닙니다. 이곳은 당신이 기독교 지성과 기독교 영성에 집중해 목사나 건축가가 될 준비를 하는 곳입니다." 지난 주말에 '사역과 영성'이란 강의를 마쳤는데 100명의 학생이 수강했습니다. 그 가운데 절반은 평신도였고 나머지 절반은 교회와 관련된 직업을 가진 학생들이었습니다.

아주 파격적인 발상이군요! 어디에 있든지 자신의 분야에서 하나님을 위해 살도록 준비시킨다는 것. 언젠가 만일 신학교를 시작한다면 한두 해는 문학을 가르치겠다고 말씀한 적이 있습니다. 이에 대해 좀 더 자세히 설명해주시겠습니까?
이미 내가 가르치는 모든 과목에서 학생들은 시와 소설을 읽었습니다. 예컨대 영성 과목에서는 《미들마치》, 《권력과 영광》, 월터 웽거린의 소설 《던 카우의 책 Book of the Dun Cow》 등을 읽고 서평을 씁니다. 시와 소설이 중요한 이유는 그리스도인의 삶이 상상력과 연관되기 때문입니다. 우리는 눈에 보이지 않는 것을 다루고 있지 않습니까? 눈에 보이지 않는 것을 다룰 때는 상상력을 훈련할 필요가 있습니다. 전후관계를 연결시키고 플롯과 등장인물을 찾는 일과 같은 것이지요. 신학이나 주해를 없애거나 모독할 생각으로 하는 말이 아닙니다. 이 분야에서 으뜸가는 지원군은 예술가들입니다. 나는 문학이 다른 과목들과 어깨를 나란히 하길 바랍니다. 문학은 이 모든 분야에서 정식 파트너로 동참할 자격이 있습니다. 예술은 우리가 몸담고 있는 현실을 반영합니다. 우리는 어떤 내러티브 안에, 이야기 안에 살고 있습니다. 우리는 성경 주해학자로 사는 것이 아니지 않습니까?

목사님의 표현을 다시 사용하자면 "존재는 이야기의 모양을 갖추고 있다"는 말입니까?

그렇습니다. 우리에게는 시작과 끝이 있고, 플롯이 있으며, 등장인물들이 있습니다. 우리는 저널리스트가 아닙니다. 오히려 의미를 모읍니다. 이를 더 큰 틀로 표현하자면, 하나님은 어떤 이야기를 갖고 있다고 할 수 있지요. 나는 내가 쓰는 글, 가르치고 설교하는 내용을 통해 우리 인생이 이야기에 잠겨 있다는 점을 강조하려고 많은 시간을 투자합니다. 무척 자연스러운 일이지요. 특히 다른 문화에 속한 사람들은 대부분 이야기를 들려줍니다. 우리 학교의 아프리카 학생들은 평생 그렇게 해왔습니다. 그런데 북미와 복음주의는 모든 것을 깔끔하고 간단한 작은 공식으로 포장하고 싶어 하는 속성이 있습니다.

스스로 내러티브 신학자라고 생각합니까?

내러티브 신학을 강조하는 것을 좋아하는 편입니다. 그러나 '내러티브 신학자'와 같은 별칭은 내러티브 신학운동이 성령의 내적 작용을 잃어버렸거나 아예 그것이 없다는 인상을 줄 수 있어서 위험하기도 합니다. 내러티브 신학은 이야기 안에서 의미를 찾습니다. 하지만 예수가 바로 그 유일한 이야기입니다. 그분은 매혹적인 인물입니다. 그들 중 다수는 내러티브가 작용하는 방식에 흥분한 나머지 신학적 차원을 모두 없애버렸습니다. 그렇게 해서 무슨 큰 유익이 있었는지는 잘 모르겠습니다만.

목사님은 예술가와 예술의 중요성을 강조합니다. 그런데 기독교 공동체는 예술성이 무척 부족한 것 같습니다. 어떻게 하면 음악, 문학, 드라마, 조각 등 다양한 예술을 더욱 증진시킬 수 있겠습니까?

리젠트 캠퍼스에는 밴쿠버 전역에서 활동하는 예술가들의 작품이 언제나 전시되어 있습니다. 아울러 최신 음악도 많이 들여오는 편입니다. 이런 면에서 예술에 대해 열린 곳이라고 할 수 있지요. 우리는 예술을 증진시키고 있다고 생각합니다. 사실은 교회 내에도 상당히 많은 예술이 있지만 보통은 눈에 안 띄는 편이지요. 그래도 요즘은 과거보다는 예술에 대해 많이 열려 있는 것 같군요.

회원으로 활동하시는 크리소스톰 협회Chrysostom Society에 관해 말씀해주십시오. 어떻게 창설된 모임이지요?

리처드 포스터Richard Foster, 캘빈 밀러Calvin Miller, 캐런 메인즈 Karen Mains 등이 모였습니다. 그 이유는 그들이 탁월한 저술 능력을 갖고 있음에도 불구하고 제각기 활동하고 있었습니다. 그들은 자기네가 글을 쓰든 말든 아무도 관심을 갖지 않는다고 여겼습니다. 좋은 글을 쓰더라도 아무도 상관하지 않는다고 생각했지요. 물론 출판사들은 그들이 글을 쓰는지 여부에 관심을 두고 있었지만 출판사의 입장에서만 그랬을 뿐입니다. 그래서 이 그룹은 함께 모여 글을 쓰고, 하나님의 영광을 위해 일하는 작가로서 서로를 믿는 것이 중요하다고 생각하게 되었지요. 그들은 합류하고 싶어할 만한 사람들의 명단을 작성했습니다. 모두 15명에서 20명 정도 되었던 것 같군요. 아무 형식 없이 투표 과정을 거치지 않고 되는대로 작성했던 것으로 알고 있습니다. 거기에 우리 부부가 초대를 받았습니다.

첫 해는 안식년이라 참석하지 못했고, 두 번째 해에는 시험 삼아 가끔 참석했을 뿐입니다. 나는 그렇게 탁월한 능력을 갖고 있다고 생각하지 않았습니다. 당시는 목회자로 활동하던 시기였으니까 그랬죠. 나를 제외하면 캘빈 밀러가 유일한 목사였고, 월터 웽거린은 목사의 경력을 가진 사람이었지만, 대부분은 두 사람보다 더 고립감을 느끼고 있었어요. 일부는 교사나 편집자로 일하고 있었습니다. 나는 몇 해 동안 모임에 참석한 뒤에 정규 회원이 되고 싶은 마음이 생겼습니다. 그들 말고는 나를 작가로 대우해준 사람이 없었거든요. 내가 글을 쓰는지 여부에 관심 있는 동료들에게 인정을 받는다는 것은 상당한 의미가 있었습니다. 그들은 나의 저작물이 얼마나 출간되고 있는지, 얼마나 많은 집필계약을 했는지에 대해서는 묻지 않았습니다. 다만 "우리는 하나님의 영광을 위해 글을 쓰는 작가인가?"라고 물었지요. 우리는 해마다 나흘간 만납니다. 서로 멋진 친구들이 되었지요.

'크리소스톰'은 무슨 뜻입니까?

크리소스톰은 3세기에 소아시아 지방에서 일했던 목사입니다. 크리소스톰은 '황금의 입'이란 뜻이므로 아마 별명이었던 것 같습니다. 웅변가이자 위대한 설교자였지요. 우리 그룹에서 아무도 그 이름을 좋아하지는 않았습니다. 그런데, 유독 리처드 포스터만 계속 크리소스톰 협회라고 불렀는데, 아무도 더 나은 이름을 내놓지 못했습니다.

언어의 주제를 다루면서 이렇게 쓰신 적이 있습니다. "나는 언어와 함께 일한다. 목회를 할 때는 사람들과 함께 일한다. 그러나 단순한 언어나 단순한 사람들이 아니라 성령의 매개체로서의 언어와 사람들이다. 기도 없이 언어를 사용하고 기도 없이 사람들을 대하는 순간에는 본질적인 어떤 것이 삶에서 새어나가는 것 같다."
그러면 기도하면서 언어 및 사람들과 함께한다는 것은 무슨 뜻입니까?
그것이 바로 우리 신학의 중심에 있습니다. 태초에 말씀the Word이 계셨습니다. 말씀은 하나님과 함께 계셨습니다. 계시는, 말씀으로 옵니다. 모든 말은 개인적이며 추상적인 말이란 존재하지 않습니다. 하나님도 친히 말로 성육하고 계십니다. 언어는 우리 자신을 서로에게 나타내는 통로입니다. 친밀감을 높이고 유지하는 으뜸가는 도구이지요. 언어가 하나의 기능으로 전락하는 순간, 언어는 모독을 당하는 것입니다.

"언어가 하나의 기능으로 전락한다"는 말은 무슨 뜻입니까?
언어가 단지 정보를 위해 사용되거나 누군가에게 어떤 일을 시킬 때 언어가 사용되는 것은 기능화된 것입니다. 누군가에게 어떤 물건을 사오라고 시킬 때 사용되는 경우도 마찬가지지요. 그리스도인들은 이런 문화에 사로잡혀 있기 때문에 필요한 상황이라 해도 가장 저급한 의미로 언어를 사용하기 시작합니다. 언어가 주어진 일차적인 의미는 계시와 축복을 하는 데 있습니다. 우리는 신학과 성경이라는 유산을 물려받았고, 거룩함, 즉 삼위일체적인 거룩함, 관계적인 거룩함에서 시작된 바로 그 말들을 사용합니다. "예수께서 구원하신다"라든가 요한복음 3장 16절과 같은 바른 말을 갖고 있기에 원하는 어떤 방식으로든 언어를 사용할 수 있다고 여기는 것입니다. 그러나 그렇게 할 수 없습니다. 언어는 본래 계시된 방식으로, 동일한 태도와 말투를 유지하며 사용되어야 합니다. 지금은 언어를 회복해야 할 때라고 생각합니다. 언어는 거룩하기 때문에 우리는 언어의 본질을 회복하지 않으면 안 됩니다.

사람들도 마찬가지입니다. 당신을 바라볼 때 나는 당신이 하나님의 형상을 지닌 것을 볼 수 있습니다. 나는 그 점을 의식해야 합니다. 의식하지 못한다면 당신은 나에게 더 나은 직업을 얻기 위한 수단이 될 뿐입니다. 내게 더 이상 소용 없다고 생각하면 이 자리에 있을 필요가 없다고 생각하는 것이 그런 예지요.

그렇다면 지금보다 훨씬 더 의도적으로 언어를 사용해야 한다는 뜻인지요?
그렇습니다. 그렇다고 계산적이 되어야 한다거나 교활해야 한다는 의미로 듣지 않기를 바랍니다. 말을 진지하게 여기고 언어를 존중할 때는 상당히 자연스러워질 것입니다. 그래서 나는 '기도하면서'

라는 단어를 사용한 것입니다. 만일 어떤 말이 당신의 중심에서, 당신과 하나님 및 친구들과의 관계에서 나온다면, 당신은 자연스럽게 말할 수 있습니다. 그러므로 당신이 의도적이란 개념을 그런 의미로 사용한다면 나는 당신의 말에 동의합니다. 그것은 당신이 언어의 기능을 어떻게 인식하느냐와 당신이 사람들을 어떻게 생각하느냐 하는 것과 함께 시작합니다. 하지만 당신이 말하는 '의도적'이란 단어가 당신이 어떤 것을 말할 것인지에 대한 강박감을 의미한다면, 나는 동의할 수 없습니다. 말은 관계와 기도로부터 나옵니다. 기도하는 행위가 아니라 기도의 삶으로부터 나온다는 뜻이지요.

기도하는 행위와 대비되는 '기도의 삶'이란 개념에 대해 좀 더 말씀해주시겠어요?
기도는 우리가 몸담고 있는 삶 자체입니다. 우리에게 말씀하신 하나님과 관계를 맺는 우리 삶의 내면이지요. 마음속 깊은 곳에서 일어나는 대화입니다. 하나님은 말씀으로 생명을 창조하셨고 이에 대해 우리가 응답하는 것입니다. 이것이 바로 우리 인생입니다. 우리 삶이 살아 있는 말씀, 즉 계시 속으로 들어갈 때, 기도는 현재의 말씀에 반응해 살아가는 삶입니다. 기도는 특정한 시간대로 국한될 수 없습니다. 기도는 훈련을 통해서만이 자라날 수 있으며, 그러한 시간 속에서 우리는 기도의 특정한 측면을 인식하게 됩니다.

언젠가 나는 다음과 같은 것을 깨달았습니다. 내가 외적인 기도 행위로 시간을 보낼 때는―누군가 문구멍을 통해 보고는 내가 기도하는 중이라고 말할 수 있는 곳에서―정말로 기도하고 있는 것이 아니라는 점입니다. 그것은 내가 기도하려고 준비하는 행위입니다. 8시에 무릎을 꿇던 자세에서 일어서는 순간에 나는 비로소 기도하기 시작합니다. 기도하는 시간은 사실상 기도할 준비를 갖추는 시간일 뿐입니다. 주의를 산만케 하는 것들을 제거하고 그날 할 일을 미리 계획함으로써 다른 사람의 요구사항에 휘둘리지 않는 것입니다.

어렸을 때, 부모님은 몬태나의 집에 선교사들을 자주 초대해 쉴 수 있도록 해주었습니다. 열다섯 쯤 되었던 어느 여름, 한 남성이 우리 집을 방문했습니다. 존 라이트 폴레라고 하는 프랑스 사람으로 체격이 작은 미혼 남성이었습니다. 1930년대와 1940년대의 오순절 운동권에서 꽤 인정을 받던 선생이었고, 우리 진영에서 유명한 사람이었으므로 나는 그를 존경했습니다. 그때 그는 일흔 살쯤 되지 않았나 싶습니다.

어느 날 그는 기둥 사이에 달아놓은 해먹에 누워 있었습니다. 나는 그에게 말을 걸고 싶었습니다. 어머니에게 그래도 되느냐고 뜻을 말씀드렸더니 "그냥 올라가서 말하려무나. 그래도 괜찮다"고 하시더군요. 그래서 약간 겁먹은 표정으로 다가가서 "폴레 박사님, 박사님은 어떻게 기도하세요?"라고 여쭈었습니다. 그는 아예 눈도 뜨지 않았지요. 투덜대듯 "난 40년간 기도하지 않았단다!"라고 대답했습니다. 나는 어안이 벙벙하여 물러 나올 수밖에 없었습니다. 이후로 나는 그의 지혜를 깨닫게 되었습니다. 당시만 해도 그가 나에게 말해주는 것이면 무엇이든 따라 했을 것입니다. 그가 행하는 것은 모두 본받았을 터이고 그것이 바로 기도라고 생각했을 것입니다. 그는 나에게 기도가 무엇인지 가르치기 위해 다소 위험할 수도 있는 모험을 감수했던 것이고, 나는 그래서 좋았습니다. 기도는 그가 행한 어떤 것이 아니라, 그 사람 자체였습니다. 그는 기도의 삶을 살았던 거죠. 그가 행했던 것을 이해하는 데 6-7년이란 시간이 걸렸습니다. 하지만 그가 행한 것을 본받느라고 시간을 낭비하는 것보다 훨씬 나은 것이었지요.

어떻게 해서 《메시지》 성경이 탄생하게 되었는지 말씀해주시겠습니까?
현재 나를 담당하는 네비게이토 출판사 NavPress의 편집자인 존 스타인에게 받은 전화에서 시작되었습니다. 그는 이렇게 말했지요. "갈라디아서에 관해 쓴 《자유*Traveling Light*》라는 책을 기억하시죠? 저는 의역된 부분을 모두 잘라내 복사를 한 뒤에 묶은 다음 지난 10년 동안 들고 다니며 친구들에게 보여주었습니다. 이제 갈라디아서가 너무나 지겨워지기 시작했어요. 제발 신약성경 전체를 의역해주실 생각은 없으신가요?"

갈라디아서를 의역하는 데 1년이 걸렸습니다. 그러니 신약 전체를 어떻게 작업할 수 있을까 엄두가 나지 않았습니다. 존이 서너 달 뒤에 다시 전화를 주었는데, 당시는 그 일과 상관없이 목사직에서 사임하기로 결정한 후였습니다. 그렇게 결심한 이유는 글 쓰는 시간을 더 많이 확보하고 싶어서였지요. 그런 결정을 내린 차에 여전히 교회에 있는 제게 존이 다시 전화를 주었던 것이지요. 당시에 나는 그 일을 할 수 있을 것 같았어요. 그러나 개인적으로는 과연 할 수 있을지 고민이 들었지요. 바울 서신은 좀 쉬운 편이니까 그 부분은 할 수 있겠다는 판단이 들었습니다. 얽히고설킨 논리를 전개하니까 그것을 풀어줄 수 있을 거라 생각한 거죠. 하지만 사복음서를 할 수 있으리라곤 전혀 생각지 못했습니다.

먼저 마태복음 열 장章을 샘플로 번역한 뒤에 존의 동료들이 전하는 얘기를 들어보기로 했습니다. 처음 몇 장은 정말 엉망이었습니다. 지척거리기만 했을 뿐이지요. 그런데 5장에 나오는 산상설교에서 어떤 돌파구가 열리는 느낌이었습니다. 갑자기 "이것이 바로 내가 하는 일이구나!" 싶었지요. 좋은 결과가 나올지 모르겠다는 생각이 들었습니다.

솔직히 말씀드리면 《메시지》를 조금씩 써서 존에게 보내는 동안 매번 그만두라고 할 것 같다는 생각이 들었습니다. 글을 쓰는 일과 의역하는 일은 제게는 크게 다른 일은 아니었습니다. 평생 해오던 일이었기 때문이지요. 그것이 바로 내가 하는 일입니다. 나는 언어를 좋아하고 글을 사랑하기 때문에 어른이 된 이후로 히브리어와 그리스어로 성경을 읽어왔습니다. 그래서 설교하고 가르칠 때는 미국식 영어로 번역하려고 노력했지요. 작은 교회에서 목회를 했기 때문에 아무도 그 일을 중요하게 생각하지 않았지만요. 그런데 《메시지》를 작업할 때는 추수하고 있다는 느낌이 들곤 했습니다. 그때까지 자라고 있던 것을 수확하고 있었기 때문에 열심히 일하고 있지 않은 것처럼 느껴졌지요. 과수원을 산책하며 나무에서 사과를 따는 것과 같아서 어느 면에서는 쉬웠습니다.

그 추수는 평생에 걸친 목회와 학문적 배경이 낳은 결과라는 뜻인가요?

맞습니다. 하지만 그들보다 더 먼 과거로 올라갑니다. 아주 어린 시절부터 이 일을 위해 준비하게 된 것은 아빠가 정육점 주인이었기 때문입니다. 우리는 정육점 근처에 살았고 나는 항상 거기에 있었지요. 말 그대로 정육점에서 자란 거예요. 엄마는 매년 나에게 정육점용 앞치마를 만들어주셨지요. 아빠는 정육점용 앞치마를 입고 미소를 지었고, 사람들은 우리 가게에 들어오는 걸 좋아했기 때문에 나는 아빠를 항상 제사장으로 생각했습니다. 사무엘과 엘리와 한나의 이야기를 알고 있었거든요. 그래서 사무엘이 자라자 정육점용 앞치마를 입었을 거라고 생각했습니다. 제사장의 옷을 그렇게 상상했던 것이죠.

나는 일터에서 거룩함을 느끼는 감각을 갖고 있었습니다. 일터는 하나님에 관해 얘기하고 기도하는 장소이자 언어였습니다. 완전히 새로운 장소였지요. 당시에 우리 교회의 설교자는 레위기와 성전과 성전에서 하는 일을 전공한 사람이었습니다. 그래서 나는 성전에서 일어나는 일을 알고 있었지요. 그곳에서 동물을 죽였으므로 피와 창자와 파리가 많은 장소였습니다. 교회에서 자주 듣던 예배와 관련된 모든 것을 아빠가 제사장으로 일하는 정육점으로 옮겨놓은 거지요. 우리가 살던 곳은 서부의 자그마한 마을이었기 때문에 사회 부적응자들과 괴짜들이 많았고, 온갖 욕설이 난무했습니다. 나는 품위 있는 언어를 쓰는 환경에서 자라지 않았습니다.

성경이 종교 예식에 사용되는 책이라는 의식을 가지고 자란 적이 없다는 말씀이지요?

그런 적이 한 번도 없습니다. 하지만 내가 장로교 목사가 되었을 때 그런 사람들은 주일 아침마다 평소에 사용하던 용어의 80퍼센트를 집에 두고 교회에 왔습니다. 대학에서나 배울 수 있던 고상하고 세련된 언어로 된 복음을 그들이 어떻게 들을 수 있겠습니까? 나는 그들의 언어를 배워야 한다는 걸 깨달았습니다. 나는 목사로 30년 동안 그 일을 했습니다. 내가 사용하는 언어의 어투와 리듬은 길거리에서 쓰이는 언어와 조화를 이루어야 했던 것이지요.

하나님의 손길이 어린 시절부터 목사님과 어떻게 함께하셨는지, 그리고 아빠의 정육점에서 보낸 어린 시절이 훗날 성경을 번역하는 일에 어떻게 영향을 주었는지 듣고 보니 참으로 놀라운 섭리란 생각이 드는군요.

정말 그렇다고 믿습니다. 이제야 많은 것을 알 수 있게 되었지요. 예를 들어 네 살 때 《메시지》를 번역할 준비를 갖추고 있었다는 것 말입니다. 《메시지》는 정말로 좋은 반응을 불러일으켜서 깜짝 놀랄 지경입니다. 그래서 '어떻게 이런 일이 일어났을까?' 생각하기 시작했습니다. 그 일을 하겠다고 자리를 잡고 앉은 적이 없었거든요. 그냥 일어난 일입니다. 애쓰지 않고 손쉽게 이루어진 일이지요. 물론 오랜 시간을 들여 열심히 일하기는 했지만, 방법도 모른 채 무언가 하려고 애쓰는 그런 일이 아니었습니다.

사람들이 《메시지》 성경을 묘사할 때 "숨 막힐 듯이 놀랍다", "매혹적이다", "사람들이 놀라서 숨이 멎을 것이다"라는 말을 합니다. 이런 말을 들으면 어떤 느낌이 듭니까?

지나치게 열광하는 것 같습니다. 하지만 《메시지》가 너무나 평범하다는 점에 놀란 것처럼 보입니다. 그 전까지는 하나님이 그들이 있는 곳에서 말씀하신다는 것, 그들 삶의 현장으로 들어오신다는 것을 몰랐던 것입니다. 우리는 흔히 종교적 삶과 세속적 삶을 분리하는 이분법을 갖고 있습니다. 그런데 여기에 세속적인 어떤 것이 있으니까 사람들이 놀라는 것이죠. 그들이 이런 이야기를 하면 나는 기분이 좋아집니다. 사람들이 놀라움에 빠지는 것은 《메시지》의 평범한 면 때문이 아닐까 생각합니다.

사람들에게 강력한 영향을 미치는 것은 《메시지》의 평범한 면인 것 같군요. 어느 목회자는 《메시지》가 "성경에 대한 우리의 안락한 생각을 박살내기를 바란다"고 말했습니다. 우리가 성경에 대해 그토록 안락한 생각을 품게 된 이유는 무엇일까요?

부분적으로는 죄 때문이라고 봅니다. 마귀가 벌이는 기막힌 작업 중 하나는 일주일에 사흘 저녁을 성경공부에 몰입시키는 것입니다.

이 말을 들으면 많은 독자가 깜짝 놀랄 것이 분명합니다!

아니, 사람들이 왜 성경을 공부하는 데 그토록 많은 시간을 투자하지요? 도대체 우리는 얼마나 알아야 하는 거죠? 우리는 그토록 많은 시간을 나름의 삶을 가진 성경 텍스트를 이해하는 데 투자하고,

그렇게 할 때 더 경건하고 영적인 사람이 되고 있다고 생각합니다. 그러나 성경은 삶으로 살아내야 할 책입니다. 삶으로 구현하라고 우리에게 주어진 책이지요. 대다수의 그리스도인은 실제로 살아내는 것보다 성경을 훨씬 많이 알고 있습니다. 그런 사람들은 성경을 더 공부할 게 아니라 덜 공부해야 합니다. 공부에 매달린 것이 아니라 하나님께 충분한 주의를 기울일 필요가 있는 것이지요.

목사님은 우리가 성경 텍스트를 그 자체로 생명을 갖고 있는 것처럼 취급한다고 말합니다. 많은 사람들이 실제로 그렇다고 할 것입니다. 하지만 목사님은 그와 다른 뜻으로 말한 것 같군요.

나는 그것을 다른 방식으로 말하고 싶어요. 우리는 성경 텍스트를 삶과는 동떨어진 별도 세계 안에 있는 것처럼 취급합니다. 그러나 성경은 세상 가운데 사랑으로 일하는 하나님을 계시하고 있습니다. 성경의 의도는 하나님이 활동하시는 그 세상 속으로 우리를 인도하는 것입니다. 대개의 경우, 공부는 보통 지나칠 정도로 지적인 과정이기 때문에 우리를 관계에서 벗어나게 합니다. 그래서 성경공부를 그리스도인들이 행하는 특별한 일인 것처럼 강조하는 것과, 더 많이 공부할수록 더 좋다고 생각하는 건 달갑지 않아요. 성경공부는 더 큰 어떤 것에 통합될 필요가 있습니다.

성경 텍스트와 우리 삶 사이에는 아주 자연스러운 상호작용이 있다는 말씀이군요.

그렇습니다. 하지만 우리가 성경에 대해 무지하다면 하나님이 행하고 계신 일에 대해 아무런 실마리도 찾을 수 없을 것입니다. 우리는 성경의 큰 세계를 회복할 필요가 있습니다. 그런데 현재 일어나고 있는 현상은 사람들이 성경을 공부할 때 그 큰 세계를 성경공부의 작은 세계로 축소시키고 있다는 것입니다. 그러나 성경의 세계, 곧 성경에 계시된 세계는 우리가 신문이나 역사책에서 접하는 것보다 훨씬 더 큰 세계입니다. 성경공부를 제대로 하고 있다면 그런 세계를 간파할 수 있어야 합니다. 그러나 요즈음 성경공부가 진행되는 방식은 사람들을 좁은 세계 속에 가둬놓는 경우가 허다합니다.

《메시지》 성경을 "불만을 품은 외부인들과 지겨움을 느끼는 내부인들"을 위해 썼다고 말했습니다. 누구를 뜻하는 것인지요?

외부인들은 기독교 신앙이 그들과 관계를 맺을 만한 아무것도 갖고 있지 않다고 생각합니다. 기독교는 종교적인 사람을 위한 것이라 여기는 것이죠. 그들은 종교적이지 않기 때문에 성경을 열어볼 생각이 없습니다. 또한 많은 이들은 그리스도인에게 위협을 느끼며 스스로가 기준 미달이라고 여깁니다. 예비단계를 통과하지 않는 한 아무 일도 이해할 수 없다고 생각하지요. 사람들은 하나님과 성경에 대해 너무나 무지한 상태입니다. 이런 상태가 계속되는 이유 중 하나는 그리스도인에게 위협을 느끼기 때문입니다. 무슨 일인지 알기 위해서는 특별한 입문 과정을 밟아야 하는 것처럼 느끼는 것입니다. 지겨워하는 내부인들은 내가 언제나 만나는 사람들입니다. 그들은 성경을 거듭해서 들어왔지만 말씀의 실재와는 접촉하지 못하고 있습니다.

여기에 당신이 말한 섭리의 손길이 또 있습니다. 내가 섬긴 교회의 교인들은 외부인과 내부인으로 구성되어 있었습니다. 교회에서 자라나서 평생 거기에 몸담았던 사람들이 있었지요. 교회는 그들에게 진부한 것이었습니다. 또 기독교에 관해서는 하나도 들은 적이 없는 사람들도 있었습니다. 내가 아브라함이란 이름을 입에 담아도 누구에 관해 얘기하는지 모르는 사람들이었지요. 종교나 기독교에 대해 아무것도 알지 못하는 외부인들이 있었기에 그에 관해 말하는 법을 배울 수밖에 없었어요. 부득불 나는 그들의 언어로 설교하고 가르치기도 해야 했던 거예요. 그런 언어로 목회하는 법을 배워야 했던 것이지요. 그런데 당신이 내부인이라면 귀가 어두워지기 참 쉽습니다. 나는 그런 사람들을 깨울 필요도 있었지요. 이것이 바로 설교자들이 주일마다 해야 하는 일입니다. 나 역시 평생토록 이런 일을 해왔던 것이고요.

지금은 구약성경을 의역하고 있는 것으로 알고 있는데요. 진도는 잘 나가고 있으신가요?

방금 아가서를 끝냈습니다. 지혜서 가운데 마지막 책이었지요. 아가서는 지금까지 작업한 것 중 가장 어려운 책이었습니다. 지혜서를 몇 토막으로 나누어 작업하는 중인데, 뒤로 미루어놓고 마지막에 한 것입니다. 그런데 아주 잘 진행되었다고 생각합니다. 우리는 성적인 언어를 상실한 것 같아요. 그래서 완곡어법을 쓰거나 속된 말을 쓰는 것입니다. 지극히 순수한 아가서의 달콤하고 에로틱한 언어를 어디서 찾을 수 있겠습니까? 이런 것을 묘사할 만한 언어가 남아 있는지 몰랐습니다. 작업에 대해 만족합니다.

구약성경의 셈족 언어를 좀 더 편하게 느낀다는 것으로 알겠습니다. 구약 번역 작업이 신약보다 더 쉽고 더 자연스러웠나요?
그렇다고 생각하지만 이 시점에서 확실히 말하기는 어렵군요. 대학원에서 셈족 언어를 전공했으니까 기술적으로는 히브리어를 더 많이 알고 있지만, 그리스어를 35년 동안 읽어왔으므로 똑같이 편하게 느끼는 편입니다. 하지만 구약성경을 작업할 때는 정말로 열매를 맺고 있다는 느낌이 들었습니다.

언젠가 성경 전체를 《메시지》 번역판으로 출간할 계획이 있으신가요?
네, 주님이 너무 빨리 재림하지 않는다면요! 좀 전에 담당 편집자에게 일정을 보냈습니다. 나의 바람은 6년 안에 끝내는 것입니다. 성경을 네 부문으로 나누고 각 부문을 2년씩 잡았습니다. 최근에 지혜서를 완료했지요. 다음번에는 역사서를 하고 선지서와 모세오경을 차례로 번역할 예정입니다. 충분히 해볼 만한 일정이라고 생각합니다. 신약성경을 번역하는 데 1년 6개월 쯤 걸렸거든요. 그 일을 하느라고 온종일 매달린 날이 상당히 많았으니까, 좀 지나친 일정이었다는 생각이 듭니다. 작업을 마쳤을 때 다시는 그 속도로 일할 수 없을 것이라고 말했지요. 출판사에서 구약성경을 번역할 의향을 타진했을 때 나의 첫 반응은 "전혀요! 나는 그런 식으로는 살 수 없습니다"였어요. 그런데 신약 번역판에 대한 반응을 들으면서 무슨 일이 일어나고 있는지 알게 되었지요. 6개월이 지난 뒤, '주님, 어쩌면 이것이 내가 할 일인 것 같군요'라는 생각이 들었습니다. 오래도록 기도했고 오랜 시간 얘기를 나눴습니다. 실로 굉장한 헌신이었죠. 하지만 이제 나의 일이라는 결단을 내렸습니다.

좀 이상하게 들릴지 모르지만, 나는 작가이고 작가들은 글 쓰는 것을 좋아합니다. 하지만 《메시지》는 창작이 아니라 번역이지요. 창작할 때는 한 문장을 놓고 한두 시간 고민하다가 어느 순간 머릿속에 떠오르기도 합니다. 이제껏 그렇게 한 사람도 없고 앞으로도 그럴 만한 사람이 없을 것이란 느낌이 들지요. "아, 드디어 해냈어."라는 느낌. 하지만 《메시지》를 작업할 때는 그런 순간이 전혀 없었어요. 나는 언제나 바울과 마가와 요한에 따르는 이류에 불과합니다. 한번은 《메시지》 작업을 완료한 후에 "나는 2등으로 들어오는 데 완전히 지쳤다"고 아내에게 말한 적이 있습니다. 그래서 더 이상 하고 싶지 않았어요.

무척 겸허하게 만드는 경험이군요. 그런데도 목사님은 바울과 요한 등 성경 저자들과 잘 지내고 있는 것 같군요.
맞습니다. 하지만 구약성경을 번역하다 보니 약간은 쓰고 있지만 정작 쓰고 싶었던 글을 많이 쓰지 못하고 있습니다. 그럼에도 불구하고 이것이 나의 일이라는 것을 깨달았지요. 내게 주어진 일이란 말입니다. 그래서 이 일을 계속할 작정입니다.

목사님은 이미 많은 책을 출간한 다작의 경력을 갖고 있습니다. 이처럼 큰 프로젝트를 맡게 되어 성경을 의역한 사람으로 알려지는 것이 어떤가요? 영광스럽게 생각하는지요?

솔직히 말하자면, 별로 의식하지 않습니다. 말씀하신 대로 많은 작품을 써왔지만, 지금 하는 일에 대해서는 별로 고민하지 않습니다. 오히려 그것은 제가 구상한 것이 아니기 때문에 다행이라고 생각합니다. 제가 계획하고 의도한 일이 아닙니다. 단지 그 일을 했을 뿐입니다.

J. B. 필립스는 신약성경을 현대식 영어로 번역한 것에 대한 사람들의 갈채로 인해 우울증을 겪었다고 알려져 있습니다. 《메시지》 성경은 목사님에게 어떤 영향을 주었는지요?

필립스의 우울증은 번역 작업을 완료한 직후부터 시작된 것이었습니다. 그리고 작업을 시작하기 전부터 우울증 내력을 갖고 있었던 것으로 알고 있습니다. 그는 몹시 나쁜 대우를 받았지요. 사람들은 그 작업을 하면 안 된다고 강한 반대를 표했습니다. 그것에 그는 노이로제에 걸릴 만큼 큰 영향을 받았다고 생각합니다. 약간의 혼란이 있긴 했지만, 이번 작업이 저에게 큰 영향을 끼치진 않았습니다. 지금은 내가 강의 요청을 일절 받지 않기 때문에 그 문제를 해결할 수 있었지요. 리젠트 칼리지에 머물며 맡은 강의를 하고 학생들과 동료들을 만날 뿐입니다. 아내가 일주일에 여러 통의 편지를 쓰고 전화에 답하고 강의 초청을 거절하곤 하는데, 이런 초청을 받아들이면 나는 무너지고 말 겁니다. 사실 이곳저곳을 다니며 강의하는 일은 아주 비인격적인 면이 있지요. 영혼에 아주 파괴적인 영향을 미친다는 것을 알고 있습니다. 나는 언제나 작은 교회에서 시무했고, 나의 사역은 항상 서로를 친밀히 아는 장소에서 이루어졌습니다. 그렇기 때문에 사람들과 직접 대면하지 않고 그들의 입에 오르내리며 강사가 되는 것은 내게 아주 생경하고 해로운 일이라고 생각합니다. 이런 이유로 이곳에 온 지 서너 달 뒤에 그 같은 결정을 내린 것이지요. 따라서 나는 보호를 받고 있다는 느낌이 듭니다.

목사님을 비판하는 사람들에게는 어떻게 반응해왔습니까?

정말 다행스럽게도 그동안 별로 비판을 받지 않았습니다. 한 사람이 나에게 도전하며 그 프로젝트를 반대하는 운동을 벌였지요. 나는 아무 일도 하지 않았고 출판사 측에서 그 문제를 다루었습니다. 출판사는 아주 예의바르게 그의 염려와 비판에 귀를 기울였지요. 내게는 모든 작업을 점검하는 학자들로 구성된 팀이 있는데, 그들이 그에게 매우 잘 응답했습니다. 내가 그 문제에 대해 무감각한 것은 아니었지만 대신 그들이 아주 잘 다루어주었지요. 운동을 벌인 남자가 오히려 사람들로부터 그러지 말라는 공격을 받은 것으로 알고 있습니다.

우리가 《메시지》를 출판했을 때 나는 J. B. 필립스나 《리빙 바이블*The Living Bible*》을 쓴 케네스 테일러에 관해서도 알고 있었지요. 테일러는 죽이겠다는 협박을 받을 정도로 정말로 어려운 시기를 보냈습니다. 실로 끔찍한 경험을 한 거지요. 내게도 비슷한 일이 생기면 '모든 문제가 끝날 때까지 남태평양에 가서 2년 동안만 숨어 지내면 되겠지'라고 나는 생각했습니다.

원색적이고 생생한 표현 등 사람들을 깜짝 놀라게 하는 언어가 불편하다는 이유로 제기되는 비판에 대해서는 어떻게 생각하십니까?
그런 반응을 많이 받지는 않았고, 그것은 아마 출판사도 비슷할 것으로 생각합니다. 가끔 편지를 보내오는 사람이 있지만 이따금 있는 일일 뿐입니다. 오히려 감동적인 편지들이 많이 와서 놀랄 따름입니다. 한번은 87세나 된 여성이 편지를 보내왔어요. "나는 흠정역 성경KJV을 애독하는 사람입니다. 그런데 우리 조카 녀석들과 질녀들은 성경을 읽지 않아서 고민이 많지요. 그들에게《메시지》를 주면 어떨까 생각한 끝에 한 권을 구입해서 내용을 점검했지요. 분명히 말씀드리고 싶은 것은 나는 절대로 그 번역판을 읽지 않을 테지만, 흠정역 성경과 내용을 대조해보니 괜찮다는 생각이 들었다는 거예요. 옳게 번역되어 있어서 매번 조카 녀석들에게 선물하고 있는 중입니다."

그 여성을 당신의 자문위원으로 모셔야겠군요!
참으로 소중한 편지였지요. 그녀는 자신은 읽을 생각이 없다는 것을 두세 번이나 강조했습니다.

목사님은 목회사역과 영적 리더십 분야에서 전복적인 존재가 되는 것에 관해 많이 쓴 편입니다. 또한 목사님은 시인입니다. 시와 예술에는 전복성이 들어 있나요?
그렇습니다. 시와 예술은 전복적인 것입니다. 각각의 장르는 간접적으로 손을 뻗칩니다. 대개는 정면으로 다가가지 않지요. 소리 없이 살그머니 다가갈 뿐입니다.

영적으로 말하면 자아는 끊임없이 하나님께 대항해 자신을 구축합니다. 이것이 우리 죄의 본질이지요. 우리는 스스로 신이 되고 싶어 합니다. 그래서 경건의 형태를 띤 방어태세를 겹겹이 쌓는 것입니다. 종교는 우리가 하나님에 대항하는 중요한 방어책입니다. 그러면 하나님에 대항해 종교로 튼튼한 방어기지를 구축하고 있는 사람들에 대해 어떻게 돌파구를 마련할 수 있을까요? 전복의 행위로 할 수 있습니다. 방어기지를 우회하는 것입니다. 이것이 비유나 잠언이 하는 역할입니다. 예수님은 직접적인 공략은 거의 하지 않았습니다. 사람들은 머리를 긁적이며 말하곤 했지요. "그가 한 말이 무슨 뜻이지?"

또 다른 차원에서 보면 문화는 사람들을 현실로부터 보호하려고 이데올로기를 개발합니다. 그러면 그러한 이데올로기는 어떻게 극복하지요? 누군가 "모든 흑인은 열등하다"고 말하고, 우리도 그런 생각에 사로잡혀 평생을 살았다고 가정합시다. 어떻게 해야 그런 상태에서 벗어날 수 있습니까? 논쟁을 하거나 이성주의를 따른다고 해서 벗어날 수는 없습니다.

목사님은 "예수는 우회적인 방법을 썼다"고 하셨습니다. 복음주의자들이 복음을 들고 너무 직접적으로 공략하고 너무 정면으로 돌진한다고 보시는지요?
글쎄요, 우리가 너무 정면으로 돌진한다고 말하는 것은 주저되는군요. 그것이 복음 선포의 일부라서 그렇습니다. 하나님의 나라가 여기에 있으니 회개하고 복음을 믿으라는 선포여서 그렇다는 말입니다. 그럼에도 우리는 더 많은 간접적인 전략을 사용할 필요가 있습니다. 이것이 바로 시인이나 소설가가 하는 일입니다. 나로서는 복음을 들고 정면으로 돌진하는 일을 줄여야 한다고 말하고 싶지는 않습니다. 오히려 전복적인 전략을 더 많이 사용하는 것이 필요하다고 말하고 싶군요.

목사님의 글 가운데 "누군가 어떤 이야기를 들려주되 그것을 제대로 들려줄 때 언제나 복음은 힘을 얻는다"라는 문장을 본 적이 있습니다. 우리가 "구원을 받으려면 이런 단계를 밟아야 한다"는 것과는 다른 양식으로 복음을 표현할 필요가 있다는 뜻인지요?
그 글에서 핵심 단어는 '힘을 얻는다'는 것입니다. 누군가 어떤 이야기를 들려줄 때마다 복음이 선포된다는 뜻은 아닙니다. 이야기를 들을 때 사람들은 인생엔 가치와 의미가 있다는 인식을 갖기 시작하고, 자신들이 소중하다고 생각하게 됩니다. 이후 그들은 "그 의미가 어디에 있지? 어디에서 의미심장한 것을 찾을 수 있을까?"라고 물으며 인생의 의미를 찾기 시작합니다. 하지만 사람들은 자신이 어쩌다 생긴 우연한 존재가 아니라 창조와 고난에 뿌리박고 있는 존재임을 깨닫기까지는 복음의 이야기를 제대로 들을 수 없습니다. 그렇기 때문에 여기서 중요한 단어는 '힘을 얻는다'가 되는 것입니다.

어느 길모퉁이에서 어떤 외로운 사람이 지나가는 것을 보고 "안녕하세요?"라고 인사를 건넸다가, 그 사람이 자기 이야기를 들려주기 시작한다고 합시다. 당신이 그의 이야기를 경청한다면, 5분 내에 그의 인생의 일부가 다시 탄생하는 것입니다. 그들이 자기 이야기를 할 수 있도록 해주는 것은 그들에게 예수님을 영접하고 성령이 일할 수 있는 맥락을 제공하는 것이지요. 그런데 그들이 들려줄 이야기가 없다고 느낀다면 맥락도 없고 뿌리도 없는 것입니다.

그러니까 그것은 복음의 메시지로 인도하는 관문이라는 말이지요?
그것은 또한 복음이 우리에게 다가오는 방식에 익숙해지는 일이기도 합니다. 복음은 예수에 관한 교리가 아니라 예수의 이야기를 통해 오지요. 그분은 태어났고, 살고, 죽고, 다시 살아납니다. 전부 이야기지요. 이야기에서 관념들을 추출하는 게 아니라 이야기 자체를 그대로 보존하는 것이 매우 중요합니다.

목사님은 복음전도evangelism라는 단어가 오늘날 사용되는 방식이 내키지 않으신 것 같군요. 복음전도를 무엇이라고 생각합니까?

복음전도가 남을 못살게 구는 것을 의미할 때 달가워하지 않는 편입니다. 하지만 어원적인 의미로 볼 때는 그 단어를 아주 달갑게 생각합니다. 복음전도란 이것이 정말로 좋은 소식인 것처럼, 이것이 놀라운 소식인 것처럼 믿고 살아가는 것이므로, 우리는 선포할 메시지를 갖고 있는 셈이지요. 복음전도란 우리가 말하고 싶은 방식이 아니라 예수님이 말한 방식대로 말하는 법을 배우는 것이기도 합니다. 우리는 그분의 진리뿐 아니라 그분의 방법 또한 배워서 사람들을 존귀하게 대하는 법도 익힐 필요가 있습니다.

얼마 전에 르완다에서 막 돌아온 학생에게서 끔찍한 이야기를 들었습니다. 학생인 그녀는 대량학살의 현장에서 죽어가는 자들과 피를 흘리는 자들 사이를 두루 다니며 치료가 필요한 사람들의 이마에 표시를 하고 있었습니다. 그 뒤에 의료진이 따라다니며 치료했지요. 그런데 부상당한 사람들에게 전도지를 팔고 있는 동료 선교사가 있었습니다. 그녀가 "도대체 당신은 무슨 짓을 하는 겁니까?"라고 물었더니, 선교사는 "돈을 몸에 지니고 있는 환자들이 얼마나 많은지 놀랄 지경이오. 얼마나 많은 돈을 갖고 있는지 정말 놀랍습니다"라고 대답했다고 합니다. 참으로 믿기 어려운 이야기이지요. 그러나 조금만 생각해보면 당신 안에도 이런 면이 있다는 것을 알게 됩니다. 물론 그처럼 극적인 방식은 아니라 해도 분명히 그런 면을 보았을 겁니다.

복음주의자는 책이 아니라 예수님으로부터 복음을 전하는 법을 배울 필요가 있습니다. 내가 가르치는 학생 중에 홍콩에서 목사로 일하던 사람이 있지요. 그는 나를 지도교수로 택한 뒤 홍콩에서 복음전도하는 것에 관해 논문을 쓰는 중입니다. 1997년에 홍콩이 중국으로 반환되기 때문에 홍콩 사람들은 난리도 아니랍니다. 그때가 오기 전에 홍콩을 복음화해야 한다는 것을 알고 있는 거지요. 그래서 모든 홍보수단과 기술적인 방법을 총동원하고 있습니다. 그런데 그들의 마음속에는 이른바 '사람들'이 없습니다. 거기에 있는 죄인은 하나의 목표대상일 뿐 인격이 아닙니다. 제자인 그 목사는 복음전도의 미명하에 온 도시를 비인격화시키는 현상에 지극히 실망하고 있습니다.

그와 같은 비인격화는 사실 성육신의 개념과 모순되는 것이지요.
그렇습니다. 우리가 다루는 일 가운데 가장 중요한 것은 하나님이 무언가 하고 계신다는 사실이지요. 단지 그분이 존재한다는 것이 아니라 그분이 무언가를 행하고 계신다는 것입니다. 그분이 무언가를 행하고 있다고 우리가 믿기 때문에 우리는 성령을 믿는다고 말하는 것이지요. 하나님이 무언가 하고 계시다면, 내가 할 수 있는 가장 중요한 일은 그것을 찾고, 주시하고, 반응하는 것입니다.

우리가 온갖 소란을 피우며 "예수님을 위해 무언가를 한다"고 떠드는 것은 방해가 될 뿐입니다. 우리는 하나님이 행하시는 일로부터 사람들의 시선을 가져오는 일을 하고 있습니다. 이처럼 사람들이 아무것에도 주의를 쏟지 않은 채 그냥 모종의 운동에 합류한다는 소리를 자주 듣습니다. 당신도 내 나이쯤 되면 사람들이 열광하는 것이면 무엇이든 그것을 의심하는 눈초리를 보내게 될 것입니다. 한 주가 지나면 또 다른 새로운 운동이 등장할 것이기 때문이지요.

그렇다고 구경꾼이 되라고 사람들을 부추기지는 않습니다. 사실 이런 식으로 반응하기 시작하면 큰 힘을 얻게 됩니다. 아울러 굉장한 해방감을 느끼게 될 터인데, 염려가 아니라 은혜에 따라 일하게 될 것이기 때문이지요.

목사님은 장차 어떤 인물로 기억되기를 바라십니까?
좋은 질문이 아닌데요!

왜 그렇죠? 스스로에 대해 얘기하는 걸 좋아하지 않으신가요?
나는 좋은 남편, 좋은 아버지, 좋은 목사로 기억되기를 바랍니다. 나와 함께 산 사람들의 입장에서 기억되기를 바라는 것이지요.

아주 멋진 대답이라고 생각합니다. 많은 사람들은 "그는 《메시지》 성경을 번역했다, 그는 책을 16권이나 썼다, 그는 목사였다…"는 식으로 생각할 것입니다. 그러나 목사님은, 가장 가까운 사람들의 사랑을 받지 못했다면 모든 것이 무의미하다는 것을 알고 있는 것이지요. 만일 마지막 설교를 하거나 메시지를 전한다면 어떤 주제를 다루고 싶으십니까?
가깝고 일상적인 주제에 관해 얘기하고 싶습니다. 우리가 살고 있는 이 세상에서 사람들로 하여금 하나님을 의식하게 만드는 가장 좋은 방법은 "당신은 내일 아침식사를 누구와 함께할 것입니까? 당신은 그 사람을 어떻게 대할 것입니까?"라고 묻는 것입니다. 나는 거창한 비전이나 그럴듯한 슬로건에 합류하는 걸 좋아하지 않아요. 그저 사람들이 하고 있는 일에 주의를 기울이고, 그들이 그것을 믿음과 기도로 행하도록 돕고 싶을 뿐입니다. 이런 식으로 말하고 싶습니다. "집에 가서 당신의 아내에게 좋은 남편이 되시오. 당신의 자녀들을 존중하십시오. 그리고 당신에게 무슨 일이 주어졌든지 그것을 잘 이루어가십시오."

**목회사역에
관하여**

 메릴랜드의 벨 에어에 있는 그리스도 우리 왕 교회의 담임목사로 시무해온 유진 피터슨은 성공적인 목회사역에 관해 많이 생각해온 인물이다. 목회사역이란 무엇인가? 누가 목회사역을 하는가? 어떻게 그 사역을 수행할 것인가?
 정답은? 유진 피터슨이 과연 똑 부러지는 해답을 갖고 있는지 알 수는 없지만, 우리는 그 문제에 관해 인터뷰를 하기로 했다. 인터뷰를 통해 우리는 그의 성공과 실패, 좌절, 보람 그리고 계속 이어지는 씨름을 엿볼 수 있을 것이다. 다시 말해 그가 목회사역을 수행하는 방식을 간파하게 될 것이다.
 유진은 목회사역에 대한 나름의 접근을 성경공부와 개인적인 경

* *Leadership*(winter 1981)에 실렸던 글.

힘으로부터 개발했다(그의 목회방법을 알려면 《목회의 기초》를 참고하라).

출판인 헤럴드 미라, 편집인 테리 묵, 부편집인 단 파울리 등은 목회 전략의 측면에서뿐 아니라 개인적인 삶의 측면에서도 유진 피터슨이 많은 깨달음을 던져준다는 것을 알게 되었다. 그는 미스터리 소설을 읽고, 고전적인 소설들에서 신학적 통찰을 이끌어내고, 마라톤을 하고, 아내와 함께 깊은 숲속에서 오랫동안 하이킹을 하는 인물이다.

스스로를 행정가가 아니라 목회자로 간주하고 있습니다. 목회적인 역할에 대한 그런 견해를 어떻게 발전시켰나요?

내가 겪은 최악의 시기 중 하나는 이 교회의 초창기 때였습니다. 우리는 건물을 완공했고, 나는 목회자가 아니라는 걸 깨달았죠. 교회 프로그램들을 돌리느라 정신이 없어서 목회사역을 할 시간이 없었어요. 그래서 어느 날 저녁, 사표를 제출하려고 당회에 갔습니다. "나는 내가 여기에 온 목적을 수행하지 못하고 있습니다"라고 말했지요. "마음이 너무 불편해서 불행해진 느낌입니다."
나를 큰 곤경에 빠뜨린 사건은 우리 아이 하나가 "아빠는 지난 32일 동안 집에서 저녁을 보낸 적이 없어요"라고 말한 것이었지요. 딸이 하루하루 계산을 해두었던 것입니다! 나는 행정 업무에 강박증을 갖고 있었고, 나를 그렇게 만드는 압박에서 벗어날 길을 찾지 못했습니다. 그래서 한마디로 "사임하겠다"고 말했던 것입니다.

당회에서는 그 제안에 어떻게 반응했나요?

무엇이 문제인지를 알고 싶어 했지요. 나는 이렇게 말했습니다. "나는 언제나 바깥에 나와 있고, 그 모든 위원회를 섬기고, 이 모든 심부름을 하느라 쫓아다니는 등 온통 행정 업무에만 매달리고 있는 실정입니다. 나는 설교를 하고 싶고, 예배를 인도하고 싶고, 교인들의 가정을 심방하며 시간을 보내고 싶습니다. 이것이 내가 여기에 온 목적이지요. 나는 여러분의 영적 지도자가 되고 싶은 것이지, 여러분의 교회를 운영하고 싶지 않습니다." 그들은 잠시 생각한 뒤에 "그럼 교회 운영은 저희가 하겠습니다"라고 말했지요. 그날 저녁 늦은 시간까지 얘기를 나눈 끝에 나는 결국 승낙했습니다.

그 대화로 인해 일어난 사건을 나는 결코 잊을 수 없습니다. 2주가 지난 후 청지기 위원회가 모임을 가졌는데 나는 초대도 받지 않은 채 그 모임에 들어갔지요. 그룹의 위원장이 나를 보더니 물었습니다. "무슨 일입니까? 우리를 신뢰하지 못하시나요?" 나는 "그런 것 같습니다. 하지만 노력하겠습니다"라고 시인했습니다. 그러고는 등을 돌리고 밖으로 걸어 나왔고, 이후로는 한 번도 돌아가지 않았습니다.

지금은 위원회 모임에 일절 가지 않지만 나 자신을 그렇게 재교육하는 데는 1년이나 걸렸답니다.

하지만 당신은 당회의 의장직을 맡아야 하지 않나요?

그렇습니다. 내가 당회의 사회를 보지요. 그리고 다른 위원회에는 만일 특정한 문제에 관한 20분짜리 회의에 내가 참석하길 원하면 얼마든지 그렇게 하겠다고 말합니다. 그런데 지난 12년 동안 그런 자격으로 참석한 것을 제외하면 이제까지 위원회 모임에 간 적이 없습니다.

그 교회에서 18년간 시무하셨고, 지난 12년 동안은 장로들이 교회를 성공적으로 운영한 것이군요. 성공 비결이 무엇이라 생각하시나요?

상호간의 신뢰라는 생각이 들어요. 그들이 항상 내가 원하는 방식으로 일을 하는 것은 아닙니다만, 내가 과거에 교회를 운영하지 않겠다고 결심한 것은, 교회 운영에 있어서 내 방식이 아닌 그들의 방식을 받아들이기로 한 것이기도 합니다. 그들은 내 설교를 경청하고, 동일한 영적 공동체에 속해 있고, 우리가 창출하고 함양하는 가치관을 알고 있지요. 그렇기 때문에 나는 그들이 최선의 방식으로 교회를 운영하리라고 믿는 것입니다. 때로는 가장 효율적인 방식으로 운영하지 않아서 내가 조바심을 내기도 합니다. 많은 일을 미처 처리하지 못하고 있어서 그렇죠.

왜 그런가요? 그들이 자원자라서 그렇습니까?

그것도 한 가지 이유이겠지요. 일부 지도자들은 동기유발이 충분히 되지 않고 있습니다. 회중이 장로와 집사를 선출하는데 때로는 잘못된 이유로 그들을 선택합니다. 그 가운데 일부는 교회 생활에 최소한의 관심만 있기 때문에 통찰력도 없고 열심히 참여하지도 않는 편이지요. 나는 그들에게 실패할 자유를 주든가, 직접 뛰어들어 내가 바라는 모습으로 그들을 훈련시키든가 양자택일을 할 수 있습니다. 나는 그들을 그냥 두는 쪽을 택했지요.

목사님은 첫 번째 우선순위가 목회사역을 하는 것이라고 말씀하셨습니다. 그렇다면 다른 좋은 사역들, 예를 들면 교회 행정의 효율적 관리 같은 일은 순위에서 밀려야 합니까? 목사님의 우선순위가 목회사역에 있다면 행정 업무에 대해서는 일절 손을 쓸 수 없지 않습니까?
맞습니다.

목사님이 그냥 지켜본 비효율적인 일을 한 가지 말씀해주시죠. 그러니까 다수의 지도자들은 그저 행정상의 착오 정도로 생각했던 것 말입니다.
서로 밀접한 관계에 있던 여러 프로그램을 조정하는 역할을 맡았던 한 여성이 생각납니다. 물론 보수 없이 자원봉사자의 자격으로 그 일을 하고 있었습니다. 처음 일을 시작했을 때만 해도 신나게 업무를 잘 수행했습니다. 그런데 시간이 흐르자 다른 일에 손을 대면서 담당 업무를 소홀히 하기 시작했습니다. 당시에 나는 담당 목사로 그녀의 가족 문제를 다루고 있었기 때문에 그녀의 행정 업무를 비판하거나 사임하라고 말해서는 안 된다고 느꼈습니다. 그래서 나는 아무 조치도 취하지 않았지요.

사태는 갈수록 더 악화됐습니다. 나에게 걸려오는 전화도 많았고 사람들의 불평도 이만저만이 아니었지요. 나는 이렇게 응답했습니다. "나는 사태를 호전시키고 싶지만 아무것도 약속할 수는 없다"라고요. 그래서 그냥 기다리면서 그녀에 대해서는 목회자의 역할만 계속 수행했습니다. 목사의 지위를 타협하지 않으려면 그 프로그램들이 실패하도록 내버려두고 엉성한 업무에서 오는 고통을 감수할 수밖에 없다고 생각한 것입니다. 아마 많은 목사들은 그런 사태를 그냥 내버려두지 않을 겁니다. 그들의 사역 방식으로 보건대, 직접 뛰어들어 행정적인 조치를 취하는 편이 맞을 겁니다. 나는 그런 효율적인 간섭에 반대하는 입장은 아니지만 내가 무슨 일을 잘하는지 알 필요가 있습니다. 그러므로 팔방미인이 되려 하기보다는 내가 잘하는 일을 수행하고 그에 따른 대가를 지불해야 하는 것이지요.

그렇다면 목사들이 교회를 운영하는 방식이 서로 아주 달라도 괜찮다는 말씀이십니까?

물론이죠. 나는 뉴욕의 화이트 플레인즈의 빌 와이즈만Bill Wiseman 목사님 교회에서 부목사로 일한 적이 있습니다. 그는 고결한 인품을 소유했을 뿐 아니라 목회사역의 모든 면에서 아주 노련한 분이었습니다. 어느 누구보다 나를 목회자로 훈련시킨 분이었고 특히 교회 행정과 관리 능력을 개발시켜주었습니다. 교회를 아주 잘 운영하기 때문에 그에게는 구조와 효율성이 매우 중요하지요. 하지만 우리가 사역하는 방식은 서로 아주 대조적입니다. 현재 그는 오클라호마의 툴사에서 교인이 5,000명이나 되는 교회를 섬기고 있어요. 아마 그가 나처럼 교회를 운영하다가는 미치고 말 것입니다.

훗날 나의 재능은 행정 업무에 있지 않다는 것을 알았고, 내가 정말로 하고 싶은 일은 대부분의 시간을 개인적인 사역에 투자하는 것이란 사실을 깨달았지요.

목사님의 교회에 다른 전임사역자가 있나요?
없습니다. 다만 담임목사 출신으로 주일에만 청소년 담당 목사로 일하는 사람이 있을 뿐입니다. 우리는 성가대 지휘자와 오르간 연주자에게도 수고비를 지급합니다. 그리고 일주일에 12-15시간 정도 일하는 관리인이 있습니다. 유급직 간사도 없고 모두 자원봉사자들 뿐입니다.

자원해서 봉사하는 간사들이라고요? 그들은 어땠나요?
훌륭한 일꾼들이지요! 그 아이디어는 도로시 세이어즈Dorothy Sayers의 미스터리 소설을 읽다가 얻었습니다. 살인 사건을 풀려고 애쓰던 피터 윔지는 정보를 수집 과정에서 어려움을 겪습니다. 외부인이기 때문에 아무도 그에게 말을 하려 하지 않지요. 그래서 지역사회를 잘 아는 사람을 찾다가 나이 많은 노처녀를 알게 되어 타이피스트로 고용합니다. 이후 그녀로 하여금 타이피스트 집단을 고용하게 한 끝에 10-15명 정도가 지역사회와의 연결고리 역할을 하게 됩니다.

"나에게 필요한 것이 바로 저거야"라는 생각이 떠올랐지요. 그래서 교회 사무실 간사로 일할 만한 능력이 있다고 생각한 여성에게 부탁했지요. 우리는 평일 9시부터 2시까지 일할 사람을 둘씩 찾았고, 교인들에게 새로운 사무실 운영시간을 알려주었습니다. 날짜별로 사무실 업무를 나누어놓고 각 사람에게 책임을 맡겼지요. 그래서 조금 더 앞서 계획을 짤 필요가 있었죠. 무슨 일이든 즉시 처리할 수 없었기 때문이었습니다. 그러나 덕분에 많은 사역을 개발할 수 있었다는 것이 큰 이득었지요. 그들은 교인들의 목소리에 귀를 기울이고 많은 사람과 접촉함으로써 근황을 나에게 알려주지요. 그들은 교회 운영에 중요한 인력입니다.

이런 아이디어는 교인들이 교회를 보는 관점에 영향을 주는지요? 교회 공동체를 하나로 묶어줍니까?

내가 생각하는 공동체는 서로를 돌보는 법을 배울 필요가 있는 사람들이고, 어느 의미에서 모든 효율적인 조직은 당신이 실수하는 것을 용납하지 않기 때문에 공동체성과 반비례합니다.

그러나 우리 교회는 전혀 그렇지 않습니다. 사무실 간사들만 해도 비효율적인 방식으로 움직이거든요. 하지만 효율성이란 것은 사람들에게 인내하고 서로 사역을 주고받는다는 생각을 품게 하는 것만큼 중요하지 않습니다. 이런 식으로 우리는 교회를 운영하고 있지요. 모든 것이 '오늘 당장' 처리되어야 할 필요가 없다는 식이죠. 설사 일을 미리 잘 계획하더라도 기다려야 할 여지는 있기 마련입니다. 나에게는 때때로 전화를 받아주거나 나 대신 전화를 걸어주는 사람만 있으면 됩니다. 그럴 때 나는 이렇게 말하곤 하지요. "아무개에게 전화를 해주실래요? 그녀는 외롭고 지루한 상태에 있으므로 사무실에 와서 우리를 도와줄 수 있는 날이 있는지 알아보세요." 때로 이렇게만 해도 교인들에게 사역과 공동체에 대한 의식을 회복시켜줄 수 있답니다. 그들은 내가 준 명단을 토대로 나의 심방 계획을 짜기도 합니다. 그것은 중요한 일이고, 그들도 중요성을 알고 있지요.

목사님의 심방 계획에 대해 얘기해주시지요.
나는 조직적으로 심방을 한 적이 한 번도 없습니다. 어떤 목사는 교인 명단을 놓고 엄밀하게 일정을 짜서 한 해 동안 그대로 심방한다는 글을 읽은 적이 있습니다. 나는 한 번도 그렇게 한 적이 없습니다. 누군가의 삶에 특별한 일이 있다는 것을 알게 되면 필요에 따라 심방을 하지요. 출생, 죽음, 해고, 이사 혹은 가정 문제 같은 것들이 심방의 지표가 됩니다. 나는 집으로 가서 그들과 얘기하고, 그들의 문제를 경청하고 상황을 파악한 뒤 함께 기도합니다. 목회사역의 이점이라고 생각하지요. 공동체에서 일어나는 크고 작은 일에 반응하고 거기에 참여하는 것 말이에요. 어떤 시詩에는 개 한 마리가 아무 생각 없이 길을 가는 것에 관한 행이 나옵니다. 목사의 삶도 그와 비슷합니다. 적어도 나에게는 그처럼 무계획적인 면이 있지요. 어떤 시스템에 완전히 갇힌 나머지 "아니요, 너무 바빠서 그렇게 할 수 없군요. 다른 일정 때문에 당신을 만날 수 없습니다"라고 말하고 싶지 않기 때문입니다. 그러나 무계획적인 것과 부주의한 것은 서로 다르지요. 전자에는 목적이 있습니다. 나는 우리 교인에게 일어나는 일에 반응할 수 있는 자유를 지키고 싶은 것입니다.

목사님이 문학적인 암시를 사용하는 것을 보면 감탄이 절로 나옵니다. 목사가 왜 시간을 내어 도로시 세이어즈의 작품을 읽어야 하는 것이죠? 시간 낭비는 아닌가요? 오히려 신학에 깊이 몰두해야 하지 않습니까?

나는 읽는 걸 좋아하기 때문에 읽습니다. 소설은 나에게 양식과 같습니다. 내가 냉정을 유지하고 현 상황과의 접촉점을 유지하려면 그런 유사 현실에 몰입할 필요가 있지요. 때로는 탐정 이야기를 읽는데 그것은 나에게 일종의 영적인 활력소에 해당합니다. 마음이 너무 답답하고 모든 것이 복잡할 때, 도무지 나 자신을 정리할 수 없을 때는 이틀 동안 탐정 소설을 읽습니다. 그런데 그것을 은밀히 해야 합니다. 말하자면, 하던 일을 계속하는 가운데 그렇게 해야 한다는 뜻이죠. 전화도 하고 사람들도 만나고 심방도 하지만, 나는 어느 구석에 처박혀 또 다른 이야기를 탐독하기도 합니다.

그러면 목사님은 죄책감을 느끼지 않습니까?

물론 느끼죠. 하지만 얼마 전에 나는 결코 극복할 수 없는 죄책감에 대한 해결책을 찾았습니다. 아버지는 정육점을 운영하셨는데, 내가 어렸을 때 가만히 앉아 있는 것을 그냥 두지 않았습니다. 언제나 무언가를 하고 있어야 했던 것이죠. 집에서 책을 읽고 있는데 내 방에 들어온 아버지는 "유진, 왜 너는 아무 일도 하지 않는 거지?" 하고 말하곤 했지요. 그래서 나는 책을 읽는 것에 대해 죄책감을 느끼곤 했습니다.

때로는 글을 읽고 있을 때 아내가 "여보, 당신은 아무개를 심방해야 하지 않나요?"라고 말합니다. 그러면 나는 농담조로 "신학 공부를 하고 있는 중이오"라고 답하지요. 언젠가 "늑대의 옷을 입은 양"이란 제목으로 렉스 스타우트에 관한 글을 쓴 적이 있습니다. 그 글에서 나는 네로 울프와 아르키 굿윈이 목회사역의 유형, 곧 목회사역에서의 신학적 토대라고 설명했습니다. 기발한 발상이었지만 세부적인 내용을 적어 기독교 잡지사에 보내면서 편집인에게 그 글을 진지하게 고려해주길 바란다고 메모를 보냈지요. 만일 진지하게 받아주지 않으면 아내에게 쌓아놓은 신뢰는 무너질 게 뻔하기 때문입니다. 다행스럽게도 글은 잡지에 실렸습니다.

목사님은 소설도 읽는다고 했습니다. 어떤 소설이 목사님의 목회사역에서 중요했습니까?

첫째, 도스토예프스키의 《까라마조프 씨네 형제들》입니다. 이 작품은 거듭해서 읽어야 합니다. 조시마 신부에게서 운명의 신학과 목회 소명의 신학을 엿볼 수 있지요. 인간의 상태에 대한 도스토예프스키의 통찰은 목사가 반드시 읽어야 할 내용이지요. 허먼 멜빌의 《모비 딕Moby Dick》은 특히 미국인들에게는 역사상 가장 중요한 신학 서적일지도 모릅니다. 이 작품은 우리 역사상 시의적절한 시기에 등장했습니다. 감상적인 낙관주의, 만사가 형통하리라는 태도 때문에 우리가 무엇을 잃어버렸는지 보여준 작품이지요. 윌리엄 포크너는 《8월의 햇빛Light in August》에서 죄와 구속(救贖)에 대한 의식을 너무도 잘 표현하고 있습니다.

플래너리 오코너Flannery O'Connor의 이야기와 소설들 역시 매우 중요합니다. 그녀는 위대한 신학자였지요. 목사들에게 중요하다고 생각되는 책은 그녀의 편지 모음집인 《존재의 습관The Habit of Being》입니다. 그녀의 책 한 권을 읽은 어떤 사람이 그녀에게 시골뜨기 허무주의자라고 부른 적이 있다는군요. 이에 대해 그녀는 "'시골뜨기'라는 단어는 상관없지만 차라리 나를 시골뜨기 신학자라고 불러주면 좋겠다"라고 말했지요. 오코너는 자신의 작품에서 표현한 기독교 신학을 많이 의식하고 있었던 것입니다.

워커 퍼시Walker Percy는 오늘날의 목사들에게 유익한 작가입니다. 퍼시는 현존하는 어느 작가 못지않게 사역에 대한 강한 의식을 가진 인물입니다. 그는 우리가 영적으로나 도덕적으로 심한 곤경에 빠져 있다는 사실을 잘 파악하고 있습니다. 그는 명실상부한 그리스도인이라서 《영화 팬The Moviegoer》, 《폐허 속의 사랑Love in the Ruins》, 《마지막 신사The Last Gentleman》 같은 소설에서 그런 현실을 잘 묘사하고 있지요.

그러면 문학작품을 읽는 것이 목회자 모두에게 중요합니까?

아닙니다. 전혀 다른 활동에서 똑같은 만족감을 얻을 수 있지요. 모든 목사가 자기만의 재충전 방법을 갖고 있어야 한다고 생각하지만, 독서만이 유일한 방법은 아니지요.

　예를 들어 어떤 사람들은 재충전을 위해 달리기를 합니다. 2년 전에 나도 할 수 있다는 것을 증명하기 위해 달리기를 시작했습니다. 하지만 기분이 좋아지는 것으로 충분하지 않았지요. 나는 달리기 경기에 나가서 이기고 싶었습니다. 첫 번째로 참가한 경기는 델라웨어에서 개최된 16km 단축 마라톤이었지요. 내가 1등을 했고 열여섯 살 된 아들이 2등으로 들어왔습니다. 하늘을 나는 것 같은 기분이었지요.

목사님은 설교할 때 문학적인 암시를 사용하나요?
그렇지 않습니다. 우리 교인들은 이런 작품을 읽지 않기 때문이지요. 나는 그들에게 낯선 인용문을 던지고 싶지는 않습니다.

하지만 목사님이 소설을 읽을 때 생생한 예화를 발견한다면 교인들에게 이야기해 주고 싶은 생각이 들지 않습니까?
물론 그렇지요. 하지만 나는 하나님의 말씀을 전하고 싶습니다. 설교할 때 유일하게 중요한 텍스트는 성경뿐입니다. 나로서는 교인들이 영위하는 삶에 대해 성경이 무슨 말을 하고 있는지 그들이 알게 되기를 바랄 따름이지요. 화요일에 설교 준비를 시작하는데, 성경 본문을 정한 뒤에 일주일 내내 개인적인 차원뿐 아니라 공동체적인 차원에서 해당 단락과 대화를 계속합니다.

　주일에 강단에 설 때마다, 나는 설교에서 전달되는 자신들의 이야기를 교인들이 듣기를 원합니다. 왜냐하면 내가 그들의 이야기를 들었기 때문입니다. 나는 그들의 문제가 무엇인지 물었고, 그들의 의심을 함께 나누고, 그들의 권태를 함께 경험했기 때문입니다.

목사님은 때때로 문학 작품에서 예화를 끌어오지 않나요?
물론이죠. 월트 휘트먼이 쓴 《견본 시절Specimen Days》을 읽고 있는데, 남북전쟁 당시에 병원에서 일어났던 일을 예화로 사용할 생각입니다. 그는 대량 학살을 하나하나 살펴보고 있지요. 병동에 들어간 그는 절단된 팔들과 다리들이 바깥에 쌓여 있는 장면을 목격합니다. 아무도 그것들을 치울 시간이 없었건 거지요. 그런데도 그는 병동에 들어가 아주 쾌활한 모습을 보입니다. 둔감해서가 아니라 생동감과 활력을 불어넣기 위해서죠. 이 단락은 목사들에게 병원을 방문하는 일에 관해 가르치기에 딱 좋은 본문입니다.

목사님은 설교란 성경에서 나와야 한다고 말했습니다. 전반적으로 볼 때 목회자의 역할은 어떻습니까? 그런 역할도 성경에서 곧바로 나온 것인가요, 아니면 세월이 흐르면서 기준이 바뀌었나요?
100여 년 전만 해도 목회자들은 과거의 전통과의 연속성을 뚜렷이 의식하고 있었습니다. 자신이 온전한 사역을 하고 있다는 사실을 알고 있었고, 자신의 삶이 공인된 가치와 온전함을 지니고 있었지요. 그러나 지금은 다릅니다. 우리 삶은 여러 단편들로 분열되어 있습니다. 한편으로 강단에 있을 때는 연속성을 의식하게 되지요. 설교를 할 때는 저 멀리 이사야까지 거슬러 올라가는 일을 하고 있다는 것을 알고 있습니다. 내가 설교를 준비하는 방식은 아우구스티누스와 웨슬리가 설교를 준비했던 방식과 별로 다르지 않지요. 나도 똑같은 성경을 붙들고 일하기 때문에 강단에 있을 때는 삼류에 불과하다고 느끼지 않습니다.

그런데 평일에는 모욕감을 느낄 때도 있습니다. 예를 들어 병원에 심방을 갔는데, 내가 귀찮은 존재가 된 기분이 들기도 하거든요. 환자를 실제로 의료진에 대한 이야기만 늘어놓을 때가 많습니다.

목사님은 심방을 별로 믿지 않으시나 봅니다.

환자는 목회자를 치료팀의 일원으로 생각하지 않습니다. 의사, 간호사, 그리고 목회자는 모두 치료팀인데도 말입니다. 나는 아마추어 취급을 하고, 의사나 간호사는 전문가라고 생각하는 거지요. 어느 면에서는 맞는 말일 수도 있어요. 현대식 병원은 교회가 경험해 온 것과는 다른 종류의 치유 센터이므로 목회자는 거기에 잘 들어맞지 않습니다. 그저 외부인일 뿐이지요. 이처럼 쓸모없는 존재라고 느끼는 데는 다른 요인들도 있습니다. 당신은 교회를 운영하다가 어떤 문제에 부딪치면 어떻게 합니까? 어떤 회사에 전화를 걸어서 기술자에게 복사기 사용법을 배우든가 교회 관리에 관한 과정을 밟지요. 그런데 누가 당신을 가르칩니까? 기업에서 온 사람입니다. 일주일 내내 우리는 주눅이 든 상태에서 전문가에게 우리 사역을 추진하는 법에 대해 배웁니다. 그런데 그들은 우리의 사역이 무엇인지도 모르는 사람들이에요. 그들은 우리를 자신들의 하부조직의 훌륭한 멤버로 만들려고 애쓰기 때문에, 결국 우리는 주일에만 건강한 자아상을 개발하게 되지요. 나는 목회사역을 잘 수행해야 한다고 생각하지만, 그 일은 어디까지나 안에서부터, 그 자체의 토대로부터 수행해야 합니다. 토대는 물론 성경이지요. 이런 이유로 나는 성경에 몰두하고 있습니다. 여기에 관해서는 나의 저서인 《목회의 기초 Five Smooth Stones for Pastoral Work》에 잘 설명되어 있습니다.

그 제목은 무엇을 가리키는 것이죠?
아가서, 룻기, 예레미야애가, 전도서, 에스더서 등 구약의 다섯 책을 가리키는데, 각각을 목회사역의 사례로 드는 것입니다. 아가서는 기도를 지도하는 모델을 제공하고, 룻기는 심방과 상담에 관한 이야기이며, 예레미야애가는 슬픔과 고통을 다루고 있고, 전도서는 가치관에 대한 탐구이자 어떤 것을 금지하는 설교의 모형이며, 에스더서는 공동체 건설에 관한 이야기지요. 다섯 가지 영역이 목회사역의 전부는 아니지만, 목회사역을 전통적인 성경적 원리와 연결시켜주는 중요한 자원이라고 생각합니다. 오늘날의 목회자들은 이와 비슷한 성경적 진리로 되돌아가야 합니다. 다른 것으로는 충분하지 않습니다. 현대판 성공 모델들은 성경이 제공하는 능력과 자존감을 절대로 따라잡을 수 없기 때문이죠.

그러니까 목사님은 목회자의 역할 모델을 성경에서 찾았다는 말씀이지요?
이런 공부를 하다가 목회자가 되길 정말 잘했다는 생각이 들었지요. 이것이 바로 내 소명이요, 목회사역이란 확신이 들었습니다. 모든 과정을 통해 하나님이 내게 무슨 일을 할지를 부르셨고 그 일을 위해 무슨 은사를 주셨는지 알았습니다. 지금보다 젊은 시절에는 내 사역이 아닌 것을 붙들고 있었을 때가 적지 않았지요. 그러고는 마침내 "나는 더 이상 그 일을 하지 않겠습니다"라고 말하는 법을 배웠지요. 나는 자주 거절하는 편입니다. 주로 우리 공동체와 우리 교단에 속한 다수의 사람들을 실망시키지요. 그들이 내가 해주길 바라는 일이 있지만 나는 그 일을 하지 않기 때문이죠.

이제 외적인 성공의 표시에 관해 이야기할까요? 잠시 어느 대형 교회의 목사 초빙 위원회가 목사님에게 접근했다고 가정해보겠습니다. 그들은 전통적인 미끼인 더 많은 봉급이나 더 큰 교회로 목사님을 유혹하지 않고, 목사님의 사역 철학에 호소합니다. 목사님이 현재 섬기는 교회는 300여 명에 불과한데 이제 3,000명을 대상으로 사역할 수 있는 기회입니다. 목사님이 영향을 미칠 수 있는 그 모든 교인을 생각해보십시오. 이것은 미국식 성공 이야기는 아니더라도 사역의 성공 이야기일 수는 있습니다. 어떻게 반응하시겠습니까?
간단합니다. 설사 5,000명을 대상으로 설교할지언정 하나님이 주신 자리에서 진정성에서 우러나오는 설교를 하지 않는다면, 더 이상 하나님의 능력 있는 종이 될 수 없을 것입니다. 설교를 듣는 사람의 수는 그리 중요하지 않습니다. 중요한 것은 어디에 있든지 홀륭한 일을 해내는 것이지요.

나는 도시의 부유한 외곽 지역을 싫어합니다. 정말로 혐오하지요. 그러한 장소의 건축 양식도 집도 문화도 좋아하지 않습니다. 내가 주님께 "주여, 왜 내가 여기 있지요?"라고 물은 적이 한두 번이 아닙니다. 우리 교인들은 문학을 좋아하는 나의 성향과 맞지 않지요. 우리는 동일한 자리에 있지 않습니다. 그런데도 이곳이 내가 있는 장소입니다. 자신의 목표나 사역이 영적 공동체를 세우는 일이라고 느끼면 자신이 있는 그곳이 바로 그 일을 할 장소입니다. 내가 여기에 있을 필요가 있는 한, 이곳을 내 장소로 받아들이기로 했습니다. 그 기간은 내 사역이 끝날 때까지일 수도 있고 내년까지일 수도 있지요.

변화의 계기는 무엇이라고 생각합니까?

어려운 질문이네요. 떠날 때가 되었다는 걸 알면서도 그냥 그 자리에 머물러 있었던 적이 몇 번 있습니다. 일이 잘 되지도 않았고, 보람도 느끼지 못했지요. 그때마다 나는 "내 속에 있는 감정이 일상적인 불안감인지 확인해봐야겠다"고 생각했습니다. 그리고 집중적으로 고민했고, 그 결과는 만족스러웠습니다. 실례를 들어 이야기해볼게요.

지난 2년 동안 나는 기운이 빠진다는 느낌이 들었습니다. 과거에는 신나게 했던 많은 일에서 손을 떼었지요. 내 삶이 갈수록 내면 지향적이 되고 있다고 느꼈죠. 나의 최대 관심은 영성 지도였고, 우리 공동체에는 정신과 의사와 상담사가 많기 때문에 연구와 기도에 더 많은 시간을 쓰기 위해 상담하는 일을 그만두었습니다. 이후에 우리 교인들의 삶에 큰 공백이 생기기 시작했다는 것을 알게 되었어요. 내가 공동체의 필요를 과소평가했고, 공동체에 리더십을 제공하지 않은 거지요. 우리 교인들은 목사에게서 지금보다 더 많은 것을 얻을 자격이 있다고 생각했지요. 나는 교구 프로그램을 맡길 만한 교역자 팀이 있는 교회라면 좋겠다는 생각이 들었어요. 그러면 내가 더 많이 연구하고 개인적인 영성 지도와 설교 사역을 잘할 수 있겠다는 기대가 있었던 거지요.

이 문제에 대해 친구와 사흘간 얘기를 나누었지요. 내 얘기를 주의 깊게 들은 그는 이렇게 말했습니다. "네가 굳이 떠날 필요는 없다고 생각해. 너에게 필요한 것은 교구 행정을 주관할 책임자야." 그 말을 듣는 순간 내 머릿속에 제인이 떠올랐습니다. 그녀는 서른다섯 정도 된 여성으로 지난 봄에 나를 찾아와서 다음에 할 일이 무엇인지 곰곰이 생각하고 있는 과도기라고 말했거든요. 이미 지역사회를 위한 여러 프로그램을 만들어 탁월하게 운영한 경험이 있었고, 당시는 비교적 한가한 생활을 하는 중이었습니다. 내가 그녀에게 교구 행정 책임자가 될 의향이 있느냐고 묻자 그녀의 얼굴에는 화색이 돌았어요. 그러고는 "목사님께 들려줄 이야기가 있어요"라고 말하는 것이었습니다. 그녀의 남편은 장로였는데, 2년 전 리더십에 관한 내 문제를 나누었을 때 자리에 함께했던 사람이지요. 당회가 끝난 뒤에 그녀의 남편인 프레드가 집에 돌아와서는 "여보,

목사님에게 무엇이 필요한지 알아요? 바로 당신이오"라고 말했답니다. 내가 그것을 깨닫기까지 2년이 걸린 거예요. 지금 제인은 자기에게 안성맞춤인 자리, 곧 교구 행정 책임자의 역할을 담당하는 자리에 있습니다. 그녀는 마침 사역을 하고 싶은 상황에서 내가 물러난 뒤에 생긴 공백을 잘 메우고 있는 것이지요. 덕분에 나는 홀가분하게 더 많이 연구하고, 교인들의 필요에 더 민감히 반응할 수 있게 되었습니다. 어느 의미에서는 내가 한동안의 실패를 거친 후 은혜를 발견했다고 말할 수 있겠군요.

교회 성장 운동에 대해서는 어떻게 평가하십니까?
그 운동은 많은 목회자들에게 "당신은 남은 생애를 판에 박힌 생활로 보낼 필요가 없다. 얼마든지 다르게 할 수 있고 더 잘할 수 있다"고 말합니다. 사실 다수의 목회자를 자극해 깨달음을 주었고 유용한 몇 가지 도구도 제공했지요. 이제까지 많은 교회에 긍정적인 아드레날린 분비 효과를 냈다고 생각합니다. 그 운동의 가장 부정적인 측면은 모든 과정과 일체의 공식이 아주 쉽게 왜곡될 수 있고, 살짝만 건드려도 최악의 것으로 변질될 수 있다는 것입니다. 운동에 따라 아주 잘하는 사람들이 있는 반면, 엉성하게 모방만 하는 사람들도 있지요. 사실 처음부터 급성장을 기대하지 않는 사역들이 있습니다. 작은 장소에서 소수의 사람들과 작은 규모를 유지하게끔 되어 있는 사역들이지요. 성장은 물론 필요하지만 항상 양적으로 측정할 순 없는 것이라고 생각합니다.

목사님의 교회는 수적으로 성장하고 있나요?
느리게 성장하는 편입니다. 내 목회사역의 목표는 교인의 영적 성장을 도모하고 심화시키는 것과 기독교 공동체를 세우는 일입니다. 군중을 끌어 모으는 것이 아니라는 말이죠.

더 빨리 성장할 수도 있습니까?
글쎄요, 그럴 수 있을 겁니다. 몇 가지 계획을 수립해 실행하기만 하면 교인은 두 배로 증가할 것입니다. 가가호호 방문할 계획을 세우고, 광고를 하고, 유명한 강사를 초빙하고, 지역사회의 주민이 당장 느끼는 필요에 부응하는 프로그램을 만들거나 흥미 위주의 음악 프로그램을 개발할 수 있겠지요. 우리는 이 모든 일을 할 수 있습니다만, 그렇게 하면 교회는 무너질 겁니다.

그렇게 한다고 왜 교회가 무너지나요? 주일마다 목사님의 설교를 들을 사람을 350명 정도 더 늘리는 게 무슨 문제가 되는 거지요?
내가 담당해야 할 사역을 그만두어야 하기 때문이죠. 기도하고, 책을 읽고, 예배를 준비하고, 심방하고, 교인들을 영적으로 지도하고, 리더십을 개발하는 사역 말입니다. 나는 그들의 성숙을 계속 도모하는 가운데 내 능력의 한계 내에서 일할 필요가 있습니다.

교회에 다니지 않는 지역 주민들을 소홀히 하는 것은 아닌가요?
벨 에어 지역에 우리 교회만 있는 것은 아니고, 내가 유일한 목사도 아닙니다. 미국에는 교회가 없는 곳이 거의 없지요. 성령께서 우리 지역에 있는 다른 교회들을 통해 일하실 것을 믿어야 합니까, 아니면 우리가 그 일을 하지 않으면 전혀 이루어질 수 없다고 믿어야 합니까?

어떤 선한 일을 추진할 때 모든 사람이 혜택을 받게 하려고 그것을 세 배로 늘려야 한다고 생각하는 것은 상당히 오만한 발상이 아닐 수 없습니다. 우리 지역과 세계에서는 아주 다양한 사역들이 진행되고 있는데, 성령이 내가 하는 사역만큼 다른 사역에도 역사하고 있음을 믿지 않으면 잘못된 믿음이지요.

이 대목에서 이런 문제제기도 있지 않을까요? "좋습니다. 목사님은 그 교회에서 18년 동안 일해왔지만 복음전도의 필요성에 대해서는 별로 의식하지 않는 것이 분명하군요. 만일 모든 교회가 목사님네 교회처럼 처신한다면 어떻게 온 세계가 복음화될 수 있겠습니까?"

나는 주님에게는 다양한 사람들이 있다고 응답하겠습니다. 나로서는 내 은사를 사용하는 법을 배워야 합니다. 나는 어디까지나 목사이지, 복음전도자는 아니죠. 우리 교인 가운데 일부는 복음전도자라서 전도의 일을 잘합니다. 나는 그들을 어떻게 지도해야 할지 모르기 때문에 그들에게 큰 도움이 되지 못합니다. 나 말고 다른 목사가 그들과 더불어 더 잘할 수 있을 겁니다. 복음전도는 필수 사역이라고 믿지만, 그렇다고 그것을 우리 교회의 중점사역으로 삼아야 하는 것은 아니지요. 내 은사는 다른 영역에 있기 때문입니다.

많은 목사들이 소수의 사역에 초점을 맞추고 싶어 하지만, 그와 다른 사역을 원하는 교회 내 다양한 집단들로부터 오는 압력 때문에 그렇게 하지 못하고 있습니다. 그래서 교회 환경에 반감을 갖는 경우가 많습니다.

맞는 말입니다. 그런 압력을 많이 느끼지요. 아무도 그 일을 홀로 해낼 수는 없다고 생각합니다. 그와 비슷한 상황에 처해 있는 동료들과 자신이 터놓고 얘기할 수 있는 친구들이 도움이 될 것입니다.

목사님에게는 가까운 동료 집단이 있나요?

나는 매주 화요일 11시 30분부터 2시까지 여러 교단 소속의 목사 열두 명과 만나서 기도하고 성경을 공부합니다. 우리는 모두 같은 성구집을 사용하기 때문에 동일한 본문을 갖고 설교하지요. 우리는 강단 사역을 중심으로 얘기를 나눕니다. 함께 본문을 주해하고, 토론하고, 어떻게 설교할지 제안하곤 하지요. 모두들 설교에 몰두하기 때문에 교회 프로그램이나 문제점, 운영 방식에 관해서는 이야기하지 않습니다. 누군가 개인적인 어려움을 겪고 있을 때는 다른 의제를 제쳐놓고 그 문제를 다룹니다. 그밖의 다른 주제는 끼어들지 못하게 하지요.

그렇게 서로 아이디어를 나누면 설교가 어떻게 달라지나요?

한층 더 깊어지지요. 모임은 참석자들에게 그 일에 우선순위를 두는 훈련을 시킵니다. 그래서 설교 준비를 토요일까지 미룰 수 없게 합니다. 언젠가 모든 설교 준비를 정기모임에서만 했던 예외적인 주간이 있었습니다. 그 주간은 장례식을 비롯한 급박한 사건들이 많이 벌어지는 바람에 정신없이 보냈는데도 주일에 강단에 섰을 때는 상당히 괜찮은 설교를 할 수 있었습니다.

예전에 목사님은 오늘날 설교하는 것이 어느 면에서 한두 세기 전보다 훨씬 더 어렵다고 지적한 적이 있습니다. 무엇이 이런 변화를 일으켰다고 보십니까?
100년 전만 해도 설교는 목사와 교인 간의 수준 높은 일종의 대화였지요. 교인들은 목사와 마찬가지로 성경을 잘 알고 있었고 그들은 모두 동일한 문화를 공유하고 있었습니다. 오늘날 대다수의 교인은 성경에 무지한 편이고, 주일 아침 예배에 들어갈 때는 온갖 일로 만신창이가 된 상태, 즉 성숙한 모습은 없고 그저 불안정한 상태에 있지요. 주일 아침의 교회는 일종의 병원과 같아서 목사는 앞 세대에 했던 것과 똑같은 일을 해낼 수 없습니다.

교회가 일종의 병원이라는 것을 아는 이유는 목사님이 그동안 사람들과 관계를 맺어왔고 주중에 온갖 트라우마와 고통을 직면했기 때문인가요?
그렇습니다. 아시겠지만 알코올중독, 간음, 자식이 가출한 가정 등 온갖 문제를 안고 있는 사람들이 코앞에 앉아 있지요. 토요일 밤에 나는 교회에 가서 한 시간 동안 예배당을 걸어 다니며 주일 아침과 다양한 사람들과 혼란한 상태를 미리 머릿속에 그려봅니다. 어쩌면 의욕을 잃을 수도 있지요. 이는 19세기의 위대한 설교자 중의 한 사람인 알렉산더 화이트(1836~1921)가 직면하지 않았던 현상입니다. 그가 강단에서 한 설교는 성경에 정통하고 동일한 책들을 읽는 교인들과 나누는 일종의 대화였습니다. 그는 교인들에게 책을 읽도록 만들었죠. 그들을 데리고 《천로역정》, 윌리엄 로, 성뿔 테레사, 단테 속으로 들어갔습니다. 그들의 목사일 뿐 아니라 그들의 교장이기도 했던 것이죠.

내 설교를 듣는 교인들은 텔레비전을 보고, 라디오를 듣고, 야간 강의를 수강하고, 전문적인 세미나에 참석하는 사람들입니다. 십자포화를 맞고 있는 상태인 것이지요. 그렇기 때문에 내가 그들에게 "당신은 이 책을 읽어야 한다"고 말할 필요가 없습니다. 오히려 "우리 함께 하나님을 예배합시다"라고 말하고 그들을 성경으로 인도함으로써 특별한 시간을 만들어줄 필요가 있지요. 하지만 다른 한편으로는 설교에는 전류가 흐릅니다. 쳇바퀴 돌 듯 단조로운 기술 세계 속으로 뚫고 들어가서 갑자기 무언가 참으로 참신하고 새로운 차원을 소개해주는 것입니다. 정말 신나는 일이죠.

주변에는 처절하게 몸부림치는 목회자들, 작은 교회에서 시무하는 목회자들, 스스로 실패했다고 느끼는 목회자들이 적지 않은데, 그들에게 무슨 이야기를 해주고 싶습니까?

대답하기 까다로운 질문이군요. 나는 많은 목회자들이 정말로 훌륭한 일을 하고 있다고 확신합니다.

그러나 정작 그들은 그렇게 생각하지 않는 것 같은데요?

그들은 그 사실을 잘 모릅니다. 자신들이 설교하고 상담하고 지도하는 일을 잘해내고 있다는 사실 말입니다. 그들은 완벽해지길 기대하진 않지만 훌륭한 사역을 하고 있지요. 이 이야기는 이미 토론한 다른 주제들로 되돌아가는 것 같네요. 사람은 자기가 잘하는 일을 하는 데 만족하고 그 일을 끊임없이 주님께 바쳐야 합니다. 잘하지도 못하는 일을 하려고 계속 애쓰면 실패할 수밖에 없지요. 외부에 있는 사람은 목회자의 진정한 사역이 무엇인지 모르기 때문에 우리가 잘하지 못하는 일을 하라고 계속 요구합니다. 그 결과 우리는 일을 훌륭하게 해내지 못한다고 죄책감을 느끼게 되지요.

하지만 모든 목회자는 행정에 은사가 없어도 행정가가 되어야 하지 않나요?

물론 목회자라면 행정 업무를 확실히 완수해야 하지요. 그런 업무를 잘 처리하지 못하면 문제에 봉착하게 되지요. 요즘 목회에서는 두 가지가 필요합니다. 하나는 목회자가 되는 것이고, 다른 하나는 교회를 운영하는 일입니다. 이 둘은 같은 것이 아니지요. 모든 신학교는 목사 예비생들에게 이렇게 말해야 합니다. "여러분, 하나님은 여러분을 목회자가 되도록 부르셨고, 우리는 여러분에게 목회자가 되는 법을 가르치고 싶습니다. 그러나 여러분이 나가서 일자리를 구할 때는 그들이 목회자만 고용하지 않고 교회를 운영할 사람을 고용할 가능성이 많은 게 현실입니다. 이제 우리는 여러분에게 교회를 운영하는 법을 알려줄 것이고, 여러분이 우리의 가르침을 잘 따라오기만

하면 일주일에 10-12시간 내에 그 일을 마칠 수 있을 것입니다. 이것은 여러분이 목사로서 부임자를 구하는 데 지불할 대가라오."

목사님은 그 대가를 지불하기 위해 어떤 일을 하고 있나요?
부재중 전화에 즉시 응답합니다. 편지에 대해서도 빠른 답장을 보냅니다. 주간 뉴스레터를 만듭니다. 이런 것이 기본이라고 생각하지요. 교회 뉴스레터가 일주일에 한 번 발행되면 교인들은 당신이 일을 잘 처리하고 있다고 느낍니다. 그들의 이름도 보게 되고 어떤 일이 돌아가고 있는지도 알게 되니까요. 그것은 좋은 홍보 활동입니다.

그 일을 주보로 대신할 수는 없습니까?
그럴 수 없습니다. 너무도 많은 교인이 그 내용을 놓치게 되기 때문이지요. 매주 우리가 발행하는 한 페이지짜리 뉴스레터는 모든 일이 잘 관리되고 있음을 회중에게 보여주는 보증수표와 같습니다. 목사직을 계속 유지하고 싶으면 교회가 잘 돌아가고 있음을 교인들이 믿어야 합니다.

목회자는 회중과의 의사소통을 어떻게 해야 더 원활히 할 수 있나요?
글쎄요, 내가 어떻게 했는지 잘 모르겠군요. 장로들과 사실 그대로 소통하는 게 중요합니다. 사역하는 동안 장로들에게 내가 어떻게 느끼고 어떤 일을 겪고 있는지, 사역에 대한 생각, 나에게 중요한 일, 내가 잘하지 못하고 있다고 느끼는 일 등을 솔직히 얘기한 적이 많지요. 12년 전에 그만두려고 했을 때는 스스로 설정한 기대치에 못 미친다고 생각했기 때문이었지요. 그들도 동일한 기대치를 갖고 있다고 생각했는데 알고 보니 그렇지가 않지요. 그들은 내가 탈진하지 않기를 바라고 있었습니다.

그밖에 목회자가 할 수 있는 일로 무엇이 있나요?
정기적으로 교회의 리더십 팀과 함께하는 시간을 마련해 마음속에 있는 것을 나누어야 합니다. 그들은 자기네가 꼭 필요하다고 느끼는 그런 목회자를 보유할 권리가 있습니다. 어쩌면 성향이 서로 맞지 않을 수도 있지요. 그래서 내가 희생한다는 느낌이 필요할지도 모르겠습니다. 이런 것을 솔직히 나누었을 때 교인들이 얼마나 좋은 반응을 보였는지 참으로 놀라웠지요.

그런 의사소통은 어떻게 시작되나요? 목회자는 누구에게 얘기하는 게 좋지요? 위원회 모임에선 그럴 만한 시간이 없을 텐데요.
아직 그 문제를 해결하지는 못했지만 대체로 자연스럽게 시작되는 것 같습니다. 일이 잘 돌아가지 않는다고 느낄 때 나는 회중 가운데 몇 사람을 선정해 나와 몇 차례 만날 의향이 있는지 물어본 적이 있었어요. 이런 식으로 말입니다. "요즈음 약간의 문제를 느끼고 있어요. 교회 사역에 대해 상당히 염려하고 있습니다. 나는 가장 훌륭한 목사가 되고 싶으나 혼란스러운 상태입니다. 이런 문제를 당신에게 얘기해도 괜찮겠습니까?" 나는 리더십 위치에 있는 대여섯 사람으로 그룹을 만들어왔는데, 그들은 항상 회중과 접촉을 유지하는 사람들입니다. 때로는 내가 가진 염려를 나누는 것으로 충분하지만, 어떤 경우에는 그들이 확실한 방향을 제시해주기도 합니다.

많은 교회에서 목회자의 염려를 경청하고 여론 수렴기구 내지는 옴부즈맨을 두고자 매월 모이는 그룹이 있는 것으로 알고 있습니다. 그런 그룹을 만드는 것에 대해서는 어떻게 생각하시는지요?
아주 좋다고 생각합니다!

목사님은 매주 다른 목회자들과 모임을 가진다고 했는데 그들이 직면한 최대의 문제는 무엇인가요?
가족 문제와 결혼 문제입니다. 흔히 이런 문제로 목회자는 가장 고통스러워하고 위기에 빠진다고 할 수 있지요. 같은 정도로 고통스럽지는 않지만 스스로 부족하다고 느끼는 감정이 또 다른 문제입니다. 교회 규모가 작거나 목사가 교인들로부터 인정받지 못할 때는 창조적인 영적 지도력을 발휘하기가 무척 힘듭니다. 많은 목사가 거의 인정받지 못하고 있는 현실은 매우 놀랍지요. 평신도가 할 수 있는 중요한 사역 중 하나는 교회 지도자들을 인정해주는 일입니다.

교인의 인정이 목사님의 자존감을 높여준 경우를 얘기해주실래요?
이런 것은 미묘하고 사소하지만 점점 쌓이는 일입니다. 나는 어느 로마 가톨릭 신학교에서 2년 동안 가르쳐왔는데도 마음이 그리 편치 않습니다. 낯선 곳에 있어서 그런지 과연 잘하고 있는지를 확신할 수가 없었어요. 지난주에 강의를 하나 했는데 아주 잘했다는 생각이 들지 않았지요. 한 마디로 잘 가르치지 못했던 것이지요. 대부분의 시간을 성경으로부터 얻는 내용보다 성경에 대해 어떻게 생각하는지 토론하게 했어요. 한 학생은 박사학위를 가진 수녀인데, 아주 예리한 데다가 그 주제에 대해 나보다 아는 게 더 많습니다. 나는 그녀가 수강료에 걸맞는 강의를 듣지 못한다고 생각할까 봐 염려했지요. 그런데 이틀 후에 전화로 이렇게 말하는 것이었어요. "이 학교에서 수강한 강의 가운데 선생님의 강의를 가장 최고라고 말씀드리고 싶군요. 이 과목을 칠판 위에 쓰인 학문적인 상징으로만 보는 게 아니라 그리스도인으로서의 개인적 성장의 일부로 볼 수 있어서 좋아요." 그 말은 정말 나에게 격려가 되었답니다. 실망을 주고 있다고 느낀 바로 그 사람이 자신에게 일어난 영적인 일에 대해 얘기해준 것입니다. 굉장한 인정이었지요. 그 인정에 힘입어 나는 한동안 거침없이 나갈 수 있었습니다.

어떻게 하면 다른 사람의 칭찬에 의존하지 않으면서 다른 사람으로부터 인정을 받을 수 있나요?

나에게 영적인 양분이 필요하다고 깨닫고 그것을 확실히 얻는 것과 관련된 문제라고 생각합니다. 기도는 나에게 대단히 중요하지요. 기도 없이는 움직일 수 없으니까요.

기도 생활은 어떻게 하시는지요?

아침마다 홀로 주님과 함께 두 시간을 보냅니다. 6시에 일어나서 커피 주전자를 올려놓지요. 이제까지 늘 시편을 좋아했기 때문에 시편만 갖고 기도하는 경우가 아주 많습니다. 시편은 오랜 세월 교회의 기도서로 사용되어 왔습니다. 내 속에는 수도원을 동경하는 향수병 같은 것이 있어요. 오로지 시편만 갖고 기도하는 수도원들도 일부 있었지요. 그리고 신약성경도 읽습니다. 이렇게 한 시간 반쯤 보낸 뒤에 다른 글을 읽을 때도 있고 글을 쓰기도 합니다. 일단 글을 쓰기 시작하면 보통은 두어 시간이 걸리지요.

월요일은 중요한 날입니다. 처음 사역을 시작한 뒤에 몇 년 동안은 안식일을 갖지 않았습니다. 해야 할 '중요한' 일들이 너무 많았기 때문이죠. 지금은 아내와 함께 숲속으로 하이킹을 가서 하루종일 보냅니다. 점심을 챙기고 새를 관찰할 망원경을 준비하지요. 지난 12년 동안 월요일이면 어김없이 해왔던 일입니다. 전혀 다른 환경에서 부부가 함께 즐기는 것이기 때문에 우리에게는 중요한 일이지요. 오전은 자신과 만나며 하고 우리를 있는 그대로 받아들이는 조용한 시간입니다. 점심때가 되면 비로소 얘기를 나누는데, 오후 내내 계속되는 경우가 많지요.

목사님의 사역에서 아내는 어떤 역할을 했습니까?

함께하는 사역이기 때문에 매우 중요하고 강력한 역할을 했지요. 아내는 사람들을 즐겁게 해주는 놀라운 재능을 갖고 있습니다. 우리는 사람들을 자주 초대하는 편인데, 아내는 그들을 아주 편하게 해주고 보살피는 일도 잘합니다. 교회에서도 공동체 의식을 함양하는 일에 기여했지요.

처음 이 교회에 왔을 때 우리 목표 중의 하나는 영적 공동체를 개발하는 일이었다고 말한 바 있습니다. 나는 그 일을 아주 쉽게 생각했어요. 교인들을 집으로 초대하여 함께 기도하고 찬송을 부르면 그런 공동체가 될 것이라고 생각한 것입니다. 사실은 그렇게 되지 않았지요. 때로는 진보가 있다고 느끼기도 했지만 그런 일은 일어나지 않았습니다. 그때 우리 교인 중에 젊은 여성이 암으로 죽었습니다. 서른한 살이었는데 자녀가 여섯이나 있었지요. 그녀가 죽은 지 한 달이 지난 후, 남편 되는 사람이 직장에서 해고되는 바람에 집까지 잃고 말았습니다. 그 아이들을 우리 집으로 데려왔지요. 그러자 갑자기 새로운 일이 생기기 시작했습니다. 누군가 집 앞에 양식을 갖다놓고, 사람들이 아이들을 데려가서 즐거운 시간을 보내주기도 했어요. 우리는 마치 임계점을 맞은 것 같았어요. 이후 즉시 폭발하더니 갑자기 공동체를 갖게 되었습니다. 용두사미로 끝나지 않았지요. 손님 대접하는 일이 늘었고 교인들이 서로에게 관심을 보이기 시작한 것입니다. 기적과 같은 일이 일어난 셈이죠. 한 가지 작은 사건이 계기가 된 것이죠. 전략적으로 계획하지도 않았던 필요를 우리가 채우는 바람에 앞서 공동체를 건설하려고 노력했던 모든 일이 열매를 맺게 되었습니다.

다른 교회들은 어떻게 공동체를 세울 수 있을까요?

공동체를 세우는 일은 무척 어렵습니다. 우리나라에는 공동체가 그리 많지 않지요. 우리의 상호관계는 필요와 부과된 역할에 따라 맺어집니다. 참된 공동체에 이르는 지름길은 없습니다. 우리는 물건을 사고팔고 교환하고 소비하는 거래 중심의 사회에 몸담고 있지요. 그렇기 때문에 서로에게 마음을 열고 약점을 노출할 정도로 가까워지는 일은 절대 쉽지 않습니다. 지금 뚜렷이 떠오르는 것은 우리 교회는 공동체를 개발하기 위해 온갖 아이디어를 실행했지만 모두 실패하고 말았다는 것입니다. 그런데 우리의 전략에 속하지도 않았던 한 가지 일을 하는 바람에 결국 성공했다고 말할 수 있겠습니다.

성공에 대한 지나친 열망은 오히려 참된 공동체와 참된 성공에 이르는 걸 방해하는 것 같습니다. 그런 태도는 우리가 실패할 수도 있는 위험한 일을 하지 못하게 막기 때문이지요.

한 교회에서의 장기 사역은 공동체 개발에 도움이 됩니까?

그것이 성공을 보장하는 비결은 절대 아닙니다. 오히려 장기 사역에는 많은 위험요소들이 있습니다.

이를테면 어떤 것들이 있을까요?

회중의 기대에 부응하는 일을 하게 되고, 교인들이 서로 편하게 지내는 편안한 교회를 만들게 되지요. 혹은 목회자가 좋은 사역을 하고 교인들이 목회자를 존경하게 되면 성장을 멈추고 과거의 성취에 만족하며 안주하기 쉽습니다. 아울러 목회자가 교인들에게 너무 중요한 인물이 될 위험도 있지요. 원래의 목표는 그들이 성장하여 독립하도록 돕고, 하나님과의 직접적인 관계를 도모하게 하는 것인데 말이죠.

또 다른 면은 장기적으로 일하지 않는 상황에서 어떻게 공동체를 개발하느냐 하는 것입니다. 우리 교회에서 앞서 언급한 사건이 일어나기까지 약 5년이 걸렸습니다. 그러니까 공동체가 형성되기 시작한다는 느낌을 받은 것은 불과 6-7년 전의 일인 거지요.

지금은 동네 사람들을 모아놓은 집단이 아닌 한 공동체의 목회자라는 것을 느낄 수 있지만요.

전복의 영성에
관하여

유진 피터슨은 그리스도 우리 왕 장로교회를 개척한 뒤 29년 동안 사역해온 창립 목사였다. 이 인터뷰는 그가 사임한 직후에 진행되었다. 그는 자신이 내린 결정을 이렇게 설명했다.

"지난 여름에 아들(에릭)이 안수를 받았습니다. 우리 노회의 회장이 나에게 안수 기도를 해달라고 부탁했지요. 나는 그에게 기름을 붓고 안수하고 기도했는데, 이 일이 진행되는 동안 나는 이제 끝났다는 아주 특별한 느낌이 들었습니다. 나는 외투를 에릭에게 넘겨주었던 겁니다. 그것은 전혀 뜻밖의 경험이었지요. 아내와 나는 이 문제에 대해 오랫동안 얘기하고 기도한 끝에 6주 전에 우리 회중에게 우리의 사임을 발표했습니다."

* *The Door* (November/December, 1991)에 실렸던 글.

유진은 피츠버그 신학교에서 1년 동안 상주 작가writer-in-residence로 지낸 후에는 가르치면서 글을 쓸 수 있는 학교나 신학교에 몸담기를 희망하고 있다. 유진 피터슨은 금세기에 가장 중요한 작가 중의 한 사람인 만큼 무슨 일을 하든 많은 저술 작업이 있을 것으로 기대한다. 유진 피터슨은 명석하고(사람들은 그가 신학교에서 만든 추천 도서 목록을 구하려고 야단이다), 다작의 작가이며 복음에 대해 열정적이고, 파격적인 목회 철학을 갖고 있다.

유진 피터슨은 열정적으로 인생을 사는 사람이기도 하다. 아주 진지하고 집중력이 강한 인물이다. 확실하지는 않지만 그가 속한 노회에 개그맨으로 알려져 있는 것 같지는 않다. 그에게 뽕뽕 쿠션을 실제로 갖고 있느냐고 물었더니… 그는 우리가 무슨 말을 하고 있는지 모르는 것 같았다. 하지만 그가 이 인터뷰에서 하는 말은 아주 분명하게 알아들을 수 있으리라.

분주함이 우리의 영적인 삶에 어떤 영향을 주나요?

분주함은 영성의 적입니다. 그것은 본질적으로 게으름입니다. 어려운 일 대신에 쉬운 일을 하는 것이죠. 하나님의 활동에 주의를 기울이는 대신, 우리 자신의 활동으로 시간을 채우는 것이죠. 그것은 내가 책임을 떠맡는 일입니다.

옛 러시아 격언 중에 "하나님께 기도하고 해안을 향해 계속 노를 저어라"라는 말이 있습니다. 이는 인생이 분주함과 영성, 둘 다를 의미합니다. 그렇다면 인생은

굳이 양자택일의 상황이라고 볼 필요는 없지 않습니까?

인생은 양자택일의 상황입니다. 분주함은 활동과는 아무 상관이 없으며 영성은 활동의 부재가 아닙니다. 당신은 하나님이 하고 계시는 일 속으로 들어가든지, 들어가지 않든지 둘 중 하나입니다. 분주한 사람은 자기가 하게끔 되어 있는 일을 하지 않기 때문에 게으른 사람입니다.

그게 무슨 뜻이죠?

교회의 어느 장로가 모든 모임에 참석하고 온갖 위원회를 운영하느라고 자녀들이나 아내를 돌보지 못한다면 그는 자신의 일을 하지 않고 있는 것입니다. 목사를 포함한 모든 사람이 이 장로를 훌륭한 분으로 생각하겠지만 그의 아내와 자녀들은 그렇게 생각하지 않을 것입니다.

우리가 아는 대다수의 목회자는 그런 모습이지 않나요? 교회 사역을 하느라고 정신없이 바쁜 모습 말입니다.

대다수의 목회자는 좋은 교회를 운영하고 싶어서 목표 달성에 도움이 되는 일이면 무엇이든 하려고 합니다. 우리 목회자들은 시장 냄새를 잘 맡는 예민한 코를 갖고 있지요. 교인들이 약간 지루해하는 것을 포착하면 분위기를 띄우고, 새로운 프로젝트를 던져주고, 주일 아침 '예배'를 하나의 무대로 이용하지요. 나는 대다수의 목회자가 예배에 거의 신경을 쓰지 않는다고 확신합니다. 정말로 그렇습니다. 그럴 만한 이유가 있지요. 참된 예배에서는 아무 일도 일어나지 않습니다. 그것은 통제력을 놓는 것이고, 조작적인 언어와 흥미 위주의 잔행에서 손을 떼는 것입니다. 교인들에게 예배와 금송아지를 둘러싼 춤을 선택하라고 하면 그들이 춤을 선택할 것이라는 걸 목회자들은 알고 있기 때문에 참된 예배를 실행하는 것은 결코 쉽지 않은 것입니다. 목회자들은 진정한 예배를 드리면 조만간에 예배당이 텅 비게 될 것임을 알고 있지요.

우리도 목회자들이 흥미 위주의 사업에 몸담아서는 안 된다고 생각합니다. 그러면 그들은 어떻게 해야 하지요?
목회자의 일차적인 과업은 주일 아침 예배를 인도하고, 하나님의 말씀을 선포하고, 신학과 성경에 정통하고, 구조적으로 치료 모델을 따르지 않는 목회적인 돌봄에 헌신하는 것이지요. 목회자는 평일에 교인과 일대일로 만나 각자의 독특한 상황에 맞게 당면한 문제를 다룰 수 있는 사람입니다. 목회자는 기도를 많이 합니다. 기도는 힘든 일이지만 기도는 우리의 특징이 되어야 합니다. 우리는 하나님과 의도적인 혹은 의식적인 관계, 사려 깊은 관계, 인격적인 관계를 맺어야 하고, 이는 기도로 표현되기 마련입니다.

차라리 바쁘게 움직이는 편이 훨씬 더 쉽겠군요.
나는 목회자가 언제나 원맨쇼를 하는 교회사역의 전문화 현상을 싫어합니다. 오히려 평신도가 교회의 실질적인 사역에 헌신해야 하고, 목회자는 평신도의 영성 지도에 헌신해야 한다고 봅니다.

목회자가 위원회 모임에 가는 것에 대해 한마디도 하지 않아서 우리는 충격을 받았습니다.
나는 그런 모임에 가지 않습니다.

아주 보기 드문 스타일입니다.
지금은 고인이 된 한 친구는 위원회 모임의 달인이었지요. 그는 여러 위원회 모임에서 목사로서 역량을 발휘했고, 그런 모임이 그에게는 최상의 구조였습니다. 하지만 독단적으로 보일지 모르겠지만, 위원회 모임에 대해 불평하는 목사는 거기에 참석하는 일을 그만두어야 합니다. 나는 지난 25년 동안 그런 모임에 단 한 번도 가지 않았습니다.

참으로 놀랍군요. 많은 목사들이 모든 위원회 모임에 의무적으로 참석해야 한다고 불평하는 소리를 자주 듣거든요.
그들이 모든 위원회 모임에 가는 이유는 평신도를 신뢰하지 않기 때문이지요.

그들이 평신도를 신뢰하지 않는다고요?
아니, 그것은 에고ego의 문제입니다. 우리의 에고를 가리키는 완곡어구가 수없이 많지요. 영적인 관심, 신학적인 지혜, 평신도의 구비 작업 등 이 모든 어구들은 평신도를 신뢰하지 않는 것을 핑계대는 완곡 어구가 될 수 있습니다.

목사님이 위원회 모임에 전혀 참석하지 않으면 교인들이 조금이라도 화를 내지 않습니까?

오히려 좋아합니다. 그들은 자신들에게 책임이 있다는 것을 알고 있습니다. 그럼으로써 그들의 위신이 더욱 세워지게 되지요. 이제는 제가 결코 회의에 참석하지 않는다는 것을 모두 알고 있습니다. 사람들은 목회자가 하는 일을 잘 모릅니다. 그들은 의사가 무슨 일을 하는지, 변호사가 무슨 일을 하는지 잘 알고 있습니다. 그래서 저는 그들에게 목회자가 어떤 일을 하는지 알 수 있도록 도와줍니다. 회의에 참석하지 않는 이유는 제가 그들에게 큰 호의를 베풀기 때문이 아닙니다. 그들을 신뢰하기 때문입니다. 그들의 사역은 내 사역만큼 충분한 정당성을 갖고 있지요. 나는 담임목사가 교회에서 가장 중요한 인물이라고 생각하지 않습니다. 하지만 우리에게 주어진 과업은 매우 중요하기에 그 일을 하는 편이 낫다고 봅니다.

앞서 목사님의 사역 모델은 영성 지도라고 말했습니다. 대다수의 목사들은 그들의 사역 모델을 행정이나 경영이라고 묘사하지 않을까요?

안타깝게도 그것이 미국 목회자들의 지배적인 모델이 되고 있지요.

그러면 영성 지도의 모델은 어떤 것인가요?

정확한 정의를 내리긴 어렵습니다. 전통적으로 그것은 다른 사람으로 하여금 삶의 모든 영역에서 하나님을 인정하고 또 그분께 반응하도록 돕는 친구 관계 내지는 동반자 관계를 가리키는 말입니다. 그렇게 하려면 상당한 여유가 필요하지요. 서두른다고 되는 일이 아니고요. 교인들에 대한 폭넓은 지식도 필요합니다. 이 일은 며칠이 아니라 몇 년에 걸쳐 지속하게 됩니다. 최종적인 목표는 없지요. 영성 지도는 상담이 아닙니다. 상담은 목표가 있지만 영성 지도는 목표가 없다는 말입니다.

그렇다면… 생산적인 일은 아니군요.

《모비 딕》이란 작품에 굉장한 이야기가 실려 있습니다. 그들은 포경선을 타고 모비 딕을 추적합니다. 선원들은 미친 듯이 노를 젓고 바다는 거품을 일으키지만, 그 가운데 단 한 사람은 아무 일도 하고 있지 않습니다. 입을 다문 채 그냥 가만히 앉아 있지요. 작살을 쏠 준비를 하고 있는 작살꾼입니다. 작가 멜빌은 다음과 같은 뜻 깊은 글을 쓰고 있지요. "작살의 효율성을 극대화시키기 위해, 작살꾼은 힘든 노고가 아닌 한가함으로부터 움직이기 시작해야 한다." 오랜 시간 작살꾼은 '비생산적인' 존재로만 보입니다. 그러나 적절한 순간이 오면 그것은 그가 생산적인 존재가 되어가는 과정에서 만나는 모습일 뿐이지요.

그러니까 영성 지도는 게으르고 비효율적으로 보이는 느린 과정이라는 말이군요.
그것은 전복적인 일이지요. 나는 정말로 전복 분자입니다. 나는 사람들을 예배의 자리로 모으고, 그들을 위해 기도하고, 종종 영적인 교정 작업을 거치게 하고, 1년에 두 번 아주 강도 높은 수련회에 데려갑니다. 이런 면에서 진정한 전복 분자인 것이죠. 우리는 소위 기독교 문화 속에 살고 있습니다. 회중이 교회에 모일 때는 그들 자신이 본래 우호적인 세상에서(포르노 제작자와 같은 몇몇 부류만 제외하고) 친구들 가운데 있다고 생각하지요.

그런데 그들의 목사인 내가 일어서서 세상은 우호적이지 않고 그 사람들은 우상숭배자라고 말하면, 그들은 나를 미친 사람으로 생각하지요. 이 문화는 우리가 가진 지식의 은유들과 이미지들과 구조들을 모두 왜곡시켰어요. 그런데도 나는 그것을 직접 말할 수 없습니다. 사람들에게 접근할 때는 간접적이고 완곡한 방법밖에 쓸 수 없지요. 정면 공격은 효과가 없기 때문입니다.

예수는 간접적인 접근의 대가였습니다. 비유들은 전복적인 성격을 갖고 있지요. 그의 과장법은 간접성을 지니고 있습니다. 거기에는 상식에 도전하는 터무니없는 속성이 있지만 나중에 깨달음이 오지요. 성경에서 가장 시적인 작품이라 할 수 있는 요한계시록은 전복성을 띤 책입니다. 그 목사(사도 요한)는 논리적인 강사가 아니라 이야기꾼이자 기도하는 사람입니다. 기도와 이야기는 사람들의 자기방어 기제를 넘어서는 일차적인 수단이 됩니다.

나는 글을 통해 이렇게 말한 바 있습니다. "나는 전복 분자라는 것을 기억해야만 한다. 장기적인 효과를 발휘하려면 내가 목사로 알려져서는 안 된다. 만일 한 성도가 미국식 생활방식은 파괴될 운명이고 또 다른 나라가 현재 그 자리를 차지하기 위해 은밀히 건설되고 있다고 실제로 인식한다면, 그는 결코 기뻐하지 않을 것이다. 만일 그가 내가 정말로 하고 있는 일과 그에 따른 변화를 알고 있다면, 그는 나를 해고시킬 것이다."

진정한 전복은 인내를 요구합니다. 우리가 하고 있는 일을 믿는 사람들을 서서히 얻어서 그 일에 참여시켜야 하기 때문입니다.

이것은… 흔히 성공적인 목회자가 해야 할 일로 생각하는 것과 정반대되는 것이군요.

목사는 고객을 불러들일 수 있다는 이유로 교인들이 원하는 것을 주어서는 안 됩니다. 하나님의 교회를 해치는 최대의 적은 사람들의 욕구를 충족시키려고 프로그램을 개발하고 확산시키는 일입니다. 모든 사람이 하나님에 대한 굶주림을 갖고 있지만 우리의 취향(욕구)은 엉망이 되어버렸지요. 우리는 엉터리 음식을 먹고 자랐기 때문에 잘못된 것이나 왜곡된 것을 요구할 때가 많습니다. 영적 리더십의 기술은 사람들에게 그들이 원하는 바를 가질 수 없다고 말하는 게 아니라, 그들이 요구하는 것을 채워주면서도 거기에 휩쓸리지 않도록 하는 것입니다. 목회자는 그들의 삶의 여러 측면이 서서히 하나님이 원하시는 방향으로 바뀌도록 해주는 것이지요.

상당히 강력한 발언이군요.

많은 목사들이 너무도 엉성하게 사역하는 모습을 보면 소름이 끼치기 때문에 강도를 더 높일 수도 있습니다. 그들은 온종일 미키마우스 같은 짓만 하고 있어요.

예를 들면요?

그들은 온종일 이런저런 위원회에 가고, 교회의 여러 기관에서 많은 시간을 보내고, 비서가 할 일을 수행하고, 인력 충원을 위해 심방하고, 다음 프로젝트에 열심을 내라고 채찍질하고 있지요. 그런데 우리 목회자들은 절박한 곳에 있다는 것을 잊어서는 안 됩니다. 결코 엉성하게 해서는 안 될 긴급한 일을 하고 있지요. 우리에게 주어진 과업은 매우 중요하고 긴급한 일인 만큼 그 일을 하는 편이 낫지요. 목회자가 하는 일에는 종말론적인 영역이 포함되어 있습니다. 저는 신약성경이 구속된 종말론적 신앙으로 형성된 종말론의 책이라고 믿습니다.

구속된 묵시주의redeemed apocalypticism라고요? 많은 독자들을 위해 좀 설명해주시면 좋겠군요.

신약성경에 나오는 모든 내용은 종말의 압력을 받으며 쓴 것입니다. 그리스도께서 돌아오신다는 것이죠. 계시록은 종말론적 관점의 꽃이라 할 수 있으며, 그런 관점은 신약성경 전체에 스며들어 있습니다. 그런데 안타깝게도, 신약성경은 일종의 도덕적 충고를 담은 칼럼쯤으로 재해석되어 왔지요. 그런즉 긴급하다는 의식이 없는 것이 당연합니다. 그러나 지금은 긴급한 때이므로 그리스도인의 과업은 공포에 빠지지 않으면서 긴급성을 유지하고, 문화에 굴복하지 않으면서 계속 서 있는 법을 배워야 합니다. 이는 가만히 두면 만사가 형통하게 될 양호한 문화가 아니지요. 결코 만사가 형통하지 않을 겁니다.

어떻게 하면 교인들이 목사님이 방금 묘사한 그런 긴장을 안고 사는 법을 배울 수 있겠습니까?
목사가 먼저 회중이 본받을 만한 모델이 되어야 합니다. 사람들은 죽어가고 있고, 죽임을 당하고 있으며, 서로 분리되고 있습니다. 우리 모두는 한없이 위기가 닥치는 공동체 가운데 살고 있고, 목사는 이런 위기 순간에 거기에 있으면서 복음대로 사는 것이 무엇인지를 보여주는 전복적인 모델이 되어야 할 사람이지요.

지금이 긴급한 때라고 말하면서도 '복음전도'를 언급하지 않는 것은 참으로 이상하게 보입니다.
나는 '복음전도'란 단어를 많이 사용하지 않는 편입니다. 망가진 단어이기 때문이죠. 실은 복음전도에 대해 크게 우려하고 있지요. 복음은 본질상 소통이 되고 공유하도록 되어 있습니다. 하지만 복음이 대단한 인기를 끌 것이라고는 생각하지 않습니다. 과거에도 그런 적이 없었고 앞으로도 마찬가지일 것입니다. 만일 우리가 신앙에 따라 똑바로 산다면 결코 교인들이 흘러넘치는 그런 교회가 되지 않을 것입니다. 성경이나 역사를 훑어보면 어디서도 그런 증거를 찾을 수 없습니다. 우리가 성공적인 복음전도를 교회에 인도한 사람의 숫자로 측정한다면 이것은 처음부터 잘못 생각한 것입니다. 우리가 해야 할 일은 인격적으로 또 원기 왕성하게 우리의 신앙을 나누는 것입니다. 아울러 정직할 필요도 있지요. 정직해지는 것은 참으로 어려운 점이라고 생각합니다.

목사님은 그 교회에서 29년이란 시간을 보냈습니다. 장기간의 목사직에 대해서는 어떻게 생각하시는지요?

장기간의 목사직은 목사를 성장하도록 만들지요. 우리는 성장하지 않으면 안 됩니다. 몇 년 동안은 설교를 하고 예배를 드리며 자신의 진면목을 숨길 수 있지만, 곧 결정을 내려야 할 때가 도래합니다. 새로운 장소로 옮기고 그들이 나의 진면목을 발견할 때까지 다시 나 자신을 숨길 것인가, 아니면 지금보다 더 성숙한 사람이 될 것인가? 그대로 있기로 결정한다면 더 깊이 있으며 폭넓은 사람이 되지 않을 수 없을 겁니다.

목사님이 섬기는 교회는 어떤 교회인가요?

큰 교회는 아닙니다. 지난 총회에 보고한 교인 수는 438명이었지요. 평상시에는 그보다 적은 250명에서 300명 정도입니다. 하지만 내가 여기서 목회한 29년 동안 우리가 영접한 교인은 2,000명쯤 될 겁니다. 복음전도 프로그램과 관계없이 계산한 수치죠. 그런데 분명히 하고 싶은 것은 이것이 교회를 운영하는 유일한 방법도 아니고, 내가 하고 있는 일이 목사직을 수행하는 유일한 방식도 아니라는 점입니다.

목사님은 예를 들어 교인이 2,000명 정도 되는 대형 교회에 대해 문제의식을 느끼는지요?

우리가 교회를 시작했을 때는 500명 규모의 교회를 세우려고 계획했었죠. 500명 정도면 내가 감당할 만한 규모라고 생각했습니다. 그래서 교인의 수가 500명을 증가하는 지점에 이르면 또 하나의 교회를 시작하기로 결정했습니다. 지금이 바로 그런 시점이라 다른 교회를 시작하려고 했지만, 노회에서는 현 규모를 배가하는 교회로 운영하는 것이 비용효과 면에서 더 유리하다는 이유 때문에 허락하지 않았습니다.

대단한 이유이군요.

그렇습니다. 지금은 비용효과를 따지는 사람들이 기관을 운영하는 시대이지요. 나는 상부기관의 권위를 무시하고 싶지 않기 때문에 우리 교회가 그 결정을 따라야겠지요. 하지만 2,000명 규모의 교회에 대해 한마디 할까 합니다. 2,000명의 교인을 가진, 아니 5,000명 교인을 가진 교회를 유지하는 방법이 있습니다. 물론 더 많은 목사가 필요하겠지요. 이것은 어디까지나 개인적인 입장인데, 나로서는 그만한 규모의 교회 목사가 되는 것은 옳지 않다고 생각합니다. 그러나 대형 교회 자체에 대해 부정적인 것은 아닙니다.

목사님은 그동안 목회자는 직분을 즐겼습니까?
목사의 직분은 놀랄 만큼 좋고 멋진 일이지요. 우리 사회에서 창조적인 삶을 영위할 수 있는 소수의 직업 중 하나입니다. 목회자는 은혜와 자비, 죄와 구원이 마주치는 교차로에 살고 있습니다. 우리는 맨 앞좌석에 앉아 있고 때로는 그 현장에 직접 개입하기도 하지요. 그런데 누가 이처럼 영광스러운 삶을 버리고 경영 전문가가 되려고 하겠습니까? 우리는 CEO가 아니라 예술가들입니다. 진정한 목회직은 하나의 예술 작품이지요. 생명과 영으로 만든 예술품입니다.

**오순절파,
시인,
교수에 관하여**

목사님은 신학교를 졸업한 지 얼마나 되었나요?

26년이나 되었군요.

신학교는 긍정적인 경험이었습니까, 아니면 부정적인 경험이었습니까?

내 경우는 두 가지가 있습니다. 내가 공부했던 곳은 현 뉴욕 신학교의 전신이었던 성경 신학교Biblical Seminary로 초교파 신학교였지요. 나는 사실 신학교에 갈 계획이 없었습니다. 반反지성주의 색채가 강한 오순절파 교회에서 자랐거든요. 나는 고등 교육을 두려워했는데도 대학에 감으로써 갈 데까지 갔습니다. 목사들과 교인들은 나에게 온갖 경고를 퍼부었답니다. "너는 신앙을 잃게 될 거야.

---

* *TSF Bulletin* (March-April 1984)에 실렸던 글.

너는 주님을 떠나게 될 거야." 그러나 결국 신학교에 가게 되었지요. 다른 일들이 실패로 끝나는 바람에 뒷문으로 들어간 셈이죠. 대학의 한 교수가 나를 거기로 인도한 것 말고는 신학교에 관해 아는 것이 전혀 없었습니다. 하지만 나는 지적인 호기심과 욕구가 아주 많았기 때문에 어느 면에서는 다행이었다고 할 수 있지요. 어느 누구도 나에게 지적인 자극을 줄 필요는 없었습니다. 나에게 필요했던 것은 바로 도서관이었습니다. 성경 신학교는 당시에 내리막길을 걷고 있었고 신학연구는 그리 활발한 상황이 아니었지요. 하지만 영적인 공동체였기 때문에 나는 기도를 중심에 두고 중시하는 곳에서 신학 교육을 받을 수 있었습니다.

영적인 공동체는 어떻게 운영되었나요?
날마다 드리는 기도와 기도회가 있었지요. 해마다 피정의 날이 있었고 기도하도록 격려하는 분위기였습니다. 많은 교수들이 정말 기도를 믿고 있었지요. 기도는 그들에게 중요했고, 그들은 삶을 통해 그 점을 보여주었습니다. 그 신학교의 강조점은 물론 학생들과도 관계가 있었지요. 거기에는 안식년을 맞은 선교사가 많았습니다. 학생이 많지 않았기 때문에 선교사들이 영향을 주었지요. 그들이 사는 방식과 기도하는 방식은 나에게 상당한 영향을 끼쳤습니다.

만일 목사님이 요즈음 신학교에 간다면 어떤 유형의 신학 교육을 받고 싶습니까?
내가 보기에 아주 본질적인 교육을 시키는 신학교는 하나도 없는 것 같습니다. 여기서 본질적인 교육이란 신앙생활에 필요한 격려와 방향을 제공하는 일, 언제나 신앙생활의 일부로 보존되어왔던 전통들에 대한 교육 그리고 그 과정에서 신앙을 표현할 수 있는 신학적 구조를 제공하는 일 등을 말합니다. 그동안 신학 교육의 본질적인 부분은 모두 사라지고 말았지요. 물론 지적인 내용과 신학적 내용은 아직도 있지만 본래의 맥락에서 벗어난 상태로 전달되고 있습니다. 일부 신학교는 이런 점을 고쳐보려고 애쓰고 있습니다만, 그 가운데 일부는 성형수술 정도에 그치는 것처럼 보입니다. 장차 어떤 결과로 이어질지는 잘 모르겠습니다.

신학교 교수들의 가르침을 통해 목사님은 영성과 학문성의 균형을 찾았나요?
찾지 못했습니다. 대신에 영적 생활에 대한 관심과 헌신을 찾았습니다. 반면에 지적인 논리는 찾지 못했기에 스스로 그것을 추구해야 했지요. 어쨌든 균형을 찾지는 못했습니다.

목사님은 학자의 길을 추구하고 있었나요?
그렇습니다.

그렇다면 어느 분야에서 박사 과정을 마치려고 했나요?
셈족 언어 분야였지요. 나는 존스 홉킨스로 가서 셈족 언어의 권위자인 윌리엄 올브라이트William Albright와 함께 공부했습니다.

개인적으로 어떻게 학문과 경건의 균형을 유지하려고 노력했나요?

글쎄요, 잘 모르겠군요. 그런 것은 뜻밖의 행운일 경우가 많지요. 나의 성장 배경과 교회와 환경은 영성을 매우 강조했기 때문에 어린 시절과 사춘기를 지나면서 영성에 대한 열정을 키워왔습니다. 상당 부분은 좀 지나쳤고 일부는 터무니없기도 했지만, 내 마음에 새겨진 한 가지 사실은 그리스도인의 삶이란 열정과 깊이를 겸비하고 있어야 한다는 것이었지요. 그래서 신앙적으로 엉성한 것은 도무지 참지 못하는 버릇이 생겼나 봅니다. 내가 쟁취해야 할 것은 지적인 논리였습니다. 그런데 오랫동안 그것을 찾지 못했지요. 알다시피 나는 학문과 지식에 대해 심한 허기를 느끼고 있었거든요. 그것이 가능하다는 것을 알게 된 계기는 죽은 지 1,000년이나 된 옛 스승들과의 접촉이었습니다.

그 스승들은 누구였지요?

아우구스티누스가 그중 한 사람이었죠. 버나드Bernard, 그레고리우스, 토마스 아퀴나스Thomas Aquinas 등도 포함됩니다. 이들은 일찍이 매력적으로 다가왔던 인물들이었습니다. 훗날에는 프로테스탄트와 청교도 진영에 속한 다른 사람들도 발견했지만, 나에게 영감을 준 것은 초기의 스승들이었지요. 그들은 종교개혁 이전의 인물들이었기에 내가 속한 오순절파에서도 그들에게 어떤 딱지도 붙이지 않았지요. 내가 배운 영성은 열정과 내면성과 관계 있었으므로 이 스승들과 잘 맞아떨어진 것입니다. 내가 오순절파 교회의 문화를 떠나면서 특히 흥미 위주의 요소 같은, 내게 맞지 않았던 것들을 떨쳐버릴 수 있었습니다. 그리고 그 문화에는 허풍이 굉장히 많습니다. 그런데 어쩌다가 나는 우리 가정 덕분에 그런 것을 피할 수 있었지요.

요즈음은 강의를 하고 있나요?
일반 대학교와 로마 가톨릭 신학교 등 두 군데에서 가르치고 있습니다.

신학교 강의에 대해 말씀해주시죠.
이제까지 나에게는 아주 고무적인 경험입니다. 예전에 한 번도 가까이 해본 적이 없던 로마 가톨릭 공동체와 함께 일하고 있지요. 사역의 견지에서 보면 큰 차이가 없다는 것을 알게 되었습니다. 우리는 똑같은 자료를 다루고 있지요. 그들이 나를 원했다는 것, 그들이 필요로 하는 것을 내게서 채우길 바랐다는 사실에 많은 격려를 받았습니다. 그것은 사역 신학과 영성에 바탕을 둔 성경 해석입니다. 그들 역시 세속화 증후군에 휘말린 나머지 사역이 하나의 직업으로, 성경이 일종의 학문적인 연습으로 전락했지요. 그들은 지적인 정직성과 더불어 영성을 중심으로 삼는 사역에 아주 잘 접근하는 편입니다.

비록 사역에 대한 특별한 소명이나 열망이 없더라도, 오늘날 많은 학생들이 신앙을 공부하고 어떤 신념 체계를 이해하기 위한 장소로 신학교를 보는 것 같습니다. 이런 경향에 대해 어떻게 생각하는지요?

내가 가르치는 학생은 대부분 정말로 배우기 위해 신학교에 있지는 않습니다. 직업을 얻기 위해 혹은 직업에 필요한 자격을 구비하기 위해 거기에 있습니다. 교육 자료에 열정을 품고 가르치고 싶어 하는 교수에게 '어떻게 하면 이 과목을 통과할 수 있을까?'하는 생각으로 가득 찬 학생이 대부분인 것은 참으로 실망스러운 일이 아닐 수 없지요. 당신이 언급한 동기는 그나마 괜찮다고 생각합니다. 어떤 장소든 무언가를 시작하기에는 좋은 장소지요. 그런데 내가 징표를 제대로 읽고 있다면, 신학교들은 열망에 부응하지 못했고 그 결과로 그와 같은 기대나 필요를 충족시키는 공동체를 개발하지 못하고 있습니다. 열망을 품고 신학교에 가는 것은 아무런 문제가 없다고 생각하지만, 신학교가 "우리의 일차적인 과업은 신학적 기술을 연마하는 영적 공동체가 되는 것"이라고 말하면 나을 것이라고 생각합니다. 이유인즉 신학공부에 대해 생각하는 것은 영적인 일이 아니기 때문이죠. 내가 가르치고 있는 성 마리아 신학교의 학생들 중에는 수년 전에 사역에 대한 준비를 그만두었으나 신학에 대한 관심을 계속 갖고 있던 사람이 있었습니다. 그는 교회에 가지 않고 하나님을 믿지 않았음에도 단지 신학을 좋아한다는 이유로 계속 그 신학교에 다녔지요. 그리고 지난 가을 학기에 내가 가르쳤던 과목을 듣던 중에 신앙을 갖게 되었고, 기독교 신앙과 사역, 모두에 헌신함으로써 그 과목을 이수했습니다. 이렇게 자신의 개인적인 인생과 소명과 조금이라도 관계가 있는 경우는 이 과목이 처음이었지요. 그런데 학생들이 신학교에 4년이나 다니면서 삶과 사상의 통합을 위해 개인적인 차원에서 도전을 받은 적이 없다는 것은 참으로 믿기 어려운 현상입니다.

목사님은 스스로 복음주의자라고 생각하는지요?
그렇습니다.

오늘날 복음주의 상황을 감안해서 이 용어를 간단히 설명해주겠습니까?
복음주의란 다음 두 가지를 의미한다고 생각합니다. 먼저 성경에 대한 특정 신념과 삶을 변화시키는 복음에 대한 믿음과 관계가 있지요. 아울러 특정한 교회 문화, 곧 경건주의와 부흥운동과 섹트주의 전통에서 유래하여 종종 다른 진영으로도 뻗어나간 문화와도 관계가 있습니다. 나는 복음주의 교회에서 자랐고 복음주의 운동에 몸담고 있었지요. 지금은 한 기성 교단에 속해 있기는 하지만 신학적 의미와 문화적 의미의 복음주의 교회야말로 내가 가장 편하게 느끼는 곳입니다. 나는 교단적으로는 복음주의의 일원이 아니지만 나의 타고난 동맹과 친구들과 공동체는 그 진영에 있지요.

미국 복음주의의 미래는 어떻게 보시는지요?
매우 밝다고 생각합니다. 예전에 비해 복음주의의 섹트주의 색채가 훨씬 약해졌고, 방어적인 자세도 줄어들었을 뿐 아니라 오히려 확신에 차 있기 때문이지요. 복음주의자들은 더 이상 스스로를 진리를 보유한 사면초가 상태의 무리로 생각하지 않습니다. 자기네가 주류에 속한다고 확신하며 교단의 경계선을 초월해 다른 교단들의 일부가 기꺼이 되려 하기 때문입니다. 나는 배신감을 느끼거나 신앙을 떠나지 않고도 로마 가톨릭 교수진의 일원이 될 수 있지요. 그래서 복음주의는 매우 강력한 위상을 갖고 있다고 생각합니다. 요즈음에는 효소처럼 교회를 들썩거리게 하고 있지요.

복음주의 운동에 위험 요소는 없나요?

복음주의의 위험 요소는 무분별한 경건주의에서 나온다고 생각합니다. 과거의 경건주의적 요소를 전반적으로 깊이 있게 이해하지 못하고 지극히 일부만 취하는 것이죠. 또 다른 위험은 늘 피해의식에 시달리는 소수파의 심성을 품은 채 일종의 편집증을 유발하는 섹트주의에서 유래합니다. 아직도 혈기왕성한 모습이 눈에 띄는데, 그나마 점점 사그라들고 있어서 다행입니다. 편집증에서 나오는 힘이 위험 요소이지요. 당신이 편집증에 걸리면 많은 에너지를 동원할 수 있기 때문에 복음주의 운동 역시 더욱 에큐메니컬한 색채를 띠게 되면 그 날카로운 면을 잃게 될 위험이 있습니다. 나는 문화 분석가가 아니라서 이런 일이 일어나고 있는지 잘 모르겠습니다. 이런 현상을 아직 감지하진 못하지만 이론적으로 생각하면 그것이 위험한 요소라는 것이죠.

미국 장로 교단에 속한 복음주의자로서 어떤 어려움을 겪었습니까?

어떤 어려움도 겪지 않았다고 생각합니다. 하지만 편하게 느낀 적은 한 번도 없었지요. 나는 언제나 외부인이었습니다. 이는 나의 성장배경 때문입니다. 나는 장로교회에서 자라지 않았으므로 거기에 소속한 적이 없지만, 이것은 그들의 잘못이 아니지요. 사실 장로 교단은 내게 아주 잘해주었습니다. 나에게 일자리를 주었고 목양할 회중도 주었기 때문에 내가 외부인처럼 느끼는 것이 그들의 잘못이라고 생각한 적은 없습니다. 특히 미국 장로 교단의 추세에 대해 편하게 느낀 적은 없지만 장로교회의 뿌리와 역사적 발전과정에 대해서는 아주 편하게 느끼고 있기 때문에 그 기본구조가 양질의 기초를 갖고 있다면 현재의 풍조가 마음에 들지 않더라도 기꺼이 감수할 생각이 있습니다. 장로교회는 그런 토대를 갖고 있다고 생각합니다.

주류 교단에서 일하면서 목사님이 배운 교훈들 가운데 우리에게 전하고 싶은 것이 있는지요?

장로 교단은 다원주의적이지요. 물론 이 점이 어떤 사람들에게는 부정적으로 들리겠지요. 하지만 나는 소수파에 속한 사람이기 때문에 그것을 긍정적으로 봤습니다. 당신이 백인들로 구성된 세계에 사는 흑인이라면 그들이 다원주의적인 것을 좋아할 겁니다. 마찬가지로 나는 섹트주의 배경을 가진 복음주의자로서 내 교회가 다원주의적인 것을 기뻐하는 것입니다.

그렇다면 복음주의 배경을 가진 학생들에게 주류파 신학교에 가서 그 교단에서 안수를 받도록 격려하겠습니까?

별개의 두 가지를 묻는 질문입니다. 어디에서 신학교육을 받을 것인가는 자신이 결정할 일입니다. 하지만 자신이 속한 전통을 떠나기보다는 거기에 몸담고 살아가는 편이 언제나 나은 것 같군요. 나에게는 그것이 불가능했습니다. 나름대로 노력은 했지만 성과가 없었습니다. 그들이 나를 받아주지 않았지요. 나는 오순절파 교단에 잘 맞지 않아서 떠나지 않을 수 없었습니다. 내가 그대로 남아 있었다면 항상 불평분자가 되었을 테니까, 잘못된 선택이었을 겁니다. 나는 아마 언제나 문제를 일으켰을 것입니다. 정서적인 에너지도 많이 필요했겠지요. 자기가 자란 교단에 남아서 거기에 뿌리를 두고 전통에 따라 일하는 사람들을 보면 참 부럽습니다. 그럴 경우 상당한 힘을 받게 된다고 생각합니다. 그러니까 항상 가능하지는 않겠지만 가능하면 자신의 출신 배경에 몸담고 있는 편이 좋겠지요.

그러니까 대학에 가서 여러 복음주의 교회병행 단체를 통해 신앙이 성숙하는 학생들의 경우, 자기의 출신 배경인 장로 교단이나 감리 교단이나 침례 교단에 그냥 남아 있는 게 좋겠다는 뜻인가요?

그렇습니다.

독립 교회의 전통에 비해 주류 교회에는 어떤 위험이 잠재되어 있는지요?

기성 교단의 경우, 부르주아 문화나 교회 문화에 동화될 위험이 더 크다고 생각합니다. 일종의 전문가 중심주의, 곧 성직자 중심주의에 동화될 위험이 더 커집니다. 주류 교단의 경우, 회중들은 목회자가 유능하기만 하면 그가 원하는 대로 하도록 그냥 내버려두지요. 반면에 복음주의 회중들은 종종 뚜렷한 신학적 기대치를 갖고 있고, 때로는 영적인 기대치도 있습니다. 그래서 아마 책임을 묻는 강도도 더 높을 것입니다. 내가 느끼는 예감이 그렇다는 것이지요. 한편으로 독립 교회가 안고 있는 위험은 목사가 일종의 슈퍼스타나 독재자가 되길 원한다는 것입니다. 목사가 스스로를 교회의 종이나 목회자가 아니라 교회 지도자로 봐주길 기대하는 것이죠. 이는 아주 심각한 위험이라고 생각합니다.

목사님은 폭넓은 독서를 하는 것으로 알고 있습니다. 종교나 철학 분야를 넘어서는 것인가요?
맞습니다.

오늘날의 학생들은 이른바 '고전적인' 교양교육이 부족해서 상상력과 창조적인 역량이 결여되어 있는 것처럼 보입니다. 이런 불균형을 시정하기 위해 신학생에게 조언을 해주시기 바랍니다. 이 글을 읽을 모든 신학생들에게 좋은 기회가 될 것입니다.
신학자에게 가장 좋은 동맹은 예술가지요. 문학은 대다수의 사람에게 자연스러운데도 억제당하고 있는 것이 현실인 만큼 우리는 문학에 관심을 갖는 것이 필요하다고 생각합니다. 우리는 상상력을 사역의 한 측면으로 봐야 합니다. 사실 우리가 얘기하고 있는 것은 창조성입니다. 우리는 하나님이 행하고 계신 일에 참여하고 있지요. 그분은 새로운 생명을 창조하는 중입니다. 그분이 생명을 창조했고 또 이제까지 생명을 창조해왔습니다. 그러면 창조적인 과정은 어떻게 일어납니까? 이 질문에 가장 자주 주목하는 사람들은 작가와 예술가, 조각가와 음악가 들이죠. 교회의 리더십에 몸담은 사람들은 정확하게 말하는 법에 관심을 갖는 게 아니라, 창조적인 과정이 어떻게 일어나는가에 뜨거운 관심을 가져야 합니다. 정확한 의사소통 방법을 아무리 강조하더라도 답답하고 막막한 벽에 부딪친 것처럼 해결책은 쉽게 나오지 않습니다. 분명한 의사소통은 우리가 추구하고 있는 것이 아닙니다. 우리가 추구하는 것은 새로운 생명을 창조하는 일입니다. 창조적인 작가는 최대한 간단하게 혹은 정확하게 말하는 것에는 관심이 없고, 창조성의 샘물과 접촉하며 상상력이 유추적인 방식으로 작동하게 하는 데 관심이 있지요. 만일 내가 신학교 교과과정을 만든다면, 두어 명의 시인을 연구하는 데 1년을 투자하게 하겠습니다. 학생들로 하여금 시를 읽는 법을 배우고 언어가 작동하는 방식을 습득하게 하는 것입니다. 우리는 보통 언어에 충분한 관심을 기울이지 않지요. 언제나 언어를 사용하지만 상업화된 방식으로, 소비주의적인 방식으로 사용할 뿐입니다. 이런 소비지향적인 언어 사용은 교회와 강단과 상담과는 전혀 어울리지 않습니다. 우리는 언어가 어떻게 작동하는지를 알려고 애쓰고 있습니다.

여기서 어느 특정 시인을 두둔하는 것은 아닙니다. 방금 윌리엄 스태퍼드William Stafford의 한 시집을 다 읽었습니다. 수년 동안 스태퍼드의 시를 읽어왔는데, 최근에 출간된 시 모음집이 꽤 유익한 것 같군요. 그는 그리스도인입니다. 그의 기독교는 강요하지 않는 우회적인 성격을 띠고 있으며, 그는 매우 노련하게 언어를 사용합니다. 나는 이런 노련한 언어 사용 방식, 창조적 상상력이 일상 경험을 다루고 그것을 옳게 표현하는 법을 사람들과 함께 살펴보고 싶습니다. 그리고 사역 경험이 있는 시인들도 포함시킬 것입니다. 조지 허버트Geroge Herbert는 목사였고 제라드 맨리 홉킨스는 사제였지요. 나는 복음의 핵심에 관여하며 그것을 이해하려고 애쓰면서도 언어가 작동하는 방식에 주의를 기울였던 사람들을 택할 것입니다.

그리고 문학 비평가들로부터도 배우고 싶습니다. 우리는 성경 연구에 관여하고 있고, 성경을 분석적으로, 역사적으로, 객관적으로 봐야 한다고 주장해온 역사비평 운동에 완전히 주눅이 들어 있습니다. 하지만 우리는 상상의 문학을 분석적으로 읽을 수는 없습니다. 우리는 참여자가 되어야 합니다. 그리고 지난 30년 동안 일어난 해석학의 혁명은 양자 모두로부터 주목을 받지 못했습니다. 우리와 가장 연합할 수 있는 이들은 노스롭 프라이(Northrop Frye, 1912~1991: 캐나다 출신의 문학 비평가-옮긴이)와 C. S. 루이스와 조지 슈타이너(George Steiner, 1929년생: 유럽 출신의 미국 문학 비평가, 철학자, 소설가, 번역가, 교육자-옮긴이) 등과 같이 우리의 모든 존재로 읽는 법을 가르쳐주는 사람들입니다. 머리로만 읽는 것으론 충분하지 않습니다. 우리는 감정도 있고, 몸도 있고, 역사도 있고, 직업도 있고, 대인관계도 있으므로 우리의 전 존재를 갖고 이런 텍스트를 읽을 필요가 있습니다. 우리의 뇌세포뿐 아니라 팔꿈치와 무릎과 함께 다가가야 하는 것이죠. 이런 인물들은 우리에게 그렇게 하는 법을 가르쳐주거나 그 방법을 보여주며 따라하라고 말합니다. 사실 종교개혁에 이르기까지 그리고 종교개혁 당시에도 성경은 그런 식으로 읽혀졌지요. 그러나 종교개혁 이후에 우리는 지적으로 존경받는 존재가 되려고 지나친 욕망을 품게 되었습니다.

우리는 미신과 알레고리를 너무도 두려워한 나머지 성경에서 모든 상상의 요소를 배제시키고 그것을 정확하게만 만들려고 했습니다. 이 책이 만일 무오無誤한 말씀이라면, 우리는 오로지 정확한 뜻만 알면 되기에 모호한 면은 모두 없애버립니다. 글쎄요, 모든 좋은 언어는 모호하지요. 그것은 시적입니다. 거기에는 여러 층의 뜻이 있는데, 그러면 어느 한 층만이 무오한 것인가요? 우리는 정확한 진리를 얻으려면 그 모든 것을 배제하고 단 한 층만 남겨두어야 한다고 말합니다. 이런 짓을 한 것은 복음주의자나 보수주의 교회만이 아니라 자유주의 신학도 마찬가지였습니다. 이들은 그렇게 할 만한 다른 신학적인 이유가 있었지만 어쨌든 결과는 마찬가지였지요.

그와 더불어 영성 형성을 희생시킨 채 교리와 신학의 형성에 지나친 강조점을 두

는 현상도 도래했지요.

나는 교리와 신학의 형성을 강조하는 입장에 반대하진 않습니다. 오히려 나도 그것을 주장하는 편이지요. 교리와 신학의 형성을 반대하는 것은 가정의 일부인 아이들을 죽이는 것과 같은 겁니다. 말하자면 윌리엄 포크너나 워커 퍼시 같은 사람들이 회복시키고 있는 그 상상의 요소를 모조리 제거해버린 것이지요. 분석적인 정신만으로는 훌륭한 예술가를 읽을 수 없는 법이죠. 우리의 상상력을 동원해야 합니다. 성경도 마찬가지입니다. 그런데도 우리는 문학 이하의 방식으로 성경을 읽어야 한다고 고집하는 바람에 진수를 많이 놓쳐왔습니다.

목사님은 강연과 글에서 '온전함wholeness'에 관해 얘기합니다. 이 단어는 무슨 뜻을 갖고 있나요?

기독교적인 것을 가리키는 말입니다. 점점 더 하나님과의 의식적인 관계를 맺게 되는 온전한 그리스도인의 모습, 은혜를 경험하면서 성경에 묘사된 대로 온전한 삶에 이르러야 한다는 주장을 지칭하지요. 나는 '온전함'이란 단어를 나를 기분 좋게 만드는 심리적 주관주의의 견지에서 사용하는 게 아닙니다. 아울러 원만한 인간이 되라는 문화적 기대치를 충족하는 견지에서 사용하는 것도 아니기 때문에 나의 용법에 어느 정도의 긴장이 있는 건 사실입니다. 하지만 그것은 모든 실재와 접촉하는 그리스도인을 가리키는 용어로 타당하다고 주장하는 바입니다. 그러나 오해의 여지도 있다는 것을 알고 있습니다. 많은 사람이 '온전함'을 거론할 때 "내가 원하는 방식으로 건전하게 살고 있다"는 의미로 사용하기 때문이죠.

그러면 신학생은 어떻게 '온전함'을 추구할 수 있을까요? 싱글 신학생에게 글을 더 읽을 필요가 있다고 말해주는 것과, 이미 일자리와 배우자와 자녀까지 있고 돈이 부족한 신학생에게 그런 말을 하는 것은 서로 별개의 일입니다. 어쨌든 우리는 그들이 신학교를 졸업할 때 적어도 온전한 삶을 추구하는 방향으로 나아가길 기대하지요.

신학생에게 '온전함'을 권면하는 현실적인 한 가지 방법은 그것을 비전으로 삼고 그에 대한 취향을 기르도록 하는 것입니다. '온전함'은 하나의 탐구이고, 우리는 무엇을 탐구하고 있는지를 알아야 합니다. 그저 "좋아, 이제는 균형 잡힌 삶, 원만한 삶을 살자"고 말하는 것으로는 충분하지 않습니다. 온전함에 대한 취향을 얻고 그 가능성을 보는 것은 가능합니다. 최고 작가들의 글을 읽는 것이 중요하지요. 어느 정도 '온전함' 수준에 도달했던 사람들을 아는 것도 중요합니다. 우리는 2차 문헌을 뒤적거리는 대신 그레고리우스와 버나드, 토마스, 칼뱅, 루터 등과 같은 정상급 인물들에 대해 아는 것이 필요합니다. 신비주의자들도 종종 온전한 인물의 부류에 속했지요. 그들에 대한 취향을 기를 수 있다면 적어도 온전함이 어떤 것인지 알 수 있기 때문에 우리가 살면서 마주치는 대용물에 만족하지 못할 것입니다.

목사님이 잠깐 언급하기는 했지만 다시금 다뤄주시면 좋은 문제가 있습니다. 오늘날 신학교 졸업생에게서 어떤 자질을 보고 싶으신지요? 신학교를 갓 졸업한 사람을 부목사로 고용한다면 어떤 사람을 물색하겠습니까?

목회사역이나 교회 리더십의 핵심은 삶의 모든 영역에서 평생 그리스도와의 관계를 발전시키는 일과 관계가 있다고 확신하는 사람입니다. 달리 말하면 영성 형성의 과업에 헌신한 사람을 원한다는 뜻이지요. 아울러 인생의 경험을 다양한 방식으로 이해하고 상상하는 법에 관해 어느 정도 지적인 훈련을 받았고 호기심도 있는 그런 사람을 원합니다. 이런 지적인 호기심이 없으면 초기의 경험은 진부한 것이 되고 새로운 상황에서 참신한 방식으로 재적용되지 못하지요. 생명력 있는 경험으로 시작하는 것이 상투적인 것으로 전락합니다. 그러므로 영성 형성과 지적 호기심은 서로 성장을 도모하고 참신하게 살도록 해주는, 상호작용을 주고받는 관계라고 할 수 있습니다. 이런 자질을 나는 찾을 것입니다. 앞서 사역의 두 기둥은 배움과 기도라고 말했는데, 나라면 이런 열망을 가진 사람을 찾겠습니다.

사역을 하다 보면 하나님에 관해 거짓말하고 싶은 유혹을 느낀다고 말씀하셨지요. 우리가 하나님에 관해 거짓말을 하는 것은 권력욕 때문인가요, 질문에 응답하지 못하는 데서 오는 두려움 때문인가요?

둘 다죠. 나는 양자 모두 원인이라고 생각하는데, 아주 미묘한 면이 있어요. 우리가 그럴듯하게 변명하면 알아차리기 힘들 거라고 생각합니다. 우리는 아마 "아니요, 나는 권력을 원하지 않고 두려워하지도 않소"라고 말할 것입니다. 그런데 그 이유 중 하나는 사역에 종사하는 대다수 사람이 다른 사람들을 돕고 싶어 하기 때문이라고 봅니다. 우리는 정말 남을 돕고자 하는 프로그램이 내장되어 있는데, 이는 좋은 것이죠. 사람들이 우리에게 어떤 일을 요청하면 그들이 원하는 바를 해주고 싶지요. 그들이 답변을 원하면 답변을 줍니다. 그들이 그것을 요청했다는 이유 때문이죠. 그래서 소위 하나님에 관한 거짓말, 삶의 모호한 구석이나 하나님에 관한 온전한 교리를 왜곡시키는 답변은 많은 경우 선한 의도로 내놓는 것입니다. 이처럼 아주 좋은 동기로 그렇게 하기 때문에 우리 스스로 그것을 간파하기가 무척 어렵지요. 동기가 옳으면 거기서 나오는 것도 괜찮을 것이라고 생각하기 때문입니다. 특히 그것이 정통 교리라면 더욱 그렇지요.

회의懷疑는 목사님의 영적 성장에서 어떤 역할을 합니까?
회의는 나를 더 깊은 곳으로 밀어 넣지요. 회의는 나를 지적인 차원을 넘어서 그 피상적인 것을 넘어서게 하며 내가 이해할 수 없고 모든 것을 통제할 수 없는 삶의 토대 위에서 여러 이슈들을 다루게 합니다. 회의는 내 삶에서 문제를 회피하는 방편으로 작용한 적이 한 번도 없습니다. 언제나 나를 더 깊이 들어가게 만들었습니다. 어떤 사람들은 회의가 들면 방관자로 변해버리지만 나는 그런 경험을 한 적이 없습니다. 오히려 내가 예전에는 인식하지 못했던 신앙의 차원으로 개입하게 만들었지요.

목사님은 최근에 탁월성의 추구와 겸손 간의 균형에 관해 강연한 적이 있습니다. 어떻게 그런 균형에 이를 수 있지요? "나는 정말 탁월한 도우미가 되고 싶다"고 말씀하셨지만, 언제나 다른 사람을 돕는 인물로 자신의 능력을 선전하는 입장에 설 수밖에 없지 않나요?

이 질문은 이번에 다루기에는 적합하지 않은 것 같군요. 하지만 사역과 관련해 매우 중요한 질문입니다. 영적인 삶의 영역 가운데 리더십 위치에 있는 것보다 교만과 야망, 자기주장과 오만에 빠질 위험이 더 큰 곳은 없기 때문이지요. 동시에 그 영역보다 탁월성의 추구가 더 중요한 곳도 없습니다. 탁월성과 야망을 구별하는 법을 배우는 것은 매우 어려운 일입니다. 평생에 걸친 자기 점검과 분별력이 필요합니다. 한편으로 최선을 다하는 법을 배우고 우리 삶에서 최선의 것을 끌어내는(혹은 주님이 최선의 것을 끌어내는) 훈련을 하는 것과, 다른 한편으로, 자기 주장과 자기 확대와 자기 선전에 빠지지 않는 것이 동시에 있을 수 있다고 생각합니다. 우리 문화가 제공하는 탁월성의 모델은 야망을 부추기는 문제를 안고 있기 때문에 우리에게 적절한 모델이 없다고 할 수 있죠. 그렇기 때문에 우리는 상상력을 동원해 아빌라의 테레사와 십자가의 요한, 아씨시의 프란체스코, 니사의 그레고리우스 같은 인물들에 흠뻑 젖을 필요가 있는 것이죠. 이런 인물들은 놀랄 만큼 겸손한 자세로 탁월한 삶을 추구했으며, 다른 사람들이 그들을 어떻게 생각하는지 아랑곳하지 않고 어떤 지위가 있는지에도 관심이 없던 사람들이었습니다. 모델을 찾기 위해 500년 전으로 돌아가야 한다는 것은 유감스럽지만 아예 없는 것보다는 낫지요. 지금도 유익한 모델이 조금 있기는 하지만 그들을 알아보려면 정신을 바짝 차려야 합니다.

열정과 기도와
시에 관하여
_케시 부벨 Kathy Bubel

어쩌면 성경을 좀 더 읽기 쉽게 만들려는 또 하나의 학문적인 시도가 될 수 있는 일이었다. 그 과업은 다름 아닌 열정적인 목회자이자 교수이며 시인인 유진 피터슨의 공로 덕분이다. 그 결과《메시지》라는 적절한 제목이 붙은 놀랍고도 감동적인 신약성경 번역판이 탄생했다. 이 책은 현재 통용 중인 성경 가운데 가장 유려하고 이해하기 쉬운 문체로 쓰인 번역판이다.

맨 처음 나는 무엇 때문에 이렇게 떠들썩한지 알고 싶었다.《메시지》에 관한 보도자료를 훑어보다가 줄줄이 칭송을 아끼지 않는 저자들과 음악가들과 영적 지도자들의 긴 명단을 보게 되었다. 이제

* *Release ink Magazine* 1, no. 2 (December 1994/ January 1995): 14-17에 실렸던 글로서 케시 부벨의 허락을 받고 수록했다.

까지 성경 번역이란 말을 들으면 늙은 학자들이 먼지투성이 도서관에서 초연하게 수행하는 따분한 작업을 연상하곤 했었다

하지만 유진 피터슨을 만나고 직접《메시지》를 읽은 뒤에 생각은 바뀌었다.

우리는 캐나다 밴쿠버에 있는 리젠트 칼리지 서점 바깥에서 만나기로 했다. 그때 유진 피터슨은 그 학교 영성신학 교수로 재직하고 있었다. 리젠트는 아마 현존하는 칼리지 빌딩 가운데 가장 밝고 우아한 건물에 속할 것이다. 예순이 넘은 나이인데도 유진은 높은 산을 오르거나 캠퍼스 너머에 있는 바다에서 항해를 할 만한 모습이었다. 먼지투성이 도서관에 있는 늙은 학자는 분명코 아니었다.

그는 나를 교수실로 데려갔다. 한쪽 벽에는 창문이 있고 다른 쪽 벽은 책으로 장식된 작지만 비좁지는 않은 공간이었다. 책상 앞 창턱에는 가족사진이 즐비했다. 유진은 흔들의자에 편하게 앉아 있었다. 그는 해마다 몬태나에 있는 고향 집에 다녀오는 순례를 하는데 우리가 만났을 때는 그 순례를 마친 직후였다. 안식을 잘 취해서인지 느긋한 상태였다. 단, 그의 목소리만 빼놓고. 35년간의 왕성한 목회사역과 가르침에 닳고 닳은 목소리라 거의 속삭임에 가까웠다.

인터뷰는 그가 나에 관해 묻는 것으로 시작된다. 예기치 못한 기습 질문을 받은 셈이다. 하지만 말에 궁색하지 않은 나인지라 말문을 연다. 어쩐 일인지 나는 고백하는 말투로 바뀐다. '북미 복음주의 기독교'에 대해 느끼는 환멸을 스스럼없이 얘기한다. 방관자의 입장이기는 하지만 나도 복음주의 기독교 출신이고 또 지금도 거기

에 몸담고 있다. 내 입장에 공감하는 수많은 친구들과 지인들을 언급하다가, 아뿔싸, 인터뷰 주인공을 소외시키고 있을지 모른다는 생각이 문득 들었다. 사실 이런 식으로 인터뷰를 시작하는 건 바람직하지 않은데… 그래도 그가 이해해주어서 다행이다.

부적응자를 위한 초대교회에 온 것을 환영합니다

우리 모두에게 다행스러운 일이다. 유진이 신약성경을 그리스어에서 현대 영어로 번역하기로 한 것은 우리 같은 사람을 염두에 두었기 때문이다. 거기에는 권리를 박탈당한 그리스도인과 '현대판 이방인', 그리고 그가 30년 동안 섬겼던 사람들이 포함된다.

메릴랜드의 벨 에어에-그가 '고전적인 미국의 교외'라 부르는 곳-위치한 그의 교회에는 '사회에 적응하지 못하고 영적으로 길을 잃은 부적응자들'과 '알코올 및 약물 중독에서 회복되고 있는, 12단계 프로그램을 밟는 많은 사람들'이 있었다. 내가 교회 상태에 대해 묻자 그는 자신에게 교회 경험을 글로 써준 한 여성에 관한 얘기를 해주었다.

예술가인 여성은 세련된 문화는 있되 종교가 없는 가정에서 성장했다고 그에게 말했다. 그녀는 교회에 대해 아무것도 몰랐다. 친구의 초대로 교회에 왔다가 흥미를 느끼고 그대로 머물렀다. 그리고 마침내 신앙을 갖기까지 했다.

그런데 훗날 담임목사가 떠나고 새로운 목사가 부임했을 때 그녀는 곤경에 처하게 되었다. 새 목사는 지나치게 자신을 선전하고 떠벌리고 밀어붙였다. "나는 얼마 전에 그녀로부터 '교회에 다니는 걸 그만두었다'는 편지를 받았습니다. 당신도 보다시피 교회가 중심에서 벗어나면 그저…" 그는 슬픈 표정으로 말끝을 흐렸다. "교회에 다니기가 정말 어려울 것이라고 추정하지요. 나는 교회에 다니는 것이 중요하다고 생각합니다. 나라면 교회에 안 다니는 것은 생각하지 않겠지만, 당신은 성숙해야만 합니다. 초보자를 위한 곳이 아니지요."

교회가 언제나 그랬느냐고 묻자 그는 걱정 많은 의사처럼 고개를 가로저었다. "그렇지 않아요, 우리는 북미 문화의 특이한 시기에 살고 있다고 생각합니다. 우리는 안 좋은 시기에 몸담고 있고, 교회는 건강하지 못하고 성숙하지도 않습니다. 쉬운 일은 아니지요, 결코 쉬운 일이 아니에요."

유진은 리젠트 칼리지 영성신학 교수로서 북미 복음주의 기독교의 한가운데에 있다. 하지만 여기에는 무언가 다른 점이 있다. 이 학교는 그가 언급한 신비적인 '중심'과 관계 있다. '영성신학'이란 용어에 대한 다음과 같은 설명은 그 중심이 무엇인지 밝혀준다.

"영성신학이란 전통적으로 기도, 영성 형성, 그리스도인의 성품 개발, 지적인 차원뿐 아니라 영성 형성의 차원에서도 성경을 읽는 일 등을 의미했지요. 그러므로 이것이 리젠트 칼리지의 중심입니다. 이곳은 신학과 윤리학과 역사를 공부할 때 그 중심이 되는 기도의 장소이지요. 내가 가르치는 모든 과목에서 학생들은 그들의 영성이 형성되는 주변 상황, 그들이 기도하는 법을 배우는 방식에 관해 통합적으로 성찰적인 리포트를 쓰게 됩니다.

학생들이 나와 보조를 맞추는 데는 반 학기 정도가 걸립니다. 그들은 노트 필기를 하고 싶어 하고, 그들이 이용할 수 있는 자료를 찾기 원하지요. 그래서 나는 언제나 요령 있게 처신하며 사방에서 그들에게 다가가 그들의 삶을 성령이 고찰하는 텍스트로 진지하게 볼 수 있게 하려고 노력합니다."

유진이 리젠트에서 학생들에게 하고 있는 일은 그가 '목양하고' 있는 사람들과 그의 많은 책을 통해 가르치고 있는 독자들에게 계속 반복되는 중이다. 기도는 공통 주제다. 기도가 중심인 것이다.

목사에서 필자로의 변신

그가 1991년 메릴랜드의 작은 교회에서 은퇴하고 글쓰기에 전념하기로 결심한 것은 '널리 퍼진 회중'을 위해서였다. 헤어지는 일은 힘들었으나 전환하는 일은 그렇지 않았다. 어느 잡지 *Reality and the Vision*에서 이렇게 말한 것을 보면 알 수 있다. "필자의 직무와 목사의 직무가 나에게는 사실상 같은 것입니다. 혼란스럽게 어수선한 상태에 들어가 그로부터 무언가 선한 것과 신성한 것을 서서히 만들어내는 신비로운 작업이지요. 시, 기도, 대화, 설교, 은혜의 포착, 사랑의 인식, 미덕의 형성 등이 그렇죠."

이 결정을 내린 지 한 달도 채 안 되어 네비게이토 출판사Nav-Press는 유진에게 그의 책,《자유》에서 갈라디아서를 번역한 것처럼 신약성경 전체를 번역할 의향이 있는지 물었다. 그는 그 작업을 승낙했고, 그 일은 전업작가로서의 첫 번째 프로젝트가 되었다.

첫 번째 프로젝트치고는 상당히 의미심장한 과업으로 보인다. 본인으로서는 꽤 두렵고 떨렸을 것임에 틀림없다.

"내가 그 일을 하고 있는 동안 이런 느낌이 자주 들었지요. '아, 나는 언제나 이 일을 해왔는데 이제는 추수할 때가 되었구나. 이것은 내가 이미 해왔던 모든 일의 열매구나.' 이런 면에서 아주 신나는 경험이었습니다. 내게는 아주 평범한 일이었던 것이죠. 내가 번역 작업을 하는 동안 언제나 이류급에 불과한 일을 하고 있다는 느낌이 들었습니다. 나는 결코 요한과 마가와 바울만큼 잘할 수는 없었지요. 당신도 창작을 할 때는 한 문장을 써놓고 곰곰이 생각하다가 이제까지 그처럼 멋진 문장을 쓴 사람이 없었다는 것을 알고, '야, 드디어 해냈다!'는 느낌이 들 겁니다. 그러나《메시지》를 작업할 때는 그런 순간이 전혀 없었습니다. 그래서《메시지》작업을 완료한 직후에 아내에게 '이 일이 끝나서 기쁘다. 나는 2등으로 들어오는 데 너무나 지쳤다'고 말한 적이 있습니다."

그리고 또 다른 잡지 Publishers Weekly에 이렇게 말한 적도 있다. "《메시지》를 바라보면 마음이 즐겁지만 그 작품은 정말 내 것이라고 할 수는 없다. 나는 2년 동안 그 텍스트의 종이 된 것 같았고 순종하지 않을 수 없었다. 이제는 다시금 나의 창조성을 따라갈 수 있는 자유를 되찾았다."

의도한 것은 아니지만 이것은 《메시지》에 대해 충실한 번역이라기보다 개인적인 해석에 불과하다고 말하는 비평가들에게 내놓을 수 있는 최상의 변호라고 생각한다.

목소리

그는 비판의 소리에 영향을 받지 않은 것처럼 보인다. "그런 논란은 이것이 하나님의 말씀이라는 것, 즉 성경의 권위에 대한 진정한 우려에서 나온다고 생각합니다. 그런즉 누가 이와 같은 작업을 해도 항상 비판을 받을 만하다고 보는 것이죠. 이유인즉 사람들이 믿는 방식, 그들이 생각하는 방식, 그들이 살아가는 방식 등 그들 삶의 문제가 걸려 있기 때문이죠. 누가 이 작업(성경 번역)을 하더라도 그것은 위험한 일입니다.

한편으로 많은 사람들은 번역작업이 어떻게 진행되는지, 그리고 모든 번역은 일종의 해석이라는 점을 모르고 있습니다. 우리는 한 언어에서 다른 언어로 옮길 때마다 해석 작업을 하고 있는 셈인데, 그것은 우리가 단어의 단위로 말하는 게 아니라 문장과 단락으로 말하기 때문입니다. 우리가 대화를 도표로 그린다면 각 단어들 사이의 분립은 볼 수 없지요. 그것은 계속 이어지는 한 담화입니다.

번역이란 것을 이 언어에서 과학적으로, 문법적으로 한 단어를 취해다가 다른 언어로 옮겨놓는 것이라 생각하는 사람이 있다고 칩시다. 내가 하나의 그리스어 단어를 세 단어로 번역하는 것을 그가 본다면, 그는 내가 해석하는 중이고 무언가를 덧붙이고 있다고 말할 것입니다. 그러나 그렇지 않습니다. 영어로 표현하려면 세 단어가 필요하기 때문이죠. 나는 이 작업을 하면서 성령 하나님이 언어를 계시의 수단으로 사용했다는 사실에 깜짝 놀랐습니다. 언어는 본래 모호하기 때문에 그게 가능했던 것이죠."

교수실에 앉아 있던 나는 선생과 목사와 시인의 면모가 독특한 삼위일체를 이루는 유진 피터슨을 보고 깜짝 놀랐다. 이 때문에《메시지》를 읽는 것은 무척이나 독특한 경험이다. 각각의 책에는 독자, 곧 그의 학생에게 맥락을 소개하는 서론이 실려 있다. 각 단어는 우리, 곧 그의 회중에게 명료하고 단도직입적인 언어로 소통하기 위해 주의 깊게 선택되었다.

시인의 면모에 대해서는 가수 마이클 카드가《메시지》를 설명한 글에 잘 표현되어 있다. "《메시지》는 어조의 번역판이다. 나는 그 언어를 읽을 뿐 아니라 배후에서 말하는 목소리도 듣는다. 실은 이 모든 문헌이 본래 경험되었던 그대로. 피터슨의 번역은 눈을 귀로 변형시키고, 신약성경의 문을 이제껏 열렸던 것보다 더 넓게 열어 주는 것 같다."

유진의 설명을 들어보자. "내가 이 글을 쓰고 싶었던 것은 이제껏 복음을 들은 적이 없고, 예수에 대해 들은 적이 없는 사람들이 처음으로 그 소식을 접하게 하기 위해서다. 이것은 설교자가 하는 일이다. 그러므로 이 작업을 할 만한 나의 자격은 그리스어나 히브리어를 아는 데 있지 않고—이런 사람은 많다—내가 이 신앙에 대해 전혀 모르는 북미 이방인들에게 보내진 설교자 겸 목회자라는 사실에 있다. 《메시지》 작업에 깔린 가정은 신약성경 텍스트를 처음 읽는 사람들이 이것을 맨 처음 접하게 하려는 것이었다."

그리고 실제로 사람들이 그것을 접하고 있다. 각각 다른 배경과 연령대의 사람들이 신약성경을 처음으로 읽고 있는 중이다. 혹은 마치 처음인 것처럼 읽는 중이다. 네비게이토 출판사는 《메시지》를 출간한 후 이것이 어떤 전도지나 비디오나 전도 운동보다 더 효과적이라는 것을 알게 되었다. 전국 조직인 독립 서점 연합The Parable Group의 주도로 《메시지》에서 발췌한 구절들을 묶어 《희망의 메시지》란 소박한 제목의 전도용 소책자가 출간되었다. 전혀 위협적이지 않은 제목과 표지 덕분에 쉽게 건네줄 수 있는 책자다. 이런 장점과 그 내용을 알고 있던 나는 우리 출판사의 샘플을 어느 날 우리 집 가정부에게 주기까지 했다.

이런 것이 바로 유진을 기쁘게 한다. "나는 수많은 편지를 받고 있지요"라고 말하며 그는 눈을 반짝였다. "어느 날 평생 신앙생활을 하면서 흠정역 성경을 애독하는 사람이라고 밝힌 74세 된 여성에게서 편지를 받았지요. 그녀는 조카들을 위해 《메시지》를 구입했다가 자신이 읽어보고는 '아니, 이건 흠정역 성경이 말하는 것과 똑같아! 이것이 바로 그게 말하는 내용이군!' 하고 감탄했다는 내용이었어요."

"그리고 어느 날 서점에서 열두 살쯤 된 작은 여자아이를 만난 적이 있어요." 그는 이런 걸 좋아한다며 싱글벙글거렸다. "아이는 가족예배 시간에 《메시지》를 사용한다고 일러주었죠. 이어서 목소리를 낮추더니 '그런데 나는 미리 읽고 있어요'라고 말했지요. 지금은 비판가들의 목소리보다 이와 같은 칭찬의 소리를 훨씬 많이 듣고 있습니다!"

비판가들이 놓친 점은 《메시지》의 중심이 유진 피터슨이 아니라는 사실이다. 이 사실을 유진 자신보다 더 많이 의식하는 사람은 없다. 그래서인지 그는 인터뷰를 거의 허락하지 않는 편이다. 그는 다음과 같은 추억으로 나와 함께했던 시간을 마무리함으로써 스스로는 한낱 해석자요, 메신저로 보고 있다는 점을 확인시켜주었다.

"우리 부부는 폴 투르니에의 강연을 들으러 갔습니다. 차를 타고 집으로 돌아가면서 강연이 얼마나 훌륭했는지를 얘기하던 중에 아내가 이런 말을 하는 바람에 멈춰 서고 말았습니다. '그리고 통역가가 참 잘했지요?' 갑자기 나는 투르니에가 모국어인 프랑스어로 강연했는데 내가 그 점을 전혀 알아채지 못했다는 사실을 깨닫게 되었지요." 신약성경이 모국어로-이 땅의 그리스어, 하늘의 신적 언어로-우리에게 말할 때 유진은 우리가 그를 알아채지 못하기를 바랐던 것이다. 단지 곁에서 번역하는 존재에 불과하니까.

단순하게 기도하라
그의 번역으로 본 마태복음 6장

또 너희는 하나님 앞에 나아갈 때도 연극을 하지 마라. 그렇게 하는 사람들은 다 스타가 되기를 꿈꾸며 기도를 쇼로 만드는 자들이다. 하나님께서 관람석에 앉아 계시다고 생각하느냐?

너희는 이렇게 하라.

하나님 앞에서 연극하고 싶은 유혹이 들지 않을 만큼 조용하고 한적한 곳을 찾아라. 할 수 있는 한 소박하고 정직한 자세로 그 자리에 있으라. 그러면 초점이 너희에게서 하나님께로 옮겨지고, 그분의 은혜를 느끼기 시작할 것이다. … 너희가 상대하는 분은 너희 아버지이시며, 그분은 너희에게 필요한 것을 너희보다 더 잘 아신다. 이처럼 너희를 사랑하는 하나님 앞에서 아주 단순하게 기도하면 된다.

이렇게 기도하라.

하늘에 계신 우리 아버지,
당신이 누구인지를 드러내소서.
세상을 바로잡아주시고,
하늘에서처럼 땅에서도
가장 선한 것을 행하소서.
우리가 든든한 세 끼 식사로 살아가게 하시고,

우리가 당신의 용서를 받고 남을 용서하게 하소서.

우리를 우리 자신과 마귀로부터 안전하게 지키소서.

아버지께서 모든 것을 주관합니다.

당신이 원하시면 무엇이든 하실 수 있습니다.

아버지는 아름다운 광채로 빛나고 있습니다!

정말 그렇습니다(5-13).